厚黑教主
李宗吾全傳

方東野 主編

關於本書

李宗吾（一八七九年2月3日——一九四三年9月28日），原名世銓，後改名世楷，字宗儒，四川富順自流井（四川自貢市自流井區）人，畢業於四川高等學堂（四川大學前身）。中國近現代思想家、教育家、革命家，暢銷書作者。25歲思想大變，與其宗法孔孟之道，不如宗法自己，故改名為宗吾。其為人正直，為官清廉，其職位油水豐厚，而離任時清貧潦倒。

一九一二年，以天下第一奇書《厚黑學》問世，並自號「厚黑教主」，被譽為「影響中國20世紀的20位奇才怪傑之一」。著述涉及哲學、社會學、心理學、教育學，甚至暢談物理學、經濟學。

李宗吾8歲開始入私塾讀書。20歲就讀富順縣自流井三台書院，次年轉炳文書院受教名師盧慶家門下，學問大進。光緒二十七年（一九〇一年）中秀才，次年赴成都補行恩、正兩科鄉試，考取四川省高等學堂入優級理科師範班。在校期間，受同盟會會員雷民心、張培爵的影響，李宗吾加入中國同盟會。

光緒三十三年（一九〇七年）以最優等成績畢業，學部特授舉人。

光緒三十四年（一九〇八年），李宗吾受聘任富順縣中學堂（今富順二中）教習（教師）。

宣統三年（一九一一年），任富順縣中學堂監督（校長）。

民國元年（一九一二年），四川省成立軍政府，由尹昌衡和同盟會會員張培爵分任正副都督。張培爵以副都督分管民政，擬設一個審計院，欲委派富順人廖緒初為院長，李宗吾為次長。兩人都堅辭不就，結果省政府只得改委尹昌齡為院長，廖緒初為次長，李宗吾為第三科科長。就低不就高，引得輿論怪異。審計院裁撤後，財政司委李宗吾為重慶海關監督，這是當時四川地區最令人垂涎的一個「肥缺」，李宗吾卻並不屑為之，還立即將委任狀退回。財政司不得不請託他的同學劉公潛前往勸駕，仍力辭不就，惹起社會和官場又一番驚異。省政府又委李宗吾為四川官產競賣經理處總經理，這又是當時官場的一個「銀窩窩」。他雖然同意出任，但卻提出要將月薪由二百元減為一百二十元才肯就職。消息傳開，又令官場議論稱奇。後來，李宗吾由官產競賣處轉為官產清理處處長，但因全國南北分離，政局混亂，加上有政客、官僚阻撓，官產既不能競賣也無法清理，不久官產清理處亦撤銷。李宗吾不願再留官場，決定回家閒居。可是為官數年，清廉一身的他連回家的路費都沒

有，不得不向富順同鄉陳建人借錢五十元，才免去了「有家歸不得」之窘境。

民國三年（一九一四年），四川省政府委李宗吾任富順縣視學，上任不久奉調江油縣任省立第二中學（今江油一中）首任校長。次年調任省視學，負責省內中小學教育的籌劃檢查等工作。

一九一二年，他以「獨尊」之名，撰寫了轟動一時的《厚黑學》，以後陸續寫了一系列文章，其中包括一九二七年發表的《我對聖人之懷疑》。

一九二八年，發表了《社會問題之商榷》。自詡學說與道、儒、釋相提並論，被譽為蜀中奇人，研究古之帝王將相權謀成功之道和英雄豪傑不外「面厚心黑」而已，觸類旁通二十四史都可一以貫之。吳稚暉稱其為當代的了不起的思想家。厚黑之說在抗戰末期以後以至於臺灣、海外都曾風行一時。

一九三六年，他將歷年所作文字的一部分，融合自己的新觀點和想法，重新以隨筆體裁整理為文，在成都《華西日報》上開闢《厚黑叢話》專欄，連載發表，以後同名結集單獨成書。同年又發表了被人稱為扛鼎之作的《中國學術之趨勢》。

一九三八年，又將以前曾發表過的短文《心理與力學》重新整理成書發表。因作者認為此文所言是厚黑學在學理上之根據，所以人們稱其為《厚黑原理》。

一九四三年病逝，享年64歲。

宗吾先生的著述涉及哲學、社會學、心理學、教育學，甚至暢談物理學、經濟學，凡百餘萬言，在經歷40年代的轟動效應之後，逐漸在思想史上展露出深遠的影響力和衝擊波，開啟了對國民性反思的思辨之路。

林語堂、梁實秋、柏楊、南懷瑾、張默生、李石鋒等等學問大家對李氏思想進行了多方位的推演和研究，紛紛指出，李宗吾在文化史尤其是思想史上具有不可替代性和僭越性，是四川人為中國現代思想所做出的不可多得的貢獻。

《厚黑學經典大全集》收集了李宗吾的重要論文和專著，通覽全書，可以瞭解作者的思想全貌。就學術價值和歷史地位而言，《厚黑學》、《心理與力學》、《厚黑叢話》、《中國學術之趨勢》、《社會問題之商榷》堪稱是李宗吾的代表作。其書有後續，是說男女關係，名曰《老婆經》、《厚黑學後傳》等等。

目錄

CONTENTS

第一部

厚黑教主別傳

——我與厚黑教主的一段因緣

我與厚黑教主李宗吾的相遇，真是一種因緣！凡在吾人的想像中預料不到而偶然遇到的事，這便叫做「緣」。我真想不到今生會到四川來，想不到在四川富順地方有以「面厚心黑主義」創教立說的教主，想不到我和這位教主首先通起信來，想不到從不給生人回信的教主竟破例答覆了我，想不到我勸他不講「厚黑」他越是大講其「厚黑」而且譏諷我，想不到他拒絕我和他通信我偏要和他通信而感動了他，最後尤其想不到的已經多年來未出山的教主居然從自流井冒著大雨到青木關來拜訪我，我們一連徹談幾晝夜，終於結為志不同道不合的好友。這一段在抗戰流亡時期的因緣大事，是值得大書而特書的。

抗戰軍興，我是隨著教育部攜眷入川的。先住重慶，後住青木關。在二十八、九年之間，我連喪三子。當第二次喪子時，心中已悲痛萬分，朋友們勸我往北碚溫泉一遊，藉遣愁懷。但是隱痛在抱，縱有佳山水亦無心觀賞，終日只是悶坐旅館中，或者蒙被大睡。睡起無聊，便到書店中去翻看，一眼觸到了《厚黑學》的書名。當時心中很覺奇怪：厚黑學是講什麼的呢？是不是有關於物理一類的書呢？受了好奇心的促使，拿起打開一看，看了序文目錄，又看了幾段正文，很像是憤世嫉俗之作。他說往古來今的所謂英雄豪傑，無不是面厚心黑；得其一偏的人，也足以稱雄一世；人物的大小，全看他的厚黑程度而定。

他先舉出三國的英雄為例，他說：

三國英雄，首推曹操，他的特長，全在心腸黑：他殺呂伯奢，殺孔融，殺楊修，殺董承伏完，又殺皇后皇子，悍然不顧。並且明目張膽的說：「寧我負人，無人負我！」心腸之黑，真是達於極點了。有了這樣本事，當然稱為一世之雄。

其次要算劉備，他的特長，全在臉皮厚：他依曹操，依呂布，依劉表，依孫權，依袁紹，東竄西走，寄人籬下，恬不為恥。而且生平善哭，做三國演義的人，更把他寫得維妙維肖，遇到不能解決的事情，對人痛哭一場，立即轉敗為功。所以俗語有云：「劉備的江山，是哭出來的。」這也是一個大有本事的英雄，他和曹操，可稱雙絕。當著他們煮酒論英雄的時候，一個心腸最黑，一個臉皮最厚，一堂晤對，你無奈我何，我無奈你何，環顧袁本初諸人，卑卑不足道。所以曹操說：「天下英雄，惟使君與操耳。」

此外還有一個孫權，他和劉備同盟，並且是郎舅之親，忽然襲取荊州，把關羽殺了，心腸之黑，彷彿曹操，無奈黑不到底，跟著向蜀請和，其黑的程度，就要比曹操稍遜一點。他與曹操比肩稱雄，抗不相下，忽然在曹丕駕下稱臣，臉皮之厚，彷彿劉備；無奈厚不到底，跟著與魏絕交，其厚的程度，也比劉備稍遜一點。他雖是黑不如操，厚不如備，卻是二者兼備，也不能不算是一個英雄。他們三個人，把各人的本事施展出來，你不能征服我，我不能征服你，那時的天下，就不能不分而為三。

後來曹操、劉備、孫權，相繼死了，司馬氏父子乘時而起，他算是受了曹劉諸人的薰陶，集厚黑學之大成。他能夠欺人寡婦孤兒，心腸之黑，與曹操一樣；能夠受巾幗之辱，臉皮之厚，還更甚於劉備。我讀史見司馬懿受巾幗這段事，不禁拍案大叫：「天下歸司馬氏矣！」所以到了這個時候，天下就不得不統一。這都是事有必至，理有固然。

諸葛武侯，天下奇才，是三代下第一人，遇著司馬懿還是沒有辦法。他下了「鞠躬盡瘁、死而後已」的決心，終不能取得中原尺土寸地，竟至嘔血而死。可見王佐之才，也不是厚黑名家的敵手。」

我看了這一大段，已覺新穎可喜說得痛快。接著他又追溯上去，更舉楚漢的事來證明。大意是說項羽不厚不黑，所以失敗；劉邦既厚且黑，故能成功。劉邦的心腸之黑，是與生俱來的，可說是「天縱之聖」；至於臉皮之厚，還加了一點學力。

他的業師，就是三傑中的張良；張良的業師，是那位圯上老人。他們的衣缽真傳，是彰彰可考的。圯上受書一事，老人的種種作用，無非是教張良的臉皮厚罷了。張良拿來傳授劉邦，一指點即明，試問不厚不黑的項羽，哪能是他的敵手呢？韓信能受胯下之辱，可說是臉皮很厚；無奈他心腸不黑，偏偏繫念著劉邦「解衣推食」的恩惠，下不得毒手，後來長樂鐘室，身首異處，夷及三族，這是咎由自取。范增千方百計想教項羽殺死劉邦，可說是心腸很黑；無奈他臉皮不厚，一受離間，便大怒求去，結果把自己的老命和項羽的江山一齊送掉，真是活該。

他說，他把這些人的故事，反覆研究，就將千古不傳的成功祕訣，發現出來。一部二十四史，必須持此觀點，才可讀得通，這種學問，原則上很簡單，用起來卻很神妙，小用小效，大用大效。劉邦、司馬懿得其全，統一天下；曹操、劉備得其偏，稱孤道寡，割據爭雄；韓信、范增，也各得其偏，不幸生不逢辰，偏偏與厚黑兼備的劉邦，並世而生，以致同歸失敗。但他們在生的時候，憑著一得之長，博取王侯將相，炫赫一時；身死之後，史傳中也佔得了一席地。後人談到他們的事迹，大家都津津樂道，可見厚黑學終是不負人的。

當時，我越看越有味，捨不得放手，於是就買了一本，回到旅館一氣讀完。這本小冊子，包括厚黑學、厚黑經以及厚黑傳習錄三部分；末後還附了我對於聖人之懷疑一篇。厚黑經，是採用四書文體而作的。例如：

李宗吾曰：「不薄之謂厚，不白之謂黑，厚者天下之厚臉皮，黑者天下之黑心子。此篇乃古人傳授心法，宗吾恐其久而差也，故筆之於書，以授世人。其書始言厚黑，中散為萬事，末復合為厚黑，放之則彌六合，卷之則退藏於面與心。其味無窮，皆實學也。善讀者玩索而有得焉，則終身用之，有不能盡者矣。

「天命之謂厚黑，率厚黑之謂道，修厚黑之謂教。厚黑也者，不可須臾離也，可離非厚黑也。是故君子戒慎乎其所不厚，恐懼乎其所不黑，莫險乎薄，莫危乎白，是以君子必厚黑也。喜怒哀樂皆不發謂之厚，發而無顧忌謂之黑。厚也者，天下之大本也；黑也者，天下之達道也。致厚黑，天地畏焉，鬼神懼焉。」

李宗吾曰：「厚黑之道，本諸身，徵諸眾人，考諸三王而不謬，建諸天地而不悖，質諸鬼神而無疑，百世以俟聖人而不惑。」

李宗吾曰：「天生厚黑於予，世人其如予何？」

李宗吾曰：「劉邦吾不得而見之矣，得見曹操斯可矣；曹操吾不得而見之

矣，得見劉備孫權斯可矣。」

李宗吾曰：「如有項羽之才之美，使厚且黑，劉劉不足觀也已。」

李宗吾曰：「厚黑之人，能得千乘之國；苟不厚黑，簞食豆羹不可得。」

李宗吾曰：「有失敗之事於此，君子必自反也，我必不厚；其自反而厚矣，而失敗猶是也，君子必自反也，我必不黑；其自反而黑矣，而失敗猶是也，君子曰：反對我者，是亦妄人也已矣！如此則與禽獸奚擇哉？用厚黑以殺禽獸，又何難焉？」

不過也有一種變體，就是在經文上下，自加說明的。例如：

宗吾曰：「不曰厚乎，磨而不薄；不曰黑乎，洗而不白。」後來我改為：「不曰厚乎，越磨越厚；不曰黑乎，越洗越黑。」有人問我：「世間哪有這種東西？」我說：「手足的繭疤，是越磨越厚；沾了泥土塵埃的煤炭，是越洗越黑。」人的面皮很薄，慢慢的磨練，就漸漸的加厚了；人的心，生來是黑的，遇著講因果的人，講理學的人，拿些道德仁義，蒙在上面，才不會黑，假如把他洗去了，黑的本體自然出現。

有一種天資絕高的人，他自己明白這個道理，就實力奉行，祕不告人。又有一種資質魯鈍的人，已經走入這個途徑，自己還不知道。故宗吾曰：『行之而不著焉，習矣而不察焉，終身由之，而不知厚黑者眾也。』」

他的厚黑傳習錄又包括三部分：一是求官六字真言，二是做官六字真言，三是辦事二妙法。他首先說出厚黑學傳習發揚的必要，並舉出幾種有趣的例子，然後假託一位想求官做的人來向他問業，於是他傳授了這三套法寶。

所謂**「求官六字真言」**，是「空」、「貢」、「沖」、「捧」、「恐」、「送」六字。並且詳加說明之：

「空」——即空閒的意思，分兩種：一指事務而言，求官的人，定要把一切事放下，不工不商，不農不賈，書也不讀，學也不教，一心一意，專門求官；二指時間而言，求官的人，要有耐心，不能著急，今日不生效，明日又來，今年不生效，明年又來。

「貢」——字是借用四川的俗語，其意義等於鑽營的「鑽」字，他下的定義是：「有孔必鑽，無孔也要入。」求官要鑽營，有孔者擴而大之；無孔者當取出鑽子新開一孔。

「**沖**」——即普通所謂「吹牛」，沖的工夫有兩種：一是口頭上，二是文字上。口頭上又分普通場所，及上峰的面前兩種；文字上又分報章雜誌，及說帖條陳兩種。

「**捧**」——就是捧場的捧字，戲臺上魏公出來，那華歆的舉動，是絕好的模範人物。

「**恐**」——是恐嚇，如把捧字做到十二萬分，還不生效，這就少了恐字的工夫。凡是當軸諸公，都有軟處，只要尋著他的要害，輕輕點他一下，他就會惶然大嚇，立刻把官兒送來。最要緊的，用恐字要有分寸，如用過度了，大人們老羞成怒，作起對來，豈不與求官的宗旨大相違背嗎？

「**送**」——即是送東西，分大小兩種：大送，把銀錢鈔票一包一包的拿去送；小送，如春茶，火腿、及請吃館子之類。所送的人分兩種：一是操用捨之權的人，一是其人雖未操用捨之權，而能予我以助力者。

他說這六字做到了，包管字字發生奇效。那大人先生，獨居深念，自言自語道：某人想做官，已經說了好多次（這是空字的效用）；他和我有某種關係（這是貢字的效用）；其人很有點才具（這是沖字的效用）；對於我很好（這是送字的效用）；但此人有點壞脾氣，如不安置，未必不搗亂（這是恐字的效用）；想到這裡，回頭看見棹上黑壓壓的，或者白亮亮的，堆了一大堆（這是送字的效用），也就無話可說，掛出牌來，某缺著某人署理。求官到此，可謂功行圓滿了。於是走馬上任，又要實行做官六字真言。

所謂**「做官六字真言」**，是「空」、「恭」、「繃」、「兇」、「聾」、「弄」。他又如此說明：

「空」——字即空洞的意思，一是文字上：凡是批呈詞，出文告，都是空空洞洞的，其中奧妙，很難細說，多閱各機關的公事文件，就可恍然大悟；二是辦事上，隨便辦什麼事情，都是活搖活動，東倒也可，西倒也可，有時辦得雷厲風行，其實暗中藏有退路，如果見勢不佳，就從那條路抽身走了，絕不會把自己牽掛著。

「恭」——就是卑躬折節脅肩諂笑之類，分直接間接兩種：直接是指對上司而言，間接是指對上司的親戚朋友丁役及姨太太等等而言。

「繃」——是恭字的反面，普通指對下屬及老百姓而言，分兩種：一是儀表上，赫赫然大人物，凜不可犯，二是言談上，儼然腹有經論，槃槃大才。實在說來，恭字對飯碗所在地而言，不必一定是上司；繃字對非飯碗所在地而言，不必一定是下屬和老百姓。運用之妙，存乎一心。

「兇」——是兇狠，只要能達到自己的目的，他人亡身滅家，賣兒貼婦，都不

必顧忌；但有一層應當注意，兇字上面，定要蒙一層道德仁義。

「聾」——就是耳聾。「笑罵由他笑罵，好官我自為之」；但是聾字中包含有瞎字的意義，文字上的詆罵；也要閉著眼睛不看。

「弄」——即弄錢之弄，常言道，千里來龍，此處結穴，前面的十一個字，都是為了這個字而設的。弄字與求官之送字是對照的，有了送，自然就有弄。

所謂**「辦事二妙法」**者，一是**「鋸箭法」**，一是**「補鍋法」**。

有人中了箭，請外科醫生治療，醫生將箭桿鋸下，即索謝禮。問他為什麼不把箭頭取出呢？他說：「那是內科的事，你去尋內科好了。」現在各機關的大辦事家，多半採用這種法子。例如批呈詞：「據呈某某情，實屬不合已極，仰候令飭該縣長，查明嚴辦。」「不合已極」四字，是鋸箭桿；「該縣長」是內科；抑或「仰候轉呈上峰核辦」，那「上峰」又是內科。再如有人求我辦一件事情，我說：「這件事情我很贊成，但是，還要同某人商量。」「很贊成」三字，是鋸箭桿，「以後」就是內科。這便是所謂辦事上的鋸箭法。有人做飯的鍋漏了，請補鍋匠來補，補鍋匠乘主人不見的時候，用鐵錘把裂痕敲長了，就說這鍋破得太厲害了，非多補幾個釘子不可，討價自然更大。及至把鍋補好，主人與鍋匠，皆大喜歡而散。鄭莊公縱容共叔段，使他多行不義，才舉兵征討，就是用的補鍋法。歷史上這類事情是很多的。有人說：「中國變法，有許多地方是把好肉割壞了來醫。」這是變法諸公用的補鍋法；在前清的宦場中，大概是用鋸箭法；民國以來，是鋸箭，補鍋二者互用。

他把厚黑學講完了，特別告訴讀者一個祕訣道：『大凡行使厚黑之時，表面上一定要糊一層道德仁義，不能赤裸裸的表現出來。凡是我的學生，定要懂得這個法子。假如有人問你：「認得李宗吾否？」你就放出最莊嚴的面孔說道：「這個人壞極了，他是講厚黑學的，我認他不得。」口雖如此說，而心中則恭恭敬敬的，供一個「大成至聖先師李宗吾之位」。果然這樣做，包管你幹出許多驚天動地的事業，為舉世所欽仰。所以我每聽見有人罵我，就非常高興，說道：吾道大行矣！』

他在末後附錄的我對於聖人之懷疑一篇，是他對聖人尋思懷疑的破綻。他以為三代以上有聖人，三代以下無聖人，這是古今最大的怪事。通常所稱的聖人，是堯、舜、禹、湯、文、武、周公、孔子，把他們分析一下，只有孔子一人是平民，其餘的聖人盡是開國之君，並且是後世各學派的始祖，這其中的破綻就可尋出來了。於是，他便一一加以研究分析，認為其中有很大的黑幕，然後他結論道：

學術上的黑幕，與政治上的黑幕，是一樣的；聖人與君主，是一胎雙生

的，處處狼狽相依。聖人不仰仗君主的威力，聖人就沒得那麼尊崇；君主不仰仗聖人的學說，君主也沒得那麼猖獗。於是君主把他的名號分給聖人，聖人就稱起王來了；聖人把他的名號分給君主，君主也稱起聖來了。君主箝制人民的行動，聖人箝制人民的思想。君主任便下一道命令，人民都要遵從，如果有人違背了，就算是大逆不道，為法律所不容，聖人任便發一種議論，學者都要信從，如果有人批駁了，就算是非聖無法，為清議所不容。中國的人民，受了數千年君主的摧殘壓迫，民意不能出現，無怪乎政治紊亂；中國的學者，受了數千年聖人的摧殘壓迫，思想不能獨立，無怪乎學術銷沉。因為學說有差誤，政治才會黑暗，所以君主之命該革，聖人之命尤其該革。

我不敢說孔子的人格不高，也不敢說孔子的學說不好；我只說除了孔子，也還有人格，也還有學說。孔子並沒有壓制我們，也未嘗禁止我們別創異說，無如後來的人，偏要抬出孔子，壓倒一切，使學者的思想，不敢出孔子範圍之外。學者心坎上，被孔子盤踞久了，理應把他推開，思想才能獨立，宇宙真理才研究得出來。前時有人把孔子推開了，同時外國的達爾文、馬克斯諸人，就闖進來，盤踞學者心上，天下言論又折衷於達爾文、馬克斯諸人，成了變形的孔子，執行聖人的任務。我不知我國學者的思想，何以不能獨立一至於此？如果達爾文、馬克斯諸人去了，學術界又會有變形的孔子出來，繼承聖人之位。像這樣下去，宇宙真理，怎麼研究得出來？我們須知，中國聖人可疑，外國聖人亦可疑。

凡事以平為本。君主對於人民不平等，故政治上生糾葛；聖人對於學者不平等，故學術上生糾葛。我主張把孔子降下來，與周秦諸子平列，我與閱者諸君，一齊參加進去，與他們平坐一排，把達爾文、馬克斯諸人，歡迎進來，分庭抗禮，發表意見，大家磋商，不許孔子達爾文、馬克斯諸人高踞我們之上，我們也不高踞孔子達爾文、馬克斯諸人之上，人人思想獨立，才能把真理研究得出來。

以上便是那本厚黑學內容的大要。當時，他給我的印象很深，所以才不憚煩瑣的寫在這裡。而且這是我們兩人後來結緣的起因，特別是我們兩人後此爭論的焦點，故不得不大書而特書。在那時，我個人的遭遇很慘，正在怨天尤人，對於諸多事都看不上，帝國主義侵略弱小民族，資本家壓迫勞動者，作官的榨取老百姓，聰明人欺凌愚拙者，好人不得好報，惡人坐享安樂，……種種的事象，都使我憤恨，使我苦悶。忽然見到這揭穿人類史上大黑幕的著作，使我的憤恨苦悶，得以發洩舒

暢，自然對於著者不禁生同聲相應之感。接著我又購得他的其他著作數種，拿來研究。其一，為中國學術之趨勢，其二，為考試制度之商榷，其三，為心理與力學。我費了數晝夜之力，把三書又統統讀完了。

《中國學術之趨勢》一書，是以老子學派思想統貫百家的，他很能持之有故，言之成理，而且時時有新材料的發現，尚為國內學者所未注意到的。例如二程的思想，不惟源出河南，而亦受當時蜀文化的影響很重，便是一例。不過這書在我看來，太主觀，太單調，不算什麼了不起的著述。

《考試制度之商榷》一書，則對於教育上的供獻極大。他是因力主考試，充主考委員，幾乎被學生打死的；但他堅持他的主張，不稍改變，終於使四川的會考制，比中央所頒布的早過十年。他所主張的會考制有兩種意義：一、因各校內容腐敗，學生的成績不好，非藉嚴厲的考試以救其弊不可；二、因現行學制，過於拘束，貧苦有志的青年，往往不得入學，非予以徹底解放不可。所謂徹底解放，即是允許私塾學生，自修學生、與學校肄業期滿的學生，均可參加各級學程的畢業考試，而取得同樣的資格。書中的理論及辦法，都經煞費苦心，為今後教育上最值得重視的意見。

《心理與力學》一書，可說是一部傑作。據著者自序中說：『我這心理與力學一書，開始於民國九年，今為二十七年，歷時十八載，而此書淵源於厚黑學，我研究厚黑學，始於前清末年，可以說此書之成，經過三十餘年之久。記得，唐朝賈島做了兩句詩：「獨行潭底影，數息樹邊身。」自己用筆批道：「二句三年得，一吟淚雙流。」我今日發表此書，真有他這種感想。』可見他對於此書是十分自負的。全書共分十章，歸納起來，約得六部分：（一）人性論，（二）心理運動的軌跡，（三）世界進化的軌迹，（四）達爾文克魯泡特金學說的修正，（五）我國古代哲學說含有力學原理，（六）經濟政治外交應採合力主義。他的唯一公例，即是：「心理變化，循力學規律而行」。全書各章所論，均為證成此公例而發，意在打通科學與玄學的障壁，也可以說應用此公例，一切上天下地人事物理的種種現象，都可藉以說明的。有一位川大物理學教授江超西先生，為此書作序，竟許為世界學術上的第三次大發明。序中有云：

> 牛頓發明萬有引力，謂地心有引力，能將泥土沙石，有形有體之物，吸集之而成為地球，因創出力學三例，是為學術上第一次大發明。愛因斯坦將牛頓之說擴大之，謂有形無體之光線，亦受吸引，天空中眾星球能將直線進行之光線，吸引之成為彎曲形狀，因創出相對論，是為學術上第二次大發明。先生將

愛因斯坦之說再擴大之，謂人心亦有引力，能將耳聞目睹無形無體之物，吸集之而成為心，心之構成與地球之構成相似。故牛頓三例，愛因斯坦相對論，均適用於心理學，因創一公例：「心理變化，循力學規律而行」，可謂學術上第三次大發明。

我看了這三種書以後，又覺得他是對於教育，學術、及哲理很下過苦心的人；尤其是心理與力學一書，可稱為近幾十年來國內思想界僅有之作。他既有此成就，又何必天天在報紙上大倡其厚黑之學，而且自稱是「厚黑教主」，反予惡人以厚黑的伎倆，以作弄於人間呢？就按他自己說厚黑學是心理與力學的淵源吧，但是後者的價值已比前者不知高過若干倍，它可以說已從黑暗的地獄界，超入光明之域了，更何必依戀其骸骨而不忍放棄呢？當時，我從他幾種著作的字裡行間，已約略窺見他的為人了，他是既不厚，又不黑，甚且還是具有一副菩薩心腸的人。只因他抱負甚大，而不得發展，他又不肯厚著臉皮，黑著心腸，在厚黑的場合中，與面厚心黑的人勾心鬥角；於是他憤而揭穿此千古的黑幕，好比燃犀照鼎，使宇內的魑魅魍魎醜態畢現，教人有所警惕防範的意思。可是他似乎又怕遭人忌恨，所以就索性自稱為「厚黑教主」，意謂「我就是頭號壞蛋」，以作「獻身說法」的故智，可見他在這方面不惜自我犧牲，未免用心良苦了。大概他採取這樣的說教方式，其所得的結果必是負作用，除了自己落得一個「壞蛋頭銜」、更替一般惡人「為虎傅翼」外，不會有絲毫益處的。他後此提倡考試制，期望改革學制，想必是厚黑學碰壁之後，才又拿出他的正面主張——教育，藉此來贖他的妄言之罪吧？他史進而研究中國學術，研究西洋許多哲人的學說，終於歸宿於人類的「合力主義」，來為普遍受教育的人士指出一努力的方向吧？但他所倡的厚黑學，已在一般人的心目中先入為主了，此後縱有真理的發明，人家也必以為還是「厚黑」的老調，總不肯別具隻眼精心去追究的。況且他的幾種著作中，每每好提到他的厚黑學，好像非此不足以「開宗明義」似的，於是他充滿了真理的許多著作，厚黑學也成了眼中的微翳。似此，一面發現真理，一面又自行掩蔽起來，結果是徒勞無功的。所以我不能不替他惋惜，不能不為真理叫屈。本此一點動機，我便很冒昧的給這位厚黑教主寫信了。

我的信是寄給成都華西日報社轉遞的，因為我不知道教主的住處，可是他的另一著作厚黑叢話是由華西日報連載的，所以只好如此辦。哪知我的信發走之後，宛如石沉大海，杳無消息。在這期間，我又讀他的厚黑叢話，見到其中有這樣的一段說：『去年（二十四年）吳稚暉先生在重慶時，新聞記者友人毛暢熙君，約我同去會他，我說；我何必去會他呢？他讀盡中外奇書，獨莫有讀過厚黑學，他自稱是大觀園中的劉姥姥，此次由重慶，到成都，登峨嵋，遊嘉定，大觀園中的風景和人物，算是看過了，獨於大觀園外面，有一個最清白的石獅子，他卻莫有看見。歡迎吳先生，我也去了來，他的演說，我也聽過，石獅子看見劉姥姥在大觀園進進出出，劉姥姥獨不知道有石獅子，我不去會他，特別與他留點憾事。』他既如此孤傲自負，像我這「不見經傳」的無名下士，就更不值得教主掛齒了，因此我就把盼望他回信的念頭，完全打消。不料半年以後，忽然從自流井寄來一信，封面書「李宗吾緘」，這一喜，非同小可，急忙拆書一觀，使我尤覺榮幸！原來他是從不與生人通信的，據他說這次與生人通信，是他有生以來破題兒第一遭啊！他的信中說：我的信由華西日報轉到後，看了非常高興，但是不能破壞他的老信條，雖然把我的信一連讀了幾遍，仍是決定不覆。可是每有朋友去訪他，他便禁不住把我的信拿給他們看。他們看的結果，都是異口同聲的說：「這樣熱情的來信。千萬不可辜負人家的盛意，非答覆不可！」於是一而再，再而三的受到朋友的勸促，他說他有些禁持不住了，這是他遲至半年以後終於破例覆我信的一段內幕。我當即報以長函，仍是很委婉的勸他不要再講厚黑學，從此我們便書信往還，越來越勤，意見雖然不能一致，但很可以說是夠得上較親切的朋友了。我記得他第二次的來信，對我一面認為知己，一面仍是語帶譏諷。那信中有云：

得手教，有曾託蓉地友人及部中督學代為訪問迄無消息悶損無已等語，讀之不勝知己之感，大有隨園詩話所謂：「自笑長吟忘歲月，翻勞相訪遍江湖」光景。其實足下來書，早已得到：所以遲遲不覆者，則由弟生平不善書，不善作文言文，更不嫻尺牘，絕少與生人通音問。惟遇相熟之友人，則提筆亂寫，其字跡之潦草，等於作文之草稿，有時字句未寫通，有錯字別字，我也不管，只求把我的意思使讀者了然就是了。因為惟恐讀者不了然，有時語意重複，說了又說，我嘗說，李宗吾本來就不通，未必我把此信寫通了，人家就說我通了嗎？足下來信，字與文很漂亮，見了生愧，遲遲不敢回信，以來信示友人，友人屢謂我此種盛意不可不覆，所以才勉強寫了一信；及得覆書，情般語摯，謹把先生作為我平日相熟友人一般，通信隨意亂寫，請恕我潦草之罪，讀畢即焚去，幸勿示他人，致成笑柄……云云。

至於說到厚黑學的話，他最初還很客氣的說：「此中實有深意，有緣拜謁，當詳言之。」以後他大概嫌我「強聒不舍」，未免討厭；而且我還拜託自流井蜀光中學的一位教員孫柏蔚君，接二連三的去訪問他，也是勸他不講厚黑學，他必以為更是「豈有此理」了；於是突然來了這封嬉笑怒罵的信：

手教讀悉，昨日孫君復來舍暢談，極感相愛之般，當託孫君代達鄙意，然恐其語焉不詳，故復敬上此函。先生勸我不必再談厚黑，此為不可能之事。勸我不談厚黑。等於勸孔孟不談仁義，勸韓非不談法術，勸程朱不談誠敬，勸王陽明不談致良知，試問能乎不能？民國元年，發表厚黑學於成都公諭日報，當時本用一筆名「獨尊」（取天上地下惟我獨尊之意），然而讀者無不知其為我，於是「李宗吾是厚黑先生」之語，隨處可聞。當時頗為一般人所注視，每舉一事，輒恐李某揭穿之，何嘗不「到處都阻礙」（我去信中語）？而我則與之淡然相忘。迄今二十餘年，人盡知李宗吾黔驢無技，亦與我淡然相忘。今若捨去厚黑不講，豈非作賊心虛，故示人疑乎？欲求「到處不阻礙」，反成了「到處皆阻礙」，故不如赤裸裸的說道：「我是厚黑先生」，知我罪我，任之而已。道之行與不行，亦任之而已。鄙人行年六十有二，老夫耄矣，無能為矣。孔子到了這樣年齡，也只有退而寫作，而猶欲有所建白，亦可謂不安分之至矣。來教云：「此時環境須先要打通，否則到處都有阻礙。」打通於我何益？阻礙於我何損？足下以此不入耳之言，來相勸勉，亦惟心領盛意不敢奉行耳。古人云：「作德心逸日休，作偽心勞日拙」，如足下云云，豈不成為「作德心勞日拙」乎？然愛我至此，則終身感激無已！

再有忠告者，足下年方壯盛，前途正遠，幸勿常常齒及賤名；否則見者皆謂張某是李宗吾一流人，則終身事業付諸東流矣。「此時環境須要先打通，否則到處都有阻礙，」足下良箴，謹以還贈。打通之法為何？曰：逢人便罵李宗吾是壞人而已。果能循此行之，包管足下隨處皆不阻礙。足下左右，有所謂「下士」「下下士」，以吾之慧眼觀之，皆「上士」也，皆「上上士」也，足下何迷而不悟乎？即退一步言之，彼等皆為不識太行山之人，然而吾道之傳，正在此輩。孔子門下，豈非有所謂「參也魯」乎？卒之，一貫之傳，厥為曾子，而聰明善悟之子貢不與焉。足下蓋吾道中聞一知二之子貢也，而鄙薄「下士」「下下士」，以為不識太行山，吁，足下誤矣！將來鄙人衣鉢之傳，決不在足下，當於「下士」及「下下士」中求之。此是足下自絕於吾道，吾固無容心於其問也。

總之，足下所走者是孔子途逕，鄙人則是釋迦耶穌行為。來書所謂某先生某先生者，亦猶論語上所謂魯哀公季康子諸人也。孔子不幸而遇魯哀公季康子，足下幸而遇某某兩先生，孔子有知，當亦羨煞！鄙人悼嘆苦海中人沉淪不返，教之以「求官六字真言」，「做官六字真言」，「鋸箭法」，「補鍋法」，使一切眾生，同登極樂國，同升天堂，此釋迦耶穌之用心也。嗟乎默生，道不同不相為謀，亦惟有「還君明珠雙淚垂」而已！

昨日孫君詳談足下身世，以不肖之判斷，足下決不可入政途，還是從事著述研究學問好了。宋之王荊公，是一個學者，一入政界，卒無成績可言；今之梁任公，著新民叢報時，是何等聲光，一當總長，成績安在？我與足下，有同病，願深思之！深思之！八股先生有言曰：「一卷可傳，夭札亦神明之壽。」默生，默生，盍歸乎來！

足下同尊夫人輪流抄錄鄙人著作，心感之餘，無以為報，謹將舊作之怕老婆的哲學一文，隨函附呈，足下可莊錄一通，敬獻尊夫人妝次，較之刺血寫般若經獻之我佛如來，功德萬萬倍也。好，不寫了，鄙人一面寫，一面吃酒，現已醉了，改日再談。

當我讀著這封信時，心中不禁勃勃跳動，覺得此老真不容易對付。我越是勸他不講厚黑學，他越是堅持非講厚黑學不可，並且竟以釋迦耶穌自心，更儼然以教主的面目出現了。我以極誠懇的善意勸他，他反視為不入耳之言，並且以嘲笑的口吻來反擊我，這當是他慣用的厚黑伎倆了。可是他又一本正經的勸我決不可入政途，當從事研究學問，而又自承是與我同病，望我深思而又深思。他是正話反說呢？還是反話正說呢？真叫人一時捉摸不定！他說他倡厚黑學，「此中實有深意」，也或許是有深意吧？反正我既已認定他以為我那時探究的對象，他縱然向我提出「道不同不相為謀」，我也是不肯放過他的。因為我自幼就具著一副強烈的好奇心，我曾為觀察一種昆蟲的全部生活，竟耗費了一個多月的時間；何況是為徹底認識一位創教立宗的堂堂教主呢？所以我不獨用拋磚引玉的方法，想從他大量的回信中；去探究他的為人；同時，我又託那位孫君前去訪問他，希望對他有一種親切的觀察和意見的交換；除此之外，我又請他寫一自傳，縱不為他人作打算，亦當為其厚黑之徒有所法式。總而言之，我不管他對我如何，我卻必欲一探其底蘊。

如今先說說孫君訪問的情形吧。二十九年三月，孫君接到我的請託信後，即照我所開列的地址彙柴口小竹灣往訪教主，但小竹灣的地名，彙柴口的的居民，是無人知道的，於是悵惘而返。同時，我也函知教主，說將有蜀光教員孫君，前去拜訪，並代我致意。結果，還是教主往訪孫君，他們二人才得以會晤了。孫君首先問他：「小竹灣何以無人知道呢？」他說：「這是我為自己住處新起的名，他人當然不會知道，若問李宗吾嗎，也只有一茶館一油房可以知道我。」孫君說：「這不像拿撒勒人不知道耶穌嗎？」他笑著點點頭，不禁又大笑起來。當時孫君所得的印象，其人為瘦削的中等身材，鬚髮已頒白了；但滿面紅光，極為健談，而且每一談

吐，詼諧百出，又迹近玩世；態度平易近人，似得老子和光同塵之旨。孫君稱道他頗似蘇東坡，他說：「我生性如此，像程伊川的岸然道貌，我是辦不到的。」是日，略談而別。

數日後，孫君到他家中，打算完成我付託他的使命。見到教主的宅院不大，面山臨溪，頗為幽雅，絕無市井的氣氛。落座以後，二人便對談起來：

孫君問：『先生能否暫將厚黑學收起不講，專在文化學術方面多加發揮與著述，以餉國人？』

教主說：『這是辦不到的！十年以來，已有很多朋友勸我不必再談厚黑，拿來應用就是了。殊不知厚黑學是「說得做不得的」，我既不能應用，就不能不講；不講，心中反而難受。若想勸我不講「厚黑」，無異於勸公孫龍不講「白馬非馬」，這是萬萬辦不到的。我本著「說得做不得」的信條，盡量發揮厚黑哲理來創教立說，試問這樣無冕王，惟我獨尊，又誰能比得我的優游自豪呢？且古今真理，只有一個，仁者見仁，智者見智，孔孟的仁義，老子的道德，墨子的兼愛，楊子的為我，申韓的法術，施龍的形名，佛耶的慈悲博愛，和李宗吾的厚黑，均是一個真理，不過說法不同罷了。若是各有發明，各立一說，不相假借，便是各有千秋。這樣，比起及身得志的人，我覺得尤勝一籌，又何必用世呢？貴友張默生君屢次來信勸我不講厚黑，怕我前途有阻礙；我想當年耶穌基督尚肯以身殉教，區區阻礙，又何足以使教主不談厚黑呢？默生此舉，可謂「作德心勞日拙」！可是默生一向是研究哪種學問的？』

孫君說：『我知道他一向研究先秦諸子，尤好莊子；此外研究的方面很多，近十餘年來，據說他在研究「態學」，他也是個怪人。』

教主說：『莊子一是非，齊物論，只是憶憬神人至人，想入非非，絕不是厚黑道中人物。且默生研究的態學，「態」為心理的表面象徵，還未入到心理深處；我的厚黑學是建築在心理學上，「心理變化，又循力學公例而進行」，默生尚未及此，所以也不是厚黑道中的人物。況且默生大大的為李宗吾捧場，斥罵李宗吾者為「下士」「下下士」，為不識太行山，所見正是反面，是吾道中的大忌。蓋大罵李宗吾者，才是真正厚黑信徒，以是更知默生之不厚不黑了。既是不厚不黑，就決不宜涉足政途，還是我行我素，努力研究學問好了。若必欲一問世者，除非有武王其人，以默生為周公，以柏蔚為召公，則李宗吾亦將不辭老而一為姜太公；可惜無其人非其世了！惟其如此，何如暢談厚黑哲理，以備傳諸其人之為得計呢？至於目前的抗建大業，已有中樞當代名公巨

卿，一肩承當起來了；吾輩亦只好學虬髯客之避李世民，縱不能於海外另創扶餘，亦可優哉游哉，聊以卒歲而已。』

孫君說：『默生來信，稱道先生滿腹經綸，是當代的一位諸葛孔明呢，先生自忖以為如何？』

教主笑著答道：『孔明何足道哉！他的名士氣太重了！單即用兵而論，他猶不及先帝，先帝不過借他來懾服頭腦簡單的關張趙黃諸人罷了，實則他尚被先帝玩弄於股掌之中的。不然，伐吳之役，先帝何以不使孔明而自將呢？且孔明用馬謖守街亭，實為失著（當用魏延）；軍敗而斬馬謖，尤為大失著。蜀之窮蹙以亡，斬馬謖時，已肇其因了。孔明無能為如此，何足道哉！』

孫君問：『先生看，古今來誰是可取法的呢？』

教主說：我不是說願一作姜太公的話嗎？實則千古可取法者，惟此一人。太公年至八十，尚能佐周克商，已是亙古奇蹟。厥後蘇秦誦其陰符，而合六國；張良用其兵法，而滅秦楚。試問：厚黑遠祖，捨太公還有何人呢？鄙入實是他百代的徒孫，想抉發出這千古不傳的祕訣，以光前裕後的。

孫君問：先生治學的門徑，可以見告嗎？

教主說：我平生治學，實得力於八股義法的「截搭題」，那是很合乎辯證法的邏輯的。我的厚黑學及一切著作，都是從此中推衍而出的。

孫君說：「先生莫非是說笑話罷？」

教主說：「不是笑話，我確是得的這一套八股法寶。如若不信，就請以後對於八股義法多下一些工夫好了。」

孫君對於他的話半信半疑，也未加深究。於是又問他道：「先生的著作，出版的，未出版的，一共有若干種？」

教主說：「出版的，有厚黑學、厚黑叢話、宗吾臆談、社會問題之商榷、考試制度之商榷、制憲與抗日，中國學術之趨勢、心理與力學、孔子辦學記、吊打校長之奇案、孔告大戰、怕老婆的哲學十餘種：現在正寫的，及已寫成尚未發表的，還有中國民族特性之研究，政治經濟之我見、敘屬旅省中學革命始末記、性靈與磁電、迂老隨筆種種。談正經道理的，有社會問題之商榷，考試制度之商榷、制憲與抗日、中國學術之趨勢、心理與力學五書。其餘的正經作品，因尚未問世，暫可不談。惟制憲與抗日一書，去歲曾為黔鄂兩省當局所取締；我不知檢查者，持何尺度？有何高見？考試制度之商榷一書，前年亦遭取締，幸經上書自剖，始得以大白。中國學術之趨勢及心理與力學，均係研究初步，還不敢視為定論。至厚黑諸種、孔子辦學記、孔告大戰、吊打校長奇案、怕老婆哲學，都視為開玩笑性質，亦無不可。將來談民族性，談政治經濟，談性靈與磁電，又須費一番苦思。其實我已老了，還著作什麼書呢？真可謂不知自量。」

孫君說：「先生這一段話，與談厚黑的作風不同，是很正經的。這樣，使想讀先生著作的人，可以知道各書立言的態度，這是很有益的。我現在還要請問的，因受默生之託，不惜『打了沙鍋問到底』，先生已往的資歷，及目前的身世境遇如何？」

教主答道：「我早年受教於富順名八股家盧象家先生之門，後入成都高等學堂習數理，曾加入同盟會。民國以來，充督署科長，全省官產清理處處長，擢為重慶海關監督未就。後長富順縣中，綿陽省中。再任省督學多年，曾出川考察各省教育。北伐後，入省府任編纂委員，去年始解職歸家。我自幼生於窮家，經一生奮鬥的結果，已小有積蓄，現有市宅一所，水田三處，收租百石，生活尚稱小康。生有二子，長子甚有能幹，曾任富順教育局長，及自貢中學校長；次子曾在成都工業專校讀書。不幸兩子均於近年中先後死去。現有老妻寡媳及三孫四孫女，請有塾師，就家中教讀。這便是我的大概情形。」

以上是孫君和教主會見後來函的敘述，我把它撮錄於此。他的信中還說：前年春，吳稚老曾寄他兩函：一是批評厚黑學的，大意謂：「厚黑二字，人人心中有之，只是人人筆下不便寫出。今經李先生道破，恐厚黑者，益將無忌憚，而厚黑犧牲品亦必加多矣。雖然，吾快吾意，亦管不了許多也。」另一函，是批評心理與力學的，大意謂：「李先生目光銳利，讀書奇博，心理與力學實為最驚奇之發明，尤其前半部，真萬古不磨之論。入後，則如通靈寶玉，只有玉之價值，不若清白石獅之古樸，未免曲說回護矣。」劉蘆隱亦有七律贈他，可稱精心之作，惜已不記其辭了。又說：教主藏書甚富，家中有書三大櫥；但據他自己說，尚不及蓉寓所有的三分之一。又說：教主不吸煙，大約每飯必酒，兩次談話，均有酒氣陣陣撲面而來。

到了這時，我對於厚黑教主，可說是認識到十之七八了。不過我還不滿足，就再三函催他寫自傳，請他寫得越詳細越好，讓他把全部生活一一的自供出來；但他回信不肯，只允許寫一迂老隨筆，權代自傳，將來寫出後，讓我從他的字裡行間去揣測他的為人好了。果然不久就將寫成的迂老隨筆寄來一批，所謂迂老者，乃是由他幼時兩個綽號合併而成，「迂」是「迂夫子」，是他父親送給他的；「老」是「老好人」，是同學送給他的，故合稱「迂老」。並且自撰一聯云：「皇考錫嘉名曰迂夫子，良友贈徽號為老好人。」他說年來與朋友寫信，也自稱「迂老」，生以為號，死以為諡，故此次所寫文字，即題曰「迂老隨筆」。最可笑的，他說學者可以寫自傳，教主則不能寫自傳，他在厚黑界中的地位，等於儒教的孔子，道教的老子；孔子有自傳嗎？老子有自傳嗎？倘若不知自重，妄自菲薄，隨著世俗的學者也寫起自傳來，捨去教主不不當，降而與學者同列，豈不為孔老竊笑嗎？誰若再請他寫自傳，他先有一難題請你去做，就是必須按照八股義法寫「枯窘題」的手法，為他補寫一篇祝壽的文字。他說他是生於光緒己卯年正月十三日，民國二十八年滿六十歲，他自己做了一篇徵文啟，切著正月十三日立論，此文正月十二日用不著，十四日用不著，其他各月生的更用不著，定要光緒己卯年正月十三日生的才用得著，而且那年正月十三日非產生一位教主不可，這就是所謂做「枯窘題」的手法。誰若按照這種限制替他作一篇徵文，他即遵命詳詳細細的寫一篇自傳；如其不然，他只把那篇徵文啟公布出來就是了，自傳是不能寫的。他那篇妙文如下：

鄙人今年（二十八年）已滿六十歲了，即使此刻壽終正寢，抑或為日本飛機炸死，祭文上也要寫享年六十有一上壽了，生期那一天，並無一人知道，過後我遍告眾人，聞者都說與我補祝。我說：這也無須。他們又說：教主六旬聖誕，是普天同慶的事，我們應該發出啟事，徵求詩文，歌頌功德。我謂：這更勿勞費心，許多做官的人，德政碑是自己立的，萬民傘是自己送的，甚至生祠也是自己修的。這個徵文啟事，不必煩勞親友，等我自己幹好了。

大凡徵求壽文，例應鋪敘本人道德文章功業，最要者，尤在寫出其人特點，其他俱可從略，鄙人以一介匹夫，崛起而為厚黑聖人，於儒釋道三教之外特創一教，這可算真正的特點：然而其事為眾人所共知，其學已家喻而戶曉，並且許多人都已身體力行，這種特點，也無須贅述。茲所欲說者，不過表明鄙人所負責任之重大，此後不可不深自勉勵而已。

鄙人生於光緒五年己卯正月十三日，次日始立春，算命先生所謂：己卯生人，戊寅算命。所以己卯年生的人，是我的老庚；戊寅年生的人，也是我的老庚。光緒己卯年，是西歷一千八百七十九年，愛因斯坦生於是年三月十九日，比我要小點，算是我的庚弟。他的相對論，震動全球，而鄙人的厚黑學僅僅充滿四川，我對於這位庚弟，未免有愧。此後只有把我發明的學問，努力宣傳，才不虛生此世。

正月十三，曆書上載明：是楊公忌日，諸事不宜。孔子生於八月二十七日，也是楊公忌日，所以鄙人一生際遇，與孔子相同，官運之不亨通，一也，其被稱為教主一也。天生鄙人，冥冥中以孔子相待，我何敢妄自菲薄！

（編按．所謂「楊公忌」，又稱「楊公十三忌」，世傳為唐代風水師楊筠松所訂之不宜諸事之禁忌日。）

楊公忌日的算法，是以正月十三日為起點，以後每月退二日，如二月十一日，三月初九日……。到了八月，忽然發生變例，以二十七日為起點，又每月退二日，如九月二十五日，十月二十三日……。到了正月，又忽然發生變例，以十三日為起點。諸君試翻曆書一看，即知鄙言不謬。大凡教主都是應運而生，孔子生日既為八月二十七日，所以鄙人生日非正月十三日不可。這是楊公在千年前早已註定了的。

孔子生日定為陰曆八月二十七日，考據家頗有異詞。改為陽曆八月二十七日，一般人更莫名其妙。千秋萬歲後，我的信徒，飲水思源，當然與我建個厚黑廟，每年聖誕致祭，要查看陰陽曆對照表，未免麻煩。好在本年（二十八年）正月十三日，是陽曆三月三日，茲由本教主欽定陽曆三月三日，為厚黑教主聖誕。將來每年陰曆重九日登高，陽曆重三日入厚黑廟致祭，豈不很好？

四川自漢朝文翁興學而後，文化比諸齊魯，歷晉唐以迄有明，蜀學之盛，足與江浙諸省相埒。明季獻賊躪蜀，殺戮之慘，亙古未有。秀傑之士，起而習武，蔚為風氣。有清一代，名將輩出，公侯伯子男，五等封爵，無一不有。嘉道時，全國提鎮，川籍佔十之七八。於是四川武功特盛，而文學則蹶焉不振。六十年前，張文襄建立尊經書院，延聘湘潭王壬秋先生，來川講學，及門弟子，並研廖季平，富順宋芸子，名滿天下；其他著作等身者，指不勝屈，樸學大興，文風復盛。考湘綺樓日記，己卯年正月十二日，王先生接受尊經院聘書，次日鄙人即誕生，明日即立春，萬象咸新，這其間實見造物運用之妙。

帝王之興也，必先有為之驅除者；教主之興也，亦必先有為之驅除者。四時之序，成功者去。孔教之興，已二千餘年，例應退休，皇矣上帝，乃眷西顧，擇定四川為新教主誕生之所，使東魯聖人，西蜀聖人，遙遙對峙。無如川人尚武，已成風氣，特先遣王壬秋入川，為之驅除，此所以王先生一受聘書，而鄙人即嵩生嶽降也。

民國元年，共和肇造，為政治上開一新紀元。同時，鄙人的厚黑學，揭登成都日報，為學術上開一新紀元。故民國元年，亦可稱厚黑元年，今為民國二十八年，也即是厚黑紀元二十八年。所以四川之進化，可分三個時期：蠶叢魚鳧，開國茫然，勿庸深論，秦代通蜀而後，由漢司馬相如，以至明楊慎，川人以文學相長，是為第一時期，此則文翁之功也。有清一代，川人以武功見長，是為第二時期，此則張獻忠之功也。民國以來，川人以厚黑學見長，是為第三

時期，此則鄙人之功也。

民元而後，我的及門弟子，和私淑弟子，努力工作，把四川造成一個厚黑國，於是國中高瞻遠矚之士，大聲疾呼曰：「四川是民族復興根據地！」你想，要想復興民族，打倒日本，捨了這種學問，還有什麼法子？所以鄙人於所著厚黑叢話內，喊出「厚黑救國」的口號，舉出越王勾踐為模範人物。其初也，勾踐入吳，身為臣妻為妾，是之謂厚。其繼也，沼吳之役，夫差請照樣的身為臣，妻為妾，勾踐不許，必置之死地而後已，是之謂黑。九一八以來，我國步步退讓，是勾踐事吳的方式。七七事變而後，全國抗戰，是勾踐沼吳的精神。我國當局，定下的國策，不期而與鄙人的學說暗合，這是很可慶幸的。天下興亡，匹夫有責，余豈好講厚黑哉？余不得已也。

鄙人發明厚黑學，是千古不傳之祕，而今而後，當努力宣傳，死而後已。鄙人對於社會，既有這種空前的貢獻，社會人士，即該予以褒揚。我的及門弟子，和私淑弟子，當茲教主六旬聖誕，應該作些詩文，歌功頌德。自鄙人的目光看來，舉世非之，與舉世譽之，有同等的價值。除弟子而外，如有志同道合的蘧伯玉，或走入異端的原壤，甚或有反對黨，如楚狂沮溺、荷蕢、生畝諸人，都可盡量的作些文字，無論為歌頌，為笑罵，鄙人都一一敬謹拜受。將來彙刊一冊，題曰：「厚黑教主生榮錄」。你們的孔子，其生也榮，其死也哀；鄙人則只有生榮，並無死哀。千秋萬歲後，厚黑學炳焉如皎日中天，可謂其生也榮，其死也榮。中華民國萬萬歲！厚黑學萬萬歲！厚黑紀元二十八年，三月十八日，李宗吾謹啟。是日也，即我庚弟愛因斯坦六旬晉一之前一日也。」

我讀了這篇妙文，我失望了，他已自據著堅固的壁壘，不許我向前進攻了。我既不能寫八股文，自然就不能照題完卷；就休想得到他詳細的自傳；得不到他詳細的自傳，那就更不必奢望他全體現形了。再說：我為他一再去信，又請孫君就便訪問他，無非是勸他不講厚黑學；但如今看來，他已公然自上尊號，改曆紀元，欽定誕辰，還說是宣傳厚黑，死而後已，很顯然的這個厚黑教主的寶座，他已認定坐穩了，我若勸他不講厚黑，

這不是有意想取消他的尊號嗎？他哪能讓你乘隙攻入，再看他告訴孫君的話，和答覆我的信，都把我們的勸告，當作「不入耳之言」，並且說出「道不同不相為謀」的話來，可見他是步步為營，時時設防的。現在他又若有意若無意的揭示出這種難題，他必料知後生小子不會做八股文，僅僅拿出這一點小手法，以後就不至再向老子開玩笑了。他確實料得不錯，我為這事犯了大難，連覆信都不知如何措詞。

我在反覆思維：一方面驚嘆他的老辣，使人無隙可乘；一方面慚愧自己的幼稚，太不度德量力；然而騎虎難下，又不容就此罷手。難道我要向他遞降表稱弟子嗎？不，決不！這違犯我的初衷。將於覆信中避免厚黑二字不談嗎？這又是默認失敗，太不成話。我一連為這事想了幾天幾夜，總是在想出如何應付他的法子，以便就此下臺。最後我想只有變更戰略，作以退為進的攻勢，或可以轉敗為勝。當時，我立定了幾個要點：第一，承認他配充厚黑教主，因為他有背十字架的精神，第二，咬定他不厚不黑，而偏要講厚黑的所以然；第三，根據他所提出的「道不同不相為謀」的話，不再勸他不講厚黑，讓他去過厚黑之癮好了。計劃已定，我便覆了他下面的一信：

教主：請你不要皺眉，這封信決不是勸你不講厚黑的，你可放心看下去；不過你也不要以為我開首稱你「教主」，就是來向你投降表稱信徒的。不是，我決不相信你的厚黑學，我要永遠反對下去，只是不再勸你罷了。來示云云，及孫君轉達云云，並大著迂老隨筆云云，全都拜讀了，很痛快，也很不痛快。痛快的是你思想的犀利，文字的矯健；不痛快的，是自己忘掉了「道不同不相為謀」的古訓，竟以「不入耳之言」煩瀆教主。自傳當然可以不作，因為我不會做八股，沒有向教主交換的資格。我還不知道教主已有近三十年的天下了，怪不得不肯輕易捨棄你的寶座，而且還壁壘森嚴的戒備起來！這種莊嚴神聖的氣象，也大有教主的作風！不止此也，凡教主都有擔當天下人之罪惡的精神，都有為天下人背十字架的精神，都有「我不入地獄誰入地獄」的精神，這些條件，你全有，我相信。凡教主，必先自身無罪，然後才配為人贖罪，你也是如此，我更相信。當年的耶穌，按聖經上說，是道成肉身，是纖毫罪惡沒有的，所以上帝特差遣他來為世人贖罪，結果竟被他要為他們贖罪的罪人釘了他的十字架。當他在十字架上一息尚存的時候，他還為釘他的人，為全世界的人祈禱說：「天父呀！求你饒恕了他們罷！因為他們不明白。讓我自己擔了他們的罪罷！」因著耶穌的最後祈求，得了上帝的允許，所以後來凡信仰耶穌自知懺悔的人，他的罪惡便與耶穌的肉身同死，而生命即與耶穌的靈魂永生。現在，教主你，是充滿了羞惡之心，所以不厚，充滿了惻隱之心，所以不黑。必如此不厚不黑，才配講厚黑，才配作厚黑教主，才能為厚黑之徒贖罪。我想你這樣大講厚黑，將來也難免被真正厚黑的人，說你妖言惑眾，臉一橫，心一狠，也把你釘在十字架上。到那時，我相信你也必為釘你的人，為全世界的人祈禱說：「上帝呀！求你饒恕了他們罷！因為他們不明白。讓我自己擔當了他們的罪

罷！」因著你的最後祈求，也必獲得上帝的允許，凡以後信仰你的自知懺悔的人，他的厚黑便與你的肉身同死，而羞惡惻隱之心，也必與你的靈魂同存。教主，如果你是這樣，你真偉大！也許我不明白，請你饒恕了我罷！以後再不敢於厚黑二字多言。敬祝教主萬歲！阿們！

不料此信去後，竟獲得意想不到的效果，回信許我為生平第一知己，並引鄭板橋的話說：「隔靴搔癢，讚亦可厭；入木三分，罵亦可感。」接著說：「川省之內，讚嘆弟之厚黑學者多矣，此可厭也；足下屢戒我，不必講厚黑，此可感也。茫茫宇宙，如足下者，有幾人哉？是以每當無聊時，輒濁酒一壺，展讀惠寄各信，等於漢書下酒，每讀一過，輒嘆息一番，足下誠弟生平第一知己也！」從此以後他便屢次來信，每作一書，動輒數千言，上下千古，及其個人種種情事、無所不談，但不再向我談厚黑稱教主了。同時，更把他的一切著作，無論是出版的，未出版的，還有一書數種版本的，或某書初僅為短篇的文字，統統都陸續的掛號寄來，讓我為他保存，好像把整個的李宗吾，都交給我似的。我生平遇見的熱情朋友，他也算是稀有的一位。他聽見我父親以七十六歲的老翁。還在淪陷區打游擊戰，便來信倍加頌揚；知道我有喪子之慟，就來信以現身說法勸慰我；我告及妻室懷有身孕，他立刻來信大講其胎教；得知我患嗓子病，他便快函寄下特效白喉藥方（其實我並不是患白喉）；其他情意殷懇之處，難以盡述。我自然也是殷勤相報，知無不言，言無不盡。凡我認為他的優點之處，無不盡量對朋友宣傳。我認為他最有價值的幾本著作，便大量的買來送人。如他的制憲與抗日，我認為與抗建大業，極有貢獻，就送給我曾認識的軍政要人；考試制之商榷，我認為與考試制度及教育上，甚有參考的價值，就送給考試院及教育部諸公；心理與力學，我認為是思想界的一顆慧星，便送給研究科學和哲學，或有志融合玄學與科學的人。同時他寄來的迂老隨筆，意趣橫生，靈光閃閃，多是畫龍點睛之筆；吊打校長之奇案，是四川軍閥時代混亂局面中，教育上的重要文獻，此案是他冒險前去查辦的，居然是老殘遊記上老殘假充「走方郎中」到各處刺探官吏的良酷及人民的疾苦的作風，最足以見出他辦事的本領。這兩篇作品，我得了他的同意，首先為他送登上海宇宙風。繼而有其他雜作，也陸續交該刊發表。後據該社來函說，他的那些作品，一時轟動了滬港及沿海各省。從此，四川的厚黑教主，一變而為有全國性的教主了。

他因過於相信我，就和我約定：他的近作發表出來，所有讀者來函，一律由我收轉，他已於稿後註明了。並且說：凡有讀者來函，我可先行拆看，然後再轉寄於他。此後，讀者果然紛紛來信了。信的封面，除他的真姓名外，有寫「李厚黑」

的，有寫「李教主」的，有寫「厚黑教主」的，有寫「李迂老」的，等等不一，自然都是由我收轉。當時一般朋友，都替我捏著一把汗：這樣不三不四的名字，若是被政府的查信員注意了，說不定會猜測我是有什麼祕密結社，或是在組織什麼邪教，豈不是要受連累嗎？即便沒有這種可慮，而厚黑學、厚黑叢話各書，政府早已再三禁止，如今厚黑教主的信件全由我轉，總不會不受壞的影響吧。這是朋友們替我擔心的意思，但我既受知己之託，縱有小小麻煩或不名譽的事，也是所不辭的。至於讀者來信的內容，有對著者五體投地欽佩的，有對他的學說反對的，有對他的學說若信若疑的，也有對著者本人潑口大罵的，並且有時還罵到我，這些都可以反映社會人士的形形色色，我看了好不有趣。更有直接給我寫信，內中裝有法幣，願購買教主的一切著作，一連「尊師長」「尊師短」的稱道，這顯然是把我認成厚黑教主的首座弟子了。遇到這種來信，我照例是掛號將款退回，說明我住在鄉間，不便為他代購；但必須告知他寄售的書局，並為其重要各書作一介紹，至於為教主收轉的信，態度正當的來信，無論是贊成他，是反對他，我都一律照轉；只有潑口大罵的，如信中開首稱他「吾兒見字」，罵他「混蛋」「王八蛋」，定他的罪名「應槍斃」「該活埋」，這樣的來信，讓老人看見了，似於心理上太不衛生，我就擅自把信撕毀了。

我因為常常代他收到無禮辱罵的信，很感不快；他平生又未必欠下人家的罵債，何必自取污辱呢？加以這時我和他已可說是「交稱莫逆」了，於是又很委婉的勸告他一次。這一次可把他的老底揭穿了，請看他的回信吧：

弟行年六十二矣，自恨生無益於時，死無聞於後！所著各書，最致力者，惟心理與力學；而一般人所讚賞者，乃在厚黑學。此誠如白居易致元稹書所云：「僕得意者，秦中吟及諸閒適之作，而世人乃盛稱長恨歌等詩，世之所重，僕之所輕」（自註：原文忘記、大意如此。）足下屢勸我不必講厚黑學，弟何嘗不知？此等打穿後壁之話，不可形諸筆墨；而弟顧常常言之者，亦自有故。學術界與政治界無異，政治界中先踞有地盤者，後來之人雖學識才能超出其上，亦無從取而代之。學術界中古之孔孟程朱諸人無論矣，今之梁啟超章太炎等輩，亦取有相當地位；我輩無名小卒，敢與之抗衡哉？雖有發明，誰能注意？民國元年，弟發表厚黑學，頗為人所稱說，故常常講之，欲引起讀者注意，因而讀我心理與力學之書耳。蓋厚黑學者，固弟已踞之地盤也。由嬉笑怒罵之文章，進而討論性善性惡之太問題，亦猶劉邦據蜀漢之地，而進窺中原也。我國言性者共五家：（一）性善說，（二）性惡說，（三）性無善無不善

說，（四）性善惡混說，（五）性有三品說。使弟之說法果有研究之價值，則言性者於五家之外，尚有一說，成為六家，則弟之生為不虛矣。區區之願，實在於此。足下為我知己，故敢剖臆言之。唐詩韓昌黎文起八代之衰，而蜀人陳子昂則詩起八代之衰。子昂久居長安，碌碌無所知名，有胡賈者賣琴於市，索價萬緡，市人相顧不敢議價，子昂見之，立呼家人如價畀之。觀者驚問之，子昂曰：「明日來某處，當為諸君一奏之。」明日眾人齊集，子昂攜琴出曰：「蜀人陳子昂有詩百軸，琴小技耳，曷足為重！」舉琴碎之，以詩卷遍贈來者，子昂之名，即日滿都下。弟之常談厚黑學，亦猶子昂之碎琴耳。左思作三都賦，必求皇甫謐作序而名乃彰；厚黑學既為時人所稱道，弟時時講之，等於為心理與力學作序耳。弟既不願請求名人，替我揄揚，無寧大講厚黑，於千萬人笑我罵我之中，得一真知己足下之般般然下交於弟者，亦由讀我之厚黑學，因而徧讀我之著作也。足下勸我不講厚黑而卒不奉教者，蓋私衷貪得無厭，欲於張默生之外，再得一張默生耳。足下思之，然乎否乎？甚望足下將心理與力學切實批評，將來再版時，當將贊成者反對者附刊於後，藉供討論。蓋學術者，天下之公器也，當合全世界之人而鑽研之，非一人之力所能勝也。愈鑽研真理愈出，所言當耶，不足為榮；所言非耶，不足為辱。弟於心理學中另創一說，等於荒山中另闢一路。倘此路可通，則開路者誠有功；使其不可通，即於此立一碑曰此路不通，俾後來者不誤入斯徑，則亦未嘗無功。弟殷殷然欲與當世學者討論者，意蓋在此。足下愛我實深，山居無事，聊復握管伸紙，補述前此諸函未盡之意，俾知勸我講厚黑學者，與夫戒我講厚黑學者，俱未悉弟之隱衷耳。」

他既如此將後壁自己打穿，而其研究學問的觀點又如此正確，我還有什麼話說呢？此後，我便專心研究佛學及攻讀另一大思想家熊十力先生的一切著作，間或寫寫異行傳一類的文字；而他呢，則繼續研究中國民族特性的問題，及著手寫作性靈與磁電這樣怪題目的文章，後者原為「佛老與磁電」，經我們函商的結果，才將「佛老」易作「性靈」，這是他心理與力學的更進一步的探討，也可以說是他思想發展的極致，此處不暇細說。我們雖然還是不斷通信，但所討論的是另一方面的問題，對於厚黑學彼此再無所爭執了。

又有一種令人喜切望外的事，就是他突然寄給我一篇長約二萬五千字的宗吾自述，把他一生的大事，可說是都述到了，這不能不說是教主自行降格也寫了自傳吧。這事，我本是早已絕望的，因為我不會做八股，沒有交換的資格；然而他竟無條件的賜予了，哪能不為之狂喜呢？這是我將來為他寫一部十萬字的厚黑教主傳的良好依據。好！我決心如此報答他，來紀念此一代的巨人！

不久，又有一可喜的消息到來：三十年十月中旬，我接到他的來信，說他明春要來青木關訪我需要暢談若干日，和我商量他的一切著作，以便大加修改。這樣，我更有得親教主音容的福氣了。那封信的措詞，也和唯我獨尊的教主，迥乎不同。略云：

> 弟鬱居無聊，甚欲出遊，而棘地荊天，真有蹙蹙靡騁之感！明春，無論如何，決當出遊。屆時，當到青木關一訪，暢談若干日，將拙作一一就正，俾便大加修改，請足下便中代我覓一下榻之地。其地，第一以民房為最佳（只一斗室，能容一床一桌即足），即草房亦可，半間屋亦可，弟固農家子，能過簡單生活者。其次則商店（僅容一榻已足），再不然，即住旅館，如無旅館，即茅草店亦可。其要件有二：（一）就近有防空洞，（二）就近有飯館。還有三事：第一，不住友人家；第二，不住機關；第三，不受友人招待，如有掃榻相迎者，弟即將仿孔老先生辦法，不脫冕而行矣。」

這封信，可以充分表現他狷介的操守，不知潑口大罵他的人，對此又作何感想？我當即回他一信，說是完全遵命，青木關地方雖小，但一切的吃住問題，總還比他所希望的略高一等，請他儘管放心來好了。此信去後，想不到他明春出遊的計劃，竟而提前了好幾月。

記得就在這年的十二月初旬，天還落著濛濛的細雨，我正在吃午飯的時候，忽然聽見門外有人操著蒼老的四川土音說：『厚黑教主來看張默生！』接著即叩起門來。我心一動，就低聲對余妻說：『莫非真是厚黑教主來了嗎？』急忙把口中的飯吐出來，前去為他開門，一眼望見一位身材高大的老翁，身邊還有一位二十左右面現清癯的青年，問詢之下，果然「厚黑教主」，那位青年是他的長孫長翊君。我在狂喜之際，巴不得把他抱起來。肅之入座後，我一面和他談著，一面觀察他的像貌，覺得前此孫君來函說他是中等身材，是完全不對的。他可以說是一位彪形大漢，兩鬢頒白，鬍鬚疏落有致，臉為長方形，顴骨頗高，鼻子特長特高而略向裡曲，但尚未至鷹鼻的程度，眉目清秀，眼神常常若有深思，總而言之，是一位具有政治家風範的人物，怪不得他要想一作姜太公！但他當時的神情，顯然無匡濟之志了。大凡古今來有志未遂，退而講學或著述的人，理應也表現他那種氣度。可是教主般的所謂「上天下地唯我獨尊」的莊嚴，他卻沒有，因為他太謙恭太虛心了，這

和我未見他時所想像的完全不同。我當時極力稱贊他的幾種著作，他說：『我的那些著作，不過是瞎說罷了，內中所談的道理，大半是如東坡所謂「想當然耳」的。我讀書太少，而且讀書又是「不求甚解」的，不能把我假想出的道理加以證明，所以我此次出遊，是希望多拜識幾位當代的學者，向他們虛心領教的。』我忽然向他說：『可是先生的厚黑學，我還是依然反對呀！』他掀鬚微笑說：『我講我的，你反對你的，昔日莊周和惠施，不是見面就「抬槓子」嗎？但是又何礙於他們的知己之感呢？我與足下，正願如此。』其時，我們的飯菜，遠擺在桌面上，我便指著向他說：『這飯可不是特為先生預備的吧，你可不要不脫冕而行。一連幾天落雨，也用不著為你洗塵；不過家中正有一點薄酒，天氣又如此寒冷，算是為你壓壓風罷。孫君來函，說你每飯必酒，是嗎？』他哈哈大笑起來，接著說：『酒是要得的，飯卻不須吃，你們吃飯，我吃酒好了。』於是我們就又吃起來，他儘自一盃一盃的細細而飲，一面說著笑話，可知他是富於幽默感的；但是他的酒量並不大，據他說每次也只是四五兩的樣子，醉得一場糊塗的事，他從來未曾有過。這是第一次會見的情形。

他們祖孫二人在青木關的旅館中住了幾天，我天天到旅館中和教主攀談，由彼此的身世，談到一切的問題，並商定他的新舊著作，何者宜再版，何者可緩印，我再次勸他不講厚黑，他仍是戀戀不忍棄捨。最後接受了我的勸告，許著寫一篇他的思想統系，才把厚黑的氣氛沖淡了。我記得還有兩件趣事：他白天和我談話，夜間就開始寫鍤隨漫話，預備送到重慶報上發表。這「鍤隨」二字，是取劉伶以荷鍤（鐵鍬）而隨之，何處醉死何處埋的故事，以自解嘲。他先把寫成的拿給我看，我看了幾段，仍是厚黑叢話之類，還是「厚黑長」「厚黑短」的大談其厚黑。他把第一段作為序言，首先提到此次出遊，是特為來訪我的。我遂即提出抗議道：『你這篇東西，還是談厚黑，既是談厚黑，就不要把我的姓名寫入，想把我的姓名寫入，就不要談厚黑，究竟何去何從？』他略加考慮說：『那我就犧牲足下的姓名，保留我的厚黑吧。』一面說著，一面提筆把我的姓名勾去了。再則他決定到重慶重印他的幾本著作，請我為他各寫一篇序文；我說：『你的著作中，只要沒有厚黑二字連用，是你那般解釋的，我就為你各寫一篇序文，否則我是恕不奉命的。』檢查的結果，是他失敗，我的序文自然未寫。

當時，我在復旦大學兼課，每星期須到北碚授課三天。我因為和他談得高興，打算那一週寫信到校請假，他不許我這樣做，他說：『我陪你到北碚去，我開好旅館候著你，你每日上完課就回到旅館來談，三天以後，我再陪你回來。這樣，兩不誤事。』我當即毫不客氣的接受了這種建議，於是他們祖孫二人就陪我到北碚來了。自然我也乘此機會，為他介紹認識北碚的諸多友人，也讓諸多友人認識這位厚黑教主。我又對他說：『北溫泉乳花洞門前，有一棵黃桷樹根，虬結盤屈，蜿蜒如龍，很像你思想的恢詭譎怪，你可前去觀賞一下，與它訂交吧。』他自然是乘興而去，於溫泉公園也不過匆匆巡視一周：惟獨到了乳花洞前，他捨不得走了，坐在一塊石頭上，眼望著那盤黃桷樹根，足足欣賞一二小時，不禁欷歔詠嘆，大概是相契於無言之地了。我又對他說：『我入川時，經過三峽，見兩岸突兀崢嶸，直逼霄漢，又像你思想的不可一世；但不知你當年出川時，曾否以此自許？』他笑了，他笑著說：『足下未免太好「索隱行怪」了！』

我們彼此戀戀不捨的來往於青碚之間，可以說是無話不談，談必放浪形骸，無拘無束。必罄其所有而後快。我生平有三次快談：一次，是我亡命朝鮮，化名「趙虛若」，因慕音韵大家魏建功之名，冒冒然以同國籍的資格，去拜訪他，自某晚八時直談到次晨八時，整整十二小時，是一快談；一次，是我在北碚，友人鄒湘喬自青木關來訪，自某日早十時直談到次日早十時，整整二十四小時，是一快談；再一次，就是我與厚黑教主的快談，斷斷續續，接接連連，在七八日之中，幾乎一生想說的話，彼此都傾囊而出了，是為快談中之尤快者。我年來喪子之慟，及愁雲慘霧的生活，已被這次快談，掃蕩得乾乾淨淨了。我哪能不永遠紀念這位名為「厚黑教主」，而實則是大觀園外的「乾淨石獅子」呢？我從他的談話中，得知他是輕易不推許人，自然擇友也是十分慎重的；可是他似乎有兩位最心服的亡友，往往是一再談及，贊不絕口。一位是革命家張列五，辛亥光復後，被推為四川的第一任都督，後充總統府顧問，被袁世凱所殺。他說，此人赤膽忠心，有作有為，如他在世時，四川決不會鬧得二十年來的烏煙瘴氣。一位是理學家兼革命家廖緒初，辛亥光復後，被任命為審計院院長（當時四川省政組織中有此官職），後見國是日非，鬱鬱以死。他說，此人作事，公正嚴明，道德之高，每使敵黨贊嘆不已，如他得掌政時，決不許有貪官污吏的存在。他當時談及，猶在嘆惜不已，幾欲淚墮：並再三託我為他這兩位亡友作傳，以厲薄俗。我還記得當重慶遭敵機狂炸時，他有數次來信都說：『張列五的衣冠塚在浮圖關，此時想必成為焦土了！』他慎重擇人如此，敦篤友誼如此，誰能相信「求官六字真言」「做官六字真言」是出自他手呢？如果出自他手，那必是傷心透了，聊且以冷笑代嗚咽吧！

我們於青木關分手以後，他祖孫二人便到重慶去了，他先住新蜀報館，後住國民公報社，中間亦曾移住他處，在渝約有年餘的時光，照料翻印他的幾種著作——厚黑學，中國學術之趨勢，和心理與力學。厚黑學，附加我的思想統系一文；心理與力學，附加性靈與磁電一章。這時，他和吳稚暉先生會面了，劉姥姥終於看見了

石獅子，不會再有遺憾吧。實則劉姥姥是很可能看見石獅子的，因為她畢竟不是大觀園的人物，這是不足為奇的，我們從以上三書，都經吳稚老為他親題封面看來，劉姥姥和石獅子已在深深的相默契了。此外他還得交一位至好的朋友楊亞仙君，他印書的費用，多是楊君慨然相助的。楊君又因他的介紹，曾專來北碚訪我，我也因此得交楊君這位好友。楊君原係軍人，曾數度坐牢，曾作過轟轟烈烈的大事，只因屢受相與共事的人暗中嫉害，才認識了真正的厚黑之徒，忽然得到厚黑教主的經典，相為印證，於是滿腹牢騷渙然冰釋了，從此他想努力於社會事業的創建，他也是厚黑教主的知己之一。

三十二年春，教主應北碚管理局長盧子英先生之邀，再來北碚，我們別後又得相遇，自然是大快於心！但是年餘不見，他的精神頓見衰老，我在暗中替他擔心。他天天到我家來談，每次吃飯，除飲幾盃酒外，幾乎是飯粒不進。我問他：『食量這樣少，怎麼可以呢？』他說：『我數月以來，經常是如此的，不要緊。』但他具有那樣高大的體軀，食量尚不及三歲的小兒，他又無時無刻不在運用思想，往往正與他談話的時候，他又不知思索著什麼道理了。我一再的暗中觀察他，認為他有回家靜養的必要，終於被我勸告回家了。記得臨分手時，我對他說：『我將站在志不同道不合的立場上，為你這位不厚不黑的厚黑教主作一部十萬餘言的大傳，來報答教主不遠千里而來的枉顧！』他很感動的說：『這樣，我可以死矣！』我當時不禁為之淚下，遂黯然而別。

一月以後，接得他三月十二日來書，說他別後返渝，由渝至蓉，今已安抵自流井了。五月四日來書，託我為他設法推銷著作，未及他事。五月十四日又來書，有云：『弟近日無所事事，食量已較前增加矣。』此後，便再不來信：去信，亦不得覆。後接其長孫長翊來函，說他的祖父已得「中風不語」症，終日昏迷不省人事，朋友來信，只得由他擇要作覆。聞聽之下，百感交集！直至九月三十日，報載自流井電：「厚黑教主李宗吾已於九月二十八日逝世矣，」睹此噩耗，震驚不容自己！天喪我良朋，嗚呼痛哉！昔莊周過惠施之墓而嘆曰：「自夫子之死也，吾無以為質矣！」我亦不禁有此同感！乃先執筆寫此一段因緣。繼此文，而狀其一生行事及其學術思想者，曰：「厚黑教主傳」。

三十五年三月十五日張默生寫於復旦大學新村

〔編按．張默生（一八九五～一九七九），名敦訥，山東淄博市人，著名學者、教育家，曾任復旦大學、四川北碚相輝學院、北京師大、重慶大學、四川大學等中文系教授兼系主任。為古典文學、先秦諸子，尤以莊子研究權威。〕

第二部

厚黑教主正傳

I・「迂夫子」和「老好人」

宗吾到了八歲，才開始入塾讀書。這時，因為父母的勤勞操作，又加幾位哥哥的幫助，家道已漸見寬裕，故他自幼即未作過農田的工作。只有放學歸來時，叫他抱草餵牛，牽牛飲水；種胡豆時，叫他停學在家，到田裡撒種；或有時叫他牽牛到鄰近佃戶家幫助碾碾米罷了。笨重的工作，他是沒有做過的。在他入塾以前，他已識字不少，因他父親常常把自己所喜歡的三本書拿來教他。他天資頗高，一教便會，所以到正式入塾時，他已把父親終生愛讀的三本書讀完了。

他初從一位姓陳的先生讀，陳是他家的佃戶，是個堪輿先生，他從他一直讀了四年。後從一位姓鄧的先生讀，又讀了一年。這兩位先生，除教他背書外，一無所授。後來他父親請了一位關先生來家，教他們幾弟兄讀書。這位關先生，名海洲，雖是一位未進學的童生，但學問卻不錯。教書的方法，也比陳鄧二師好得多。讀了兩年，就開始學做八股文試帖詩了。他開始做八股，即能由破承起講，而至入手，算是成了半篇；做試帖詩，亦能作四韻；很快的時間，就可作滿篇了。他從關師二

年，得的益處不少。

據他後來自稱：「關師教書雖不脫村塾中陳舊的法子，但至今想來，受益之處，約有三點：（一）每日講龍文鞭影典故四個，要緊處用筆圈出，次日闔起書回講，圈出的必須背得，我因而養成記典故的習慣，看書時遇要緊處，便用筆圈出熟讀。（二）每日講千家詩和四書，命我把槐軒千家詩註解及四書備旨，用墨筆點句，點畢送他改正。我第一次把所點的千家詩送他看時，他誇獎道：你居然點對了許多，錯的很少，你父親得知，不知若何歡喜。我聽了，愈加奮勉，因而養成看書點書的習慣。到了次年，不待老師講解，就請父親為我買部詩經備旨來點。（三）關師借一部鳳洲綱鑑來看，我也拿來看，我生平最愛看史書，其發端即在於此。關師又借到一部三國演義，我也拿來看，反覆看了幾遍，甚為得意。所以我後來發明厚黑學時，便首先舉孫曹劉為證；但那是陳壽三國志的材料，非演義中材料，不過最初的印象，是由於三國演義。」這是他深深感念於關師的。關師到了後來，有些教不了他了，有一次命一試帖詩題，中有「雪」字，他第一韻用有「同雲」二字。關師在「同」字上打了一個「×」，改作「彤」字，說道：「彤雲密布，瑞雪紛紛」，是這個「彤」字；但關師所引，是出自三國演義上的。於是他回道：我用的是詩經上「上天同雲雨雪紛紛」的「同雲」。關師聽了，默然不語。以後這類的事，常常發生。關師自覺不能勝任，便因而解館；他也在那時病了，父命輟讀，是年他十四歲。

宗吾自六歲時，因受冷而得咳嗽病，經久不愈，遂成哮吼症，遇冷即發。因此身體最弱，終年不離藥罐。從關師讀時，讀幾天，嗓音即啞，醫數日，好了，一讀又啞。所以乘關師自行解館時，他的父親便命他輟讀養病了。不過到這時，他已養成自己看書的習慣了，雖是在養病時期，但手中卻不離書本，不惟白天看書，夜間也看書。每夜，父親在堂屋裡同家人聚談，他便把神龕上的清油燈，取下來放在桌上看書，有時或倚著神龕閱覽。他那時的看書，不是想求上進，也不是為讀書明理，只覺得手中有書，心中才舒服，成了一種嗜好的樣子。所看的書，也不加選擇，無論是聖經賢傳，或是鄙俗不堪的唱本小說，他都一律看待，都看得津津有味，不肯放手。他父親對於他的看書，完全取放任主義，不為他選擇應讀何書，也不問他看何書，既不催他看，也不禁他不看，不過常常喊他為「迂夫子」，他也很喜歡這個綽號。那時，他父親命他的四哥輟學務農，把他的五哥送到茂源井一家劉姓所設的私塾去讀，家中雖然也請了一位姓侯的老師，但只是為他的七弟請來發蒙認字的，談不到什麼學問。他不管這些，他只知不分晝夜的自行看書罷了。後來，他的大哥見他終日書不離手，就對他父親說：「六弟在家，活路也不能做，他既愛

看書，不如仍將他送進塾中，與五弟同住，可向老師說明，這是送來養病的，讀不讀，隨便他，以後送點學錢就是了。」他父親贊同這種意見，就把他送進了劉姓的私塾裡。他對這事曾說：「這是我生平第一個大關鍵！在大哥不過是無意中的幾句話，而對於我的前途關係極大，否則我以農人終老了。」

那家劉姓的私塾，有老師三位，是三輩人。祖輩之名已忘去，學生呼為劉二公；父輩之名為劉應文，號煥章，是個秀才，學生呼他為七老師；子輩之名為劉樹仁，號建侯，也是個秀才，學生呼他為建侯老師。劉二公的文章是小試一派；七老師是墨卷一派；建侯老師善書法，嫻於詞章，論文眼力極高。學生的八股文，是劉二公和七老師分改；詩賦則由建侯老師批閱。建侯老師高興時，也拿八股去改。背書則隨便到那位老師面前俱可。宗吾本來是去養病的，得了特許，聽他自由；但他到了這種讀書環境，竟忘記自己是在養病，一樣的用功，一樣的作八股詩賦，只是不背書罷了。他還記得當時塾中的大門上，每扇貼有一斗方紅紙，一扇寫的是：「棗花雖小能成實，桑葉雖粗解作絲；惟有牡丹如斗大，不成一事又空枝。」一扇寫的是：「勸君莫惜金縷衣，勸君惜取少年時；花開堪折直須折，莫待無花空折枝。」他讀了，非常感動，就更加用功。對於所有同學，都倍致友愛。因此，又獲得一個綽號，叫做「老好人」。

自流井那一帶的習慣，是某處有私塾，家長就把子弟送去讀書，時間大概在正月二十以後。到了二月底，或三月間，老師才請眾家長來議修金，叫做「議學」。議學時，老師避去，眾家長你勸我，我勸你，把修金議定，然後開列學生姓名及所認錢數為老師送去。老師看了無話，這修金就算議定了。當三位劉老師議學時，學生數十人，最高額是十二串，宗吾的三哥世源，出了最高額；議到宗吾的名下，他的父親便聲明是送來養病的，就隨便寫了幾串。等到把修金清單送與老師，老師傅話出來說：「全堂中惟有李世銓（宗吾初名）讀書最好，應該比李世源還要多出些，怎麼才出這點呢？」於是他的父親也就改寫十二串。老師對他這樣重視，殊出他意料之外，所以在精神上受到一種很大的鼓勵。

建侯老師，每呼學生，必綴以「娃娃」二字，有時還出以嘲弄口吻；獨對於宗吾，則無此態度，不過呼他名時，仍綴以娃娃二字罷了。一夜，三位老師都睡了，學生還在嬉笑。建侯老師在床上高聲道：「你們哪些娃娃還沒有睡？」眾人舉名以對。次日，建侯老師說道：「那麼夜深，你們還在鬧，不知幹些什麼？及聽見有李世銓這個娃娃在，我也就放心了！」這些地方，又很能使他自尊自重。

在三位老師中，劉二公人甚忠厚，七老師嚴重自持，而建侯老師則性情詼諧。他不惟對學生加以嘲弄，即對劉二公也常開玩笑；只有在七老師面前，不敢放肆，

但有時也不免要說一二句趣話。一次，他們宴會歸來，建侯老師便對學生道：「今天席上每碗菜來，二公總是一筷子夾兩塊三塊；後來端上一碗肉圓子，二公才用筷子把一個夾成兩半。我心想：二公為什麼忽然這樣斯文了？哪知他把半個圓子搭在一個整圓子上，夾起來一口吃下了。」說得大家哈哈大笑，而宗吾聽了，也覺得非常有趣。他本來是生性樸訥的，後來他的口中和筆下，常常詼諧百出，固然有種種原因；但據他說，建侯老師，卻是影響他的原因之一。

那個私塾中，規定五天作文一次，叫做「課日」。宗吾對於作文章，格外用心：得了題目，坐著想，走著想，睡在床上想，睡在板凳上想，必待想好，才肯下筆。寫出的稿子，改了又改，一個題目，往往起兩三次稿，稿子還是改得稀濫；但老師批閱的結果，常為全塾之冠。他的五哥往往叫他代筆，他就把不要的稿子，交給他謄，仍不時被老師大加稱道。一年之後，他的五哥輟讀務農；而他的七弟，又來和他同讀一年。

他越來越被老師賞識起來。尤其是建侯老師。那時宗吾正看鳳洲綱鑑，這已是第二遍了。同學王大珩見他看這書，也買了一部來看。建侯老師見了，就責他道：「你怎麼也看此書。李世銓這個娃娃，是養病的，而且學力也高，才准他看。此等書，要進了秀才方能看；我若不說，讓別人知道，還說我是外行哩！」這是科場時代的風氣，但於此也可見宗吾之被賞識的一斑。

他那時的心思，隨時都放在書理上，且學且思，且思且學，尤其偏重在思考的工夫。有一次，建侯老師率領學生到鳳凰壩某家行「三獻禮」（類似弔唁）。老師同眾學生在茶館內吃茶，惟宗吾一人在橋頭上徘徊獨步。他回頭看見老師和同學正望著他笑，他不知何故，回到茶館，悄悄問一同學道：「你們方才為何笑我？」答道：「老師說你很儒雅，將來一定可以進學。」他聽了這話，雖然口中盡是謙遜之詞；但心中卻在想：這莫非是孟子所說：「睟然見於面，盎於背」的緣故嗎？他在當日，本把秀才看得甚高，不敢妄想，所以聽了這話，不免驚異起來。

晚上行「三獻禮」時，照例應講有關孝道的書，這是四川的風俗。那家的死者是祖母，建侯老師登臺講「孝哉閔子騫」一章，他把閔子的孝行說完，跟著即說：「後數百年而有李密者」云云，這明明是運用太史公屈賈列傳的筆法。宗吾站在臺下聽講，老師講至此處，即目注於他，微作笑容。老師的意思，是說：「此等文法，眾學生中，只有你一人才懂得。」這一件事，他得到的印象最深，老師的形態，他說數十年後，猶宛在目前，這都是精神上給予他的極大鼓勵。

自流井有羅氏兄弟，宗吾稱他們為羅大老師羅二老師者，和他的父親是好友，學問都極好，二老師尤稱博聞強記，他也時時向他們請教。當時，建侯老師的文

章，注重才氣，給學生們選文，也是隨他的性之所好。他所選給學生讀的，是名八股家周櫝山的文章，是張之洞所提倡的江漢炳靈集的八股。一日，宗吾即問羅大老師說：「我正在讀江漢炳靈集的文章，究竟合適不合適？」他說：「這些文章，好是好，但小試時代不可讀，容易把心讀亂了，做起文章來，就要打野戰。」這又是科制時代的一種風氣。宗吾又問：「我現在買有一部書經體註自己點看，惟有禹貢的水道，真是難懂，不知看何書為宜？」他說：「禹貢的水道，你只看這種註，當然懂不得；如果要懂得，須看禹貢錐指。」禹貢錐指，是清朝有名的書，可見羅大老師並不孤陋。宗吾常向羅大老師請教，得到許多益處：羅大老師也愛宗吾的才學，就想把女兒許給他。宗吾幼年，原訂有古姓女，其叔古威侯，以善書聞名，宗吾的字寫得太壞，怎樣寫也寫不好。某老師見著他的字，就說：「你這筆大揮，將來怎麼見你的叔丈人？」好在古姓女未等出嫁即死，宗吾才免得向古府去獻醜。可是字雖寫不好，但他嗜書成癖，這時尤甚，他知道羅家藏書甚多，所以一聽見羅大老師有意將女兒許給他，就非常高興，他當時心裡想：不管他的女兒怎樣，就只為藉此可以多看些書起見，他的女兒也是可以娶的。但他父親不願做這門親事，白白使他失掉了這個好機會。

羅二老師，也是他時常請教的一位先生。羅二老師嗜吸鴉片，自己設有私館，終日睡在煙盤子側邊，不肯起來，學生背四書五經，他就臥在床上聽，背錯一字，他都知道。背四書朱註，偶錯一字，他也知道。他夜間為學生講書，命學生在燈下看著，他在暗處講解，口誦各書小註，且講且問學生道：「你們看書上是不是這樣？」當然是一字不會錯的，這便是羅二老師的本領。一年，宗吾所在的塾中，因為老師病了，請羅二老師去代教，學生要讀八股，他就把昔人的佳作默寫一篇出來；讀熟了，又默寫一篇，試帖詩亦然，真是取之不盡，用之不竭。那時他已五六十歲了，不知他胸中蘊藏有若干八股，若干試帖詩？但他們兄弟二人，連一名秀才也沒有取得，這又是科制時代的一種實例。

宗吾在三位劉老師門下，共讀了兩年。次年的某月，學屋中忽然紛紛傳說有鬼，某生某生都聽見過，伙房也看見過，一時嚇得他們驚惶失措。建侯老師得知，便說道：「你們這些娃娃，真是亂說，哪裡會有鬼？」因此，學生才心定，鬼也不見了。年終解館的前夕，師徒聚談，建侯老師才說：「這些地方很不清淨，硬是有鬼！某夜響起來，我還喊七爺你聽；我雖口說無鬼，心中也是很怕。」那時，宗吾正看史書，心中在想：「苻堅以百萬之師伐晉，謝安石圍棋別墅，坦然若無事者，也不過等於建侯老師的口說無鬼。」於是他深悟到「矯情鎮物」的道理，後來他出而辦事，往往學建侯老師的口說無鬼。

三位劉老師散學以後，就離開茂源井，各在一處設教了。宗吾又專從七老師讀，自十七歲至二十歲，一直讀了四年。七老師對於學生用功，逼得很緊；改文尤其用心，並且改得很好。他為學生改文，往往坐至半夜，還是一燈熒然，儘在焦眉愁眼的改個不休。他改過的文章，有通篇只留幾句的，至少也要改一大半，每批云：「將改處細玩。」又云：「須多讀多看。」那時的塾師所謂多讀多看，就是多讀八股文章，多看四書朱註，乃是為考秀才用的。但這時宗吾看書，已越過了這種範圍，可說是於書無所不窺的了；對於老師所改的文字，也不願仔細去看。他心中在想：「老師改得再好，總不如古人的好，與其看你的，不如讀古人的。」所以他後來作校長時，每對國文教員說，善改不如善留，若是改多了，不惟教員吃苦，反減少學生的興趣，這是他從七老師方面親身經驗來的。可是他對七老師的人格，卻異常敬佩。到了第四年，七老師便很鄭重的對他說：「你在我的名下讀久了，我也再沒有什麼特殊的心得，可以啟發你；你最好轉到書院去讀，以便增廣見聞。」其時宗吾的修金，已經增至二十四串了。七老師不顧自身的利益，竟說出這樣的話來，這是宗吾畢生感念不忘的。於是他於二十歲的下半年，即轉入自流井三台書院，從李濟平先生讀；次年又轉入自流井炳文書院，從盧翊廷先生讀，這樣，便結束了他的私塾時代。

2・思想開始要飛翔

宗吾在他的一切著作中，常常以開玩笑的態度，自稱為八股專家。如他在迂老隨筆中說：「道家者流，出於史官；儒家者流，出於司徒之官；厚黑學，則出於八股之官。」在厚黑叢話中說：「國人見國勢日危，主張保存國粹，主張讀經，這算是從根本上治療了。八股，是國粹的結晶體；我的厚黑學是從八股出來的，算是國粹中之國粹，根本中之根本。」又說：「中國的八股，有甚深的歷史，一般文人，涵濡其中，如魚在水，所以今人文字，以鼻臭之，大都有八股氣，酸溜溜的。章太炎文字，韓慕廬一類八股也；嚴又陵文字，管韞山一類八股也；康有為文字，『十八科闈墨』一類八股也；梁啟超文字，江漢炳靈集一類八股也；鄙人文字，小試場中截搭題一類八股也；當代文豪，某某諸公，則是聊齋上的賈奉雉，得了仙人指點，高中經魁之八股也。『諸君莫笑八股酸，八股越酸越革命！』黃興、蔡松坡，秀才也；吳稚暉、于右任舉人也；譚延闓，蔡元培，進士翰林也。我所聞知的同鄉同學，幾個革命專家，廖緒初，舉人也；雷鐵崖、張列五、謝慧生，秀才也。猗歟

盛哉！八股之功用大矣哉！」此外他也有比較鄭重的說法，如說：「八股文規律極嚴。四書備旨，四書味根錄等等，雖是庸俗，而卻字字推敲，細如繭絲牛毛。我思想上受過這種訓練，故作出的文字，罅漏較少。朋輩中，推我最善作截搭題，凡是兩不相關之事，我都可把他聯合來，融成一片。故我著書談理，頗能自圓其說。」我們不管他是「正話反說」，或是「反話正說」，或是「正話正說」，要之，他對於八股文章，確實是有一段工夫的。

他學八股文，開始於十四五歲，不久即能滿篇，遂而參加「考課」。考課是八股時代的名詞，是政府用以津貼士子的，也可說是牢籠士子的；但那時的讀書人，想有出頭之日，也只有遵循這條道路。自流井是富順的分縣，一年有四季課：富順縣城，則有月課；自井的鴻文書院及貢井的旭川書院，不時也有課。宗吾在私塾及書院讀書，米是由家中挑去；惟靠參與考課，得些獎金，作為零用及購書之費。這樣，文字非翻新立異，不能奪閱者之目。故他每一題到手，即另出一說，不遵朱註。本來清朝的功令，四書文必遵朱註，及到末年，藩籬漸破，才得以發揮他的自由思想。間或也遵朱註，但他必把眾人應說的不說，力求新異。

茲舉兩例如下：

（一）有一次，月課題是孟子上的「彼惡敢當我哉」一句。他便暗用「曹操伐吳，孫權拔劍擊案，起兵拒之」的情形。他的意思，是把「彼」字，指秦楚燕趙韓魏六國，分作六比。那時他已讀過戰國策，對於戰國的情勢已相當明瞭。大旨是說：彼秦國如何，而我齊國則如何，……彼秦惡敢當我？彼楚國如何，而我齊國則如何，……彼楚惡敢當我？……彼魏惡敢當我？

（二）又一次，月課題是論語上的「子曰：直哉史魚，邦有道如矢，邦無道如矢；君子哉蘧伯玉，邦有道則仕，邦無道則可卷而懷之。」一章。他把這題作了兩卷：第一卷是說，此章書是孔子在陳絕糧時所說。因為「衛靈公問陳（同陣）於孔子，孔子對曰：俎豆之事，則嘗聞之矣，軍旅之事，未之學也。明日遂行。在陳絕糧，從者病，莫能興，子路慍見。」眾人有怪孔子所對不該那麼直率的，有怪不該立即就走的，於是孔子就舉衛國二人為證。說道：你們怪我不該那麼對答，你看衛國的史魚，邦有道如矢，邦無道如矢；我若不直對，豈不為史魚所笑嗎？你們怪我不該立即就走，你看衛國的蘧伯玉，邦有道則仕，邦無道則可卷而懷之；我若不即走，豈不為蘧伯玉所笑嗎？第二卷的立意，因為「直哉史魚」和「君子哉蘧伯玉」的文法，與「孝哉閔子騫」是一樣的。聊齋上王罷齋一段，不是曾說「孝哉」二字是別人說的話嗎？因此，他便

說「直哉史魚」和「君子哉蘧伯玉」，都是世俗之言；而孔子的家法，與世俗不同。子為父隱，父為子隱，為直；證父攘羊，不為直。邦有道，危言危行；邦無道，即該危行言遜。故孔子對於史魚，深有不滿，意思是說：你們說「直哉史魚」，他不過邦有道如矢，邦無道如矢罷了。直正的直，豈是這樣嗎？春秋之世，亦可謂無道之世了，而孔子志在救民，栖栖不已，見蘧伯玉卷懷而退，也是深所不滿，意思是說：你們說「君子哉蘧伯玉」，請問邦有道則仕，邦無道則卷而懷之，可乎哉？重讀原文「可」字。按朱註明明說：「蘧伯玉出處，合於聖人之道。」他這種說法，就顯然與朱子違反。

這三本卷子，當時全被錄取。他說，他未曾讀過古註，不知昔人有無此種說法？即是有之，也是暗合。他每次考課，都取這種方式。八比文，本是對偶；而他偏偏歡喜作散行文。題目到手，每一本立出一個意思，意思寫完，即另換一本。他說這個方法，既不費力，又易奪閱者之目，所以每戰必捷。後來改試策論，那更可以由他發揮了。他當時所作此等文字，已經成了習慣，沒有新意的文字，他是不肯作的。

宗吾與雷鐵崖（名昭性）雷民心（名昭仁）弟兄，是炳文書院的同學，大家作文，都愛翻新立異。鐵崖讀書很苦，他家中本來命民心讀書，命他在家工作。他常對宗吾說：「家中命他割青草，挑鹹湧井去，每挑在百斤上下，真是把我壓夠了！」他見民心挑行李，進書院，有如登仙，於是苦苦請求讀書，經家中許可，才得以免去工作。但一切費用，家中不能擔任，因當時他家實無供給二人讀書的力量，所以鐵崖考課，每次至少要作兩本卷子，而民心則可作可不作。假若當時沒有所謂「考課」的話，則鐵崖只有在家以作工終老了。以後他留學日本，還是由他岳家出銀五十兩作路費；到日本後，則純以賣文為生。民心的天資較高，鐵崖則靠用功，作起文章，真是「語不驚人死不休。」因此宗吾說他文筆笨拙，他就說宗吾文筆輕淺，彼此各不相下。鐵崖每日必寫小楷日記，長或數百言，等於作一篇文章；及留學日本，遂把笨拙氣脫去，就大有文名了。

某年，宗吾與雷氏兄弟到縣中去應試，在路上他們就說：「我們倒起身了，不知長案起身沒有？」因為縣試五場，府試四場，終場第一名為案首，俗呼長案，到院試是一定入學的，第二名以下，則在不可知之數。後來縣試案首，就是宗吾；府試案首，就是民心；鐵崖則縣試終場第二，府試終場第七。他們到了院試，都一齊入學。富順應小試者有一千數百人，入學的定額是二十四名，可見想要考取秀才，也是不容易的。

雷民心應縣試時，前幾場本是前十名，到了第四場，題為「陳平論」，民心便數了陳平的十大罪。在那個時代，應考童生，甚有不知陳平為何許人的，而民心竟能數出十大罪，也算是頗有本領；那知縣官看了他的卷子，就說：「這個人如此刻薄，將來進了學，一定是個包攬詞訟的濫秀才，把他丟在後十名好了。」當時閱卷的人，是敘府知府薦來的；府試時，他仍回府閱卷。府官見了民心的卷子，就問：「此人文筆很好，為何把他列在後十名呢？」那位閱卷人答道：「因他作了一篇陳平論，縣官說他刻薄，我力爭無效呢。」按縣試的卷子，照例應該送府。府官調來一閱，不禁大加讚賞，因而取得案首。倘非縣試被擯斥，他也未必取得案首，可稱奇遇。這都是宗吾和他當年的八股朋友，愛作翻新文字的效果。

宗吾因著讀昭明文選，就想試作駢體韻文，也想花樣翻新的幹一下。一次，在縣試的頭場，題目是孟子上的「而不見輿薪至輿薪之不見」一段，於是照作起來，全篇都成駢體韻語，據他說，這是等於開玩笑的；不料發榜時，竟列為第七。以後他便循規蹈矩的作去，終場才得案首，他就是因這次成績，到院試時入學的。又一次，在富順月課，題目是孟子上的「使弈秋誨二人弈，其一人專心致志」兩句。他作了兩卷，第一卷是循規蹈矩作的，第二卷又全篇用起韻語來，前者是用心作的，後者是信筆寫的。哪想第一卷擯落，第二卷反被錄取了。得的批語，是「古音古節，文有賦心。」實則令他暗中好笑，他常常是在這樣玩弄著主考官的。於此，我們可以看出他在八股時代，無論在思想上，在文字的形式上，已是常常衝破藩籬的。宜乎他後來所著各書，就愈是肆無忌憚的大放厥詞了。

可是他這種奇闢思想，他一再的對人聲明，說是受了他父親的影響，他父親不是曾說：「書讀那樣多幹什麼？每一書中，自己覺得哪一章好，即把他死死記下，照著去行；其餘不合心意的，就不必看了。」於是他便採取了這種讀書方式，任何書都是跑馬看花的讀去，只將愜心的地方記著就是了。所以他每得到一部新書，先將序文看完了，前面再看幾頁，就隨便亂翻，中間看，後面看，每頁也未必細看；但是尋著一二句合他的意思，他就口誦心維，反覆咀嚼；將書拋去了，還是一而再再而三的推究下去。他因此所獲的心得，便以為世間的道理，乃我心中所固有，讀書不過借以引起我心中的道理罷了。世間的書是讀不完的，譬如吃菜，聽說某家館子的菜好，就進去取菜牌子來，點幾樣嘗嘗就是了，豈能按著菜牌子一一吃完呢？又如到商店中遊逛，今日見一合意之物，把它買回來，明日見一合意之物，再把它買回來，久之則滿室琳瑯，件件都能合用；豈能把所有商店中的貨物，全行購歸呢？他因為採取這種讀書方式，固然不容易成為一位專門學者，但他因此卻不受書籍的拘束，往往「讀書得間」，每發前人之所未發。

他從師初學八股時，父親命他拿文章來看。他父親看了，便說道：「你們開口即說恨不生逢堯舜禹湯之世；試問那個時候，有什麼好呢？堯有九年的水患，湯有七年的旱災，我們農家，如果幾個月不下雨，或是幾個月不晴，就喊著不得了，何況九年七年之久呢？我方深幸未生堯舜禹湯之世，你們怎麼朝朝日日的希望，並且還以不生在那時為恨呢？」他當時聽了，非常詫異，心想父親怎麼發這樣怪議論呢？但仔細想來，也覺得父親的話很有道理，於是便把這個疑問，存在腦中。久而久之，忽然想道：我們所謂聖人者，是堯舜禹湯文武周公孔子諸人，何以盡都是開國之君，只有孔子一人是平民？又何以三代以上有許多聖人，孔子而後便不再出一個聖人呢？由此推尋下去，覺得一部廿四史，就有不少破綻，不但堯舜禹湯這些聖人可疑，就連孔子這個聖人也可疑。直到他後來作出一篇我對於聖人之懷疑，才算把這個疑團打破。但他飲水思源，不能不感謝父親當年的啟示之功。

他父親一日問他道：「孟子說，今人乍見孺子將入於井，皆有怵惕惻隱之心。這是孺子入井，我站在旁邊，才是這樣；假令我與孺子同時入井，我當如何？」他聽了，茫然不能致答。他父親接著解釋道：「此時應該先救自己，第二步才來救孺子。」他聽了，更覺詫異，心想：父親怎麼沒有惻隱之心，純是為己之私呢？這是由於鄉下人讀書讀少了，滿腔子私欲，才發出這種議論；如果說出去，豈不為識者所笑嗎？但當面卻不敢駁他。退後想來，又覺得他父親的話，也很有道理，可是苦思而不得其解。直到若干年後，他把這個問題，重加研究，才發覺孟子之書，上文明明是「怵惕惻隱」四字，下文「無惻隱之心，非人也」，「惻隱之心，仁之端也」，憑空把「怵惕」二字摘去，這就是一個大破綻。為什麼呢？怵惕，是自己怕死；惻隱，是憫人之死。乍見孺子將入於井，恍如死臨頭上，心中不免跳幾下，是為怵惕。轉念之間，知道這是孺子將死，非我將死，立刻把自身擴大為孺子，怵惕擴大為惻隱，這是人類的天性。孟子教人把此心再擴大，以至於四海，立論未嘗不是；可惜著書時，也許是為行文簡潔起見，又未將「怵惕」二字加以解釋，少說了這樣一句話：「惻隱，是從怵惕擴充出來的啊。」於是後人便尋不出惻隱的本根了。宋儒讀書欠理會，忘卻惻隱上面，還有「怵惕」二字，由此創出的學說，怎能不迂謬百出呢？因此，他才明白了父親的議論，原是從「怵惕」二字發出來的，在學理上很有根據。所以他後來著心理與力學，討論到人性論時，就把這種議論寫上去。這又是他父親的一大啟示。

他們父子二人，在家常常討論書中的道理。有一天，宗吾正拿著一本論語，他父親要過來，翻了翻，就指著問道：「這章書怎麼講？」就是「子曰：賢哉回也！一簞食，一瓢飲，在陋巷，人不堪其憂，回也不改其樂，賢哉回也！」一章。他父

親接著發出問題道：「顏回終日讀書，不理家務，還幸有簞食瓢飲；如果長此下去，連簞食瓢飲都沒有了，豈不餓死嗎？」他父親一連問了幾回。他慢慢把答案想起了，他父又問，他就笑道：「這個道理很明白，顏回有他父親顏路在，顏路極善理財，所以不患匱乏。於何徵之呢？論語載：顏淵死，顏路請子之車，以為之槨。你想，孔子那麼窮，家中只有一車，顏路也是孔子的學生，他都忍心要賣他老師的車，叫孔子出門徒步而行，可見平日顏路找錢的方法，是無微不至的。顏淵有了這樣好父親，自然可以安心讀書；不然，像顏淵那般迂酸酸的人，叫他經理家務，不惟不能積錢，恐怕還會把已有的家業出脫光了呢。」他父親聽了，不禁哈哈大笑。原來這裡邊是大有文章的，宗吾是只知讀書，不能作工的人；他的父親呢，既勤且儉，是一位治家的能手。在他父親問時，問的有意思；不料他的回答，答的更有意思，真可說是「有其父必有其子」了！他們父子常常討論這些問題，也是他善用思考的原因之一。

此外，他們父子討論的問題還多，都是很有啟發性的，不及一一細述。

要之，他的奇異思想，確實是導源於他父親的不少，並非像世人故意宣揚先人的懿德者可比。自他入了私塾以後，老師初則只教背書，繼則只講八股詩賦，有些老師甚至連詩賦都不講，專講八股。像他父親所說的「書即世事，世事即書」一類話，從未說過；孺子入井及堯舜禹湯這類問題，也從未討論過。老師提倡看的書，只是四書備旨及四書味根錄之類。高明一些的老師，也不過叫他讀四史讀古文罷了。至於周秦諸子及說文經解等等，連提都沒有提過。這種情形，在當時他還常常引以為恨；以後他仔細想來，幸而未叫他研究說文經解，否則他這厚黑教主是當不成的。所謂塞翁失馬，安知非福？因為八股詩賦，既不能使他滿意，而說文經解等書，又無人指示，不得門徑而入，所以只好拮出一些問題，東想西想。他讀書既是跑馬觀花，故任何書中所說的道理，都不能範圍他；而書中的要緊所在，他卻記得。因此，馬越跑得快，他看的花就越多，等於蜂之採花釀蜜，故能貫通眾家，而獨成一說。他後來的一切著作，都是這樣慢慢醞釀成的。所以他自父親方面受到若干啟示之後，他的思想就開始飛翔，雖在專制君主的科第功令限制之下，他還是時時想要脫穎而出的。

3・不知其人視其友

宗吾在炳文書院，一共住了四年，可說是他在學問上的潛修時期。山長盧翊廷先生，是當時的八股名家，學識也極為淵博，不過那時已漸由八股改行「策」「論」「義」了。書院中的生活，每日由山長規定時間開講，大部分的時間是由學生自修看書，或是同學互相研究，遇有不明瞭的地方，或是發現了不能解決的問題，再請山長解答。每五天定為「課日」，還是像私塾中一樣，或作八股，或作詩賦，或作策論義，由山長臨時指定。富順縣及自井分縣的「月課」或「季課」，書院的學生，也是照常參加。宗吾的思想，這時益見解放，因為康梁主張變法維新的書報，已風行天下，給予他的啟發不少。並且，除了經史文章以外，尚可自行研究格致數理的新籍。中西文化的交流，新舊學問的演變，那時的全中國，已在萌動起來。本來就好翻新立異的宗吾。處在這種時代，更使他有英雄用武之地了。

當時書院的學生，有廩生、秀才、童生不等，約只四五十人。且在數年之中，還很有幾位考中舉人的。宗吾是入書院的第二年，年二十三歲，才考取秀才的，這也因為他蔑視功令的限制，所以終不能登入高第；但他也無所惋惜。他的同學中，那時已有不少人潛伏下革命的思想，當然他也不能例外。其中如雷鐵崖雷民心兄弟，廖緒初、張易吾，謝偉虎，李小亭諸人，是他至好的朋友，後來均曾獻身革命事業，都是卓卓有聲的人物。

雷民心，後來與宗吾一同考入高等學堂，參加創辦敘屬旅省聯合中學，暗中策動革命，今尚健在。其兄鐵崖後留學日本，同屏山鄧亞琛等，在東京辦鵑聲報，時在民報上發表文字，又同張荔丹入南社作詩人，更在南洋光華等報社任主筆，極力鼓吹革命，頗得華僑信仰。後來，因不滿意於革命同志所為，就跑到西湖白雲庵去做和尚，曾屢為宗吾來信，附有許多詩篇，滿腔悲憤，痛不可遏；他要求宗吾和他的詩，宗吾是不喜作詩的，但也勉強和了他數首，其中有用杜工部招君詠原韻的一首云：「空階斜月鎖柴門，老屋荒煙繞半村。四野雞聲孤劍嘯，中宵蝶夢一燈昏。秦庭笑酒荊軻血，蜀國哀啼望帝魂。青史有名甘白刃，留芳遺臭且無論。」旋得他覆信，對於末二句，大發議論，歷敘在西湖的狀況，又言患病，極盡潦倒抑鬱之苦，信中有云：「……循錢塘江……至岳王墳……見古柏南枝，則又長吁而返。……病中窮鬼，視錢如命，何來宵小，竊我青蚨！……古佛無言，寂坐上方，吹燈就枕，夢我黃粱。」此時他早已入瘋狂狀態了。一次，川籍留日學生歸國，同

鄉餞別，正在歡呼痛飲時，他忽然放聲大哭，向眾人叩頭道：「請諸君不要這樣高興，現在國勢……希望……」又泣不成語，鬧得眾人不歡而散。辛亥革命成功，南京開會追悼黃花崗烈士，他又作詩，中有句云：「高牙大纛將軍幕，荒草斜陽烈士墳！」終以瘋狂而死。死前，曾至自井故鄉，手中抱一酒瓶，且走且飲，見舊日熟人即問：「你做不做官？哈哈哈！」其狂態可以想見。死後，南京政府因他以文字鼓吹革命，其功甚大，正議從厚撫恤；不意某君起而反對說：「他跑到西湖去作和尚，這就叫做不革命！」因此，僅得恤金三千元，為其子女學費了事。宗吾說：「此君想即是高牙大纛的將軍了。」

廖緒初，自流井人，與宗吾同學的後四年，由副榜而中癸卯科舉人。不久，即加入同盟會，與張列五等同辦旅省敘屬中學，實則是革命的根據地，炸彈及祕密文件，均藏校內。他是講程朱學的人，繩趨矩步，朋輩呼他為「廖大聖人」。川人初聞革命之說，甚為駭怪；繼知緒初加入，遂深信不疑，革命勢力，為之一振。他辦敘屬中學時，以身作則，管理最嚴，絲毫不肯苟且。他的業師王某，和舊同學戴某，來校肄業，執學生禮，犯規一律懸牌斥退。對於黨的信仰，尤為堅定，所以又被人呼為「黨癡」。他辦事的堅苦卓絕，持身的廉潔公正，每使異黨的人，也不禁傾服。有一共和黨健將某君說：「只要國民黨人，盡都像緒初，我還有什麼話說！」民國初年，他任審計院次長，所有器物，都是由都督府領的，裁撤時一一退還都督府。外有新購零星小物，他便令院中同事照原價購買，以款交還公家。剩下的洋燈茶碗，及其他不適用之物，則由他全行購買，運回家中。這恐怕是移交案中之史無前例的了。據宗吾說：緒初任次長時，他充科長，他們是隔房面居的。一次，聽見緒初在室中拍案大罵，旋見某君即倉皇從他的室中奔出，緒初在後面逐罵不休，直追出大門乃止。隨即入宗吾室中說道：「某人真是豈有此理！他向我說某人可為縣長，請我向民政長介紹。他見我唯唯否否，接著又說：事情若成了，願送四百兩銀子。我聽了登時把棹子一拍，罵道：胡說！這類的話，都可向我說嗎？他遂而嬉笑著說：算了算了，不說也罷。起身就走。我氣忿不過，所以追去罵他一頓。」宗吾說：「你不替他說就是了，何必使他難堪呢？」他說：「這類人不痛痛的罵他一頓，將來還不知幹些什麼事呢！我非對民政長說不可，免得用了這類人，出來害人！」此後宗吾和緒初相處十餘年，從未聽他重提此事，宗吾對這事批評道：「怒罵某君，足見其剛正；終身不提此事，又見其盛德。」

還有一事，也至為感人：緒初是民國十一年死的，死前數日，宗吾去看他，其父便說：「緒初的病，係為黨中某事失敗而起，看見報紙，就憤恨不已，病益加重。已囑家人不拿報紙給他看了。」宗吾見了緒初，就說他的病，由過勞所致總宜

善為休養。他說：「勞碌尚是小事，惟黨事敗壞，精神上大受痛苦，今日之病，實由於此。」次日臨別，他就向宗吾說：「我現在尚有一事未了。」宗吾即問何事？他於床頭取出一錶，指著說：「就是此事。這是富順范秋嵐的遺物，秋嵐革命，在西藏被趙爾豐捕殺，錶落某手，經隆昌黃容九等，輾轉取得，託我轉交范子。以作紀念。數年未見范子，甚是抱歉！某年曾見某人，想託他，恐交不到；現在你能替我交到嗎？」宗吾見緒初自知不起，等於託孤寄命，即慨然答道：「交得到。」他又問：「你如何交法？」宗吾答：「我如進富順城，即找到范子親手交給他；如不進城，陳文垓在城內做生意，即託他轉交。」他點首說：「文垓這個人，倒可以信得過。」於是雙手將那錶交給宗吾道：「此後即由你負責了！」其臨死猶絲毫不苟如此。他的事蹟甚多，宗吾另有專文記錄，此處不及詳述。

張易吾，也是自流井人，惟他的事蹟不詳；但知他後為山東高等審判廳廳長，即在廳長任內，以勾通革命的罪名，為張宗昌所殺。當審訊時，易吾一語不發，兩手被打得血肉模糊，仍是若無其事；臨刑時，從容就義，面無改色。所以當時主事的人，無不眾口一詞的說：「真是一條好漢！」

謝偉虎，榮昌人，後來一面教書，一面奔走革命，時常化名，出沒無定。於光緒三十四年被補，解往敘府，發交宜賓縣審問。縣知事趙國泰是翰林出身，品學兼優，很想為偉虎開脫，審問時，屢次暗示他，說道：「你的事，大約是那樣吧？……」他回道：「不是，是這樣的！……」直供無隱，卒定斬罪。趙知事臨斬回來，走進二堂，把頂帽取下丟了，很憤慨的說：「這種人才，都拿來問斬，國家還幹什麼，這個官我不做了！」是日有人請他筵會，他也不去，跟即辭官返里了。反正後，南京政府追贈偉虎為左將軍。

李小亭，宜賓人，與宗吾為同榜秀才，後追隨國父奔走革命，主張聯俄容共。後受共黨嫌疑，被通緝，隱匿十餘年，七七抗戰後。始將通緝令取銷。因宗吾後來發明厚黑學，小亭送他詩中有云：「玄之又玄玄乃黑，含德之厚厚不測：老子手寫厚黑經，世俗強名為道德！……」宗吾對於詩中三四兩句，認為妙極了。所以後來有人問他：「厚黑學三字，宜以何字作對？」他說：「應對以道德經三字。李老子的道德經、和李瘋子（他亦有此外號）的厚黑學，不但字面可以相對，實質上，二者原是相通的，」因此他後來常常將二者加以徵驗，這是他和小亭的會心處。

在炳文書院時代，宗吾和這些同學們，相與期許的，決不是功名富貴：相與切磋的，也不是師承道統；然則他們的抱負究是什麼呢？不知其人視其友，我們看了以上諸人離開書院不久即開始的種種作為，就可知道當年他們用力之所在了。

4・革命舞臺上的丑角

宗吾於光緒二十七年中秀才，次年赴省補行恩正兩科鄉試。闈後，他同雷民心及縣中數人，便考取四川高等學堂。因該校總理胡雨嵐先生赴日本考察，遲了一年才開辦。二十九年，宗吾與雷鐵崖、雷民心、張荔丹、曾龍驤數人，在鄉間一起看書。沒有從師。到了冬間，高等學堂開辦，宗吾遂赴省入學，三十年春始正式上課。

校中設甲乙兩班為普通班，三年畢業。附設速成師範一班，一年半畢業。優級理課師範一班，四年畢業，宗吾就是入的這一班。這一班。是由中西算學館的學生，及其他曾經學過算學者，加以考試編成的，共選取三十二名。宗吾雖取入是班，其實他並未從師範學過算學。在家庭中，他曾學過「七盤清」「斤求兩」之類；從劉七老師讀書時代，他曾買了一部中國舊式算學書，其中九章算法及開方等，他也逐一研究過。但都是珠算，而非筆算。在炳文書院時，才買了一部筆算書，叫做數學啟發，自行研究，全部都已了然。他在鄉間問雷氏兄弟等共同看書時，又買了一部中西算學大成，及其他講代數的書來研究。這是未入學堂以前自修的情形。那時懂得算學的人很少，凡入理科師範班者，眾人皆刮目相待。他赴省鄉試時，見中西算學館的學生，把代數備旨和代形合參中，有問題而無答案的，解釋出來，刊印發賣，心中非常羨慕。及入高等學堂，竟得與這些人同班，真是無限的高興。

他第一次上課時，日本教習池永演說道：「要造學問。全靠自己，不能靠教師。教育二字，在英文上為Education，照字義是引出之意。世間一切學問，俱是我腦中所固有，教師不過引之使出罷了。並不是拿一種學問來，硬硬的塞入學生的腦筋裡。如果學問是教師給與學生的，那便等於以此桶水，傾入彼桶，只有越傾越少，學生就永遠不如先生；但事實上則不然，學生每每有勝過先生的，這即是由於學問乃人人腦中所固有的原故。要之，腦如一個囊，中貯許多物，教師把囊口打開，讓學生自己伸手去取就是了。」這時他剛剛改字「宗吾」，正要謀思想的獨立，所以聽了池永的這種演說，印象極深，覺著這種說法，比朱熹所說「學之為言效也」，精深得多了。他說池永這演說，於他發明厚黑學，有很大的影響。他後來閱讀報章，看見日本二字，就覺得刺眼；凡是日本人的名字，也覺得討厭；獨有池永先生，他始終是敬佩的。他說那種和藹可親的態度，永遠留在他的腦中。

自此以後，他便把教習口授的，寫在一個副本上，封面大書「固囊」二字。許多同學不解，就問他道：「這固囊二字，是何意義？」他說：「並無意義，是隨便寫的。」實則這固囊二字，他自己不說明，恐怕後來的考證學者，也是無從索解的。於是他自己下一定義說：「固囊者，腦是一個囊，副本上所寫，皆囊中固有之物也。」題此二字，以作他當時的座右銘。不過他因著過於相信這種看法，據說還是失敗了的。例如池永教授理化，開始講水素和酸素，他就用「引而出之」的法子，在腦中搜索，走路吃飯睡覺都在想，看能不能引出點新鮮東西來？以後凡遇先生所講的，他都這樣的想去。哪知他這樣去工作，真是等於王陽明的格竹子，幹了許久許久，毫無所得。於是廢然思返，長嘆一聲道：「今生已過也，再結來生緣！」這是覺得科學這門東西，於他是失望了。他從前深恨八股文字來束縛人，一聽見廢科舉，興學堂，歡喜極了，把家中所有的四書五經，與夫詩文集等等，一火而焚之；及在學堂內，住了許久，終日固囊固囊，也固不出什麼道理來，於是又想從學術思想方面悟入。一次，他買了一部莊子來研究，同學雷民心，見了詫異道：「你研究這個幹什麼？」他說：「民心，科學的部門，你我今生還有希望嗎？科學是茫茫大海的，就是自己心中，想出許多道理，也沒有充分的儀器來供我們試驗，還不是等於空想嗎？在目前的學堂中，充其量，不過在書本上，得點人云亦云的知識，有何益處呢？只好等兒孫輩再來研究，你我今生算了！因此我打算仍在中國古書，尋一條路來走。」民心聽了，也同聲嘆息。初期學校的書本教育，不能滿足有思想的青年，於此可見。但後數十年的教育如何呢？！

他在校時，除了不願只在書本上學習理化外，對於數學一門還是研究得很精的。他的心思縝密，據他自己說，乃是因為研究數學磨練所得。不過在校的後二年，他大部分的時間，是用來博覽有關學術思想一類的書籍。他以為很多的學科，都是可以自修而通的，像按著鐘點上課的制度，實在無聊。這便是他後來想要改革學術解放學校的起因。同時他自改字「宗吾」後，已滿腔子都是厚黑學理，只是厚黑二字還點不出來，可以說他在校四年，正是厚黑學孕育的時期。

那時他們敘屬的同學，一面在校肄業，一面創辦一旅省敘屬中學。當時發起者，有陳本初、張列五、王簡恆、楊澤溥、雷民心、及宗吾等十餘人。先推陳本初主持校致，其人有毅力，有擔當，不幸病故。繼由張列五接充，聘廖緒初為學監，敘屬中學的發展，張廖二人的功績最大。廖雖名為學監，實則校長、教務、文牘、書記、會計、庶務，全由他一身負擔。張則為四川同盟會的領袖，當時與謝慧生不相上下，以後謝慧生逃往陝西，川省同盟會遂由張列五主持。所謂敘屬中學者，實即川省的革命機關，凡祕密文件，都在校中油印發布。敘校的一批發起人，皆因列

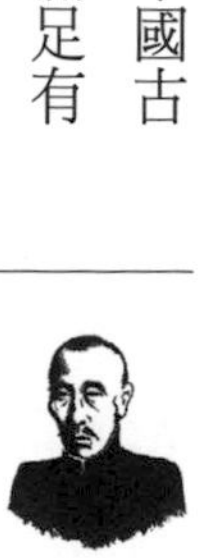

五緒初的關係，先後加入同盟會。宗吾的朋友中，列五、緒初是他極端佩服贊不絕口的兩位，此外王簡恆、謝綬青、楊澤溥，他也稱道不置。現在將這幾位高等學堂的同學略加介紹：

張列五，隆昌人，與宗吾同入優級理科師範班。同時創辦敘屬中學，作為革命機關，領導全川黨人，圖謀獨立，屢次發動各地同志起事，或聯絡袍哥軍隊，且仆且起，不遺餘力，任勞任怨，在所不辭。一次，乘南校場開運動會時，想刺殺護理總督趙爾豐，謝慧生到高等學堂請列五屆時到場指揮，炸彈由敘校學生送來。慧生去後，列五約宗吾入寢室談些事，宗吾把窗子撐開，見斜日在天，想起嵇康臨刑，顧視日影之事，宗吾便說：「列五，你要多看一下天色和日光，恐怕你要與他分別了。」他摸著頸項笑道：「我這頸項，數日來常常發癢，大約怕會有那樁事，將來我解往殺場時，你去不去看我？」宗吾說：「我一定去看，但是袍哥說的話，要值價點（即硬氣之意）！」列五說：「這是當然的！砍頭的事，我是學過的，凡劊子手殺人，是犯人跪在地下，前面一人，拿刀一晃，犯人頭一埋，後面即一刀砍下。我們有幾人，平日練習，一人坐在地上，打一盤腳，兩手掌相疊，平放面前，一人拿刀在前面一晃，坐地者用力把頸項一硬，腦殼向後一撐，後面的刀砍來，腦殼恰落在自己手中捧著。所以我是練習過的，你不必過慮。」說畢一笑而散。同列五練習的，有謝偉虎，聞偉虎被捕臨刑時，態度很豪爽，笑向列五說：「你如不幸被戮，臨刑時，也能這樣嗎？」列五應道：「當然要這樣！」可見列五犧牲的決心，是早已抱定的。刺趙的事，因炸彈未運到，不曾得手。未幾事洩，楊莘友被捕，謝慧生逃往西安，川省黨務，遂歸列五主持。他維護黨人，無微不至。宣統三年，四川因鐵路事件，官紳意見不合，總督趙爾豐，逮捕士紳，縱兵屠掠。列五大慟，於是奔走密謀，預備大舉。即於是年十月二日與楊庶堪、謝慧生輩，逐除偽吏，光復重慶，列五被舉為蜀軍政府都督。當時清廷又遣端方入川，列五即以計誅之。不久，成都亦反正。雲南都督蔡松坡擬遣兵入川，不承認成都軍政府，尊列五為四川都督，屢次來文，願助他統一四川，列五堅不接受。旋即派遣代表，力謀與成都軍政府合併。滇黔兩都督，又電推列五為川滇黔北伐軍總司令，他也婉言辭謝了。成渝合併條約，原訂正副兩都督，在省投票公決，列五由渝赴省途中，即通電推尹昌衡為正都督，而自己甘居其副。後因軍民分治，列五便改任民政長。袁世凱調他入京，許多人勸他不去，他不聽，解職北上，袁即聘他為政治顧問。後見袁有異圖，遂辭職，變姓名，匿居天津織襪，終被袁世凱逮捕入京槍殺。

列五被捕入京，交軍政執法處。其時隆昌黃肅方，也因革命關係，拘禁在執法處，後得釋放。肅方乃對宗吾報告當時的情形：原來列五在天津織襪，與鄒漢卿、魏榮權及陳某同住，袁世凱的偵探李某，串通陳某，介紹與列五相識，願出款入股，將襪廠擴充辦理。一日李某約往某處會飲，商議擴充辦法，上了電車，李某遞了一捲紙給列五，說道：這是我擬的章程，請你暫行拿著，我下去買點紙煙等物。列五接來，也未開視，順便交給鄒漢卿，插在衣包內。到了開車之時，李某還未來。及電車開到站口，許多軍士圍著搜查，搜出紙捲，乃是圖謀暗殺袁世凱的文件，就把列五同鄒漢卿魏榮權和陳某，一併逮捕。又列五在天津時，舊日學生，有些去找他，他就留他們在廠中，供其食宿，也被捕入京。

到了鞫訊的時候，列五純為別人辯護，關於自己的事，則不置一詞。對於所捕的學生，則說：「這些學生，曉得什麼？學生因此得釋。並且也為肅方極力辯護，問官說：「別人的事，你不必管，你說你自己的事就是了。」列五對於自己的事，仍是不辯，只是替肅方開脫，所以肅方也得釋放。

宣佈死刑時，列五站在一旁，負手於背，微笑不語。同時，鄒漢卿、魏榮權及陳某，也宣佈死刑。陳某大驚，說道：「當初許我的官，叫我這樣辦，如今連我都要槍斃嗎？」列五呼其字說道：「某人，不必說了，今日之事，你還在夢中。」看守所長某君，與列五很相得，前夜，二人曾談至夜深，次日忽提出來槍斃，列五看見他，舉手說道：「我們請了！」某君一見，即回頭大哭。列五見兵役站在兩旁，仍如平日一般，從從容容的，向兵役左右招呼，說道：「請了，請了！」兵役也有不少下淚的。是日風捲黃沙，天地晦冥，為多年所未有。囚車至刑場，列五下車，仰天四顧，說道：「今日天變，未必還是因為我們嗎？」獨立徘徊許久，兵士催他道：「張先生，快走吧！」列五回頭笑道：「已經到了此處，還有什麼話說？你們忙什麼？」又站了一會，才慢慢的走進去。兵士在後，以槍射擊，立斃，流血非常之多。這個兵士，常對人說：「我經手槍斃的人很多，從未見過這樣從容的，視死如兒戲，真是異人！」

宗吾常對人說：「列五溫文爾雅，同學們都說他像戲劇中的小生；後來始知其嫻於拳術，能敵數人。他家尚有石彈二枚，即其練拳時所用。但他在學堂時，並未說曾習拳術，只對我說：星期日，常同友人到野外練習手槍，務期左右前後，四方都能命中，尤要在反手射擊；練好後，一旦敵人追來，一面跑，一面可以反手射擊追者。」

宗吾和列五同班時，既然滿腔子都是厚黑學理，就常常和他研究將來出面辦事，究竟可不可用權術？列五說：「辦事應從正當的路做去，萬一正路走不通，也可參用權術，但有一定的界限。」宗吾問：「什麼界限？」列五說：「事過之後，公開出來，眾人都能見諒，甚或受了權術的人，也能相諒，這樣的權術，就可以用；如果公開不得，寧可失敗，不可妄用。」我們於此，就可知列五的為人了。

王簡恆，是宗吾的同鄉，也是高等的同學。宗吾曾說，在他的同鄉同學中，講到辦事才，以簡恆為第一；雷民心也常稱他為「大辦事家」。他為人剛正不阿，自愛自重。他於當時的一般朋友中最佩服而且最敬畏的是廖緒初。他曾說：「緒初作事，絲毫不苟，就其行誼而論，賢人中尋不出，簡直是一個聖人！「廖聖人」的綽號，就是由簡恆開始喊起的。當時他們所一致推戴的，自然是張列五；但簡恆私自評論起來，還是說廖勝於張。一次，他對宗吾說道：「你們一般人，都推張列五，說他會說話，其實他不如廖緒初。列五談話，是從表面上過，只是說得漂亮，緒初則見理能深入。你們不信，可以試驗：每逢議事，列五所說，本是對的，你故意與他駁轉去，他就隨著你的話滾，惟緒初則不然，說話是格格塞塞的，可是他見到的地方，任你如何駁，他始終堅持不變。」後來列五作了都督，作了民政長，他還是說他不如緒初。宗吾就替列五解釋說：「他不堅持己見，正是最大的表現，正是堪為領袖的作風。」簡恆雖亦承認這種看法，但他對於緒初，總是特別信服的。後來簡恆作了富順中學監督，並兼高等小學的校長，緒初適任富順縣視學，宗吾任中學的教官，有一天，簡恆笑向宗吾說：「我近來窮得要當衣服了，小學校長的薪水，我很想交來用，照公事說，是不生問題的。就是縣中人攻擊我，我也不怕；最怕的，是廖聖人酸溜溜的說道『這筆款似乎可以不支吧！』你叫我這個臉放在何處？只好仍當衣服算了。」宗吾常對人說：「此雖偶爾笑談，而緒初之令人敬畏，簡恆之勇於克己，亦可見一斑。」

宗吾把厚黑學的道理，孕育了好久，自己還不敢決定對與不對，適逢簡恆來看他，宗吾便把所見的道理，說與他聽，請他批評。他聽了，就說道：「宗吾，你說的道理，一點不錯；但我要忠告你，這些話，切不可拿在口頭說，更不可見諸文字，你儘管照你發明的道理，埋頭去做，包你幹出許多事，成一個偉大人物。你如果在口頭或在文字上發表了，不但終身一事無成，反有種種不利。」即此亦可見簡恆的為人。但宗吾未聽他的勸告，竟將厚黑學發表了。並且還常常開簡恆的玩笑，說他主張厚黑學是「做得說不得」的，足見其深藏若谷，是得了「黑」字訣，可以稱他的高足了。

民國元年，張列五為民政長，簡恆到了成都，列五就委他出任縣長，他不肯幹，旋回到自井故鄉。三年，討袁之役，重慶獨立，富順響應，眾推簡恆為行政長。事敗，富順廖秋華、郭集成、刁廣孚，被捕解至瀘州，廖判死刑，郭刁破家得免。簡恆東藏西躲，晝伏夜行，受雨淋得病，纏綿至次年而死，身後非常蕭條。

謝綬青，四川中江人，自幼穎悟過人，精於數學，年十六即為秀才，後考入高

等學堂，與列五宗吾同班，彼此交情最深。因他年齡最幼，同學們都呼他小弟弟。當時列五、宗吾已加入同盟會，從事革命工作，但因他口快心直，怕他於無意中洩露，許多事都不肯告訴他。例如慧生列五策動炸趙爾豐的那一次，宗吾綬青皆同在一室，列五想和慧生密商，即先請宗吾把綬青調開，入一鄰室，綬青就與宗吾高談闊論起來，接著便放浪形骸的說道：「大丈夫不能流芳百世，亦當遺臭萬年！」宗吾正想故意和他拖延時間，就對他說道：「綬青，你也太不自量了！你我夠得上遺臭萬年嗎？掛名青史，談何容易？一部二十四史，掛名其中的，究竟有若干數目，無從統計，我想，至多不過一百萬人罷了。我國號稱四萬萬人，每一百年中，這四萬萬人可以說死得淨盡，請問五千年中，有若干四萬萬人？而掛名青史者，乃不過一百萬人，此百萬人中，除去因事連帶書及，姓名附見者外，經過史臣詳列事實的，至多不過十萬人；事蹟彪炳的，不過萬人；其為文人學士所共知，不翻書本即能信口舉出的，大約不過千人；此千人中，無論好人壞人，為婦孺皆知的，不過數十人；此數十人者，又須借稗官小說的吹噓，戲臺上的扮演，且有子虛烏有的人物，參雜其間，你我有何本事，可以廁身此數十人之中？為好人固難，為壞人也不容易。是猛虎方能噬人，小犬一張牙，已被人踢出數步之外了，雖欲害人，其何可得？你我莫說萬年，要想在偌大的中國，遺臭三日，恐怕也不可得吧！」綬青聽了，也只好嘆息，而列五與慧生已把事情商量完了。

及至清帝和西太后相繼死去，川中黨人，就想乘機起事，綬青聞之大喜，也就要求入黨，參與密謀了。反正後，列五為四川副都督，綬青在成都公論日報閒居，一日列五問宗吾道：「聽說綬青來省已久，為何不來見我？」宗吾答：「他還未得工夫。」列五笑說：「不是！他是講氣節的，我未先去看他，無怪他不來。我是真不得閒，決不敢疏慢故人，請為代致歉意，彼此至交，千萬不要如此計較！」宗吾把此意轉達了他，他才去看列五。不久，他便先後在審計院和財政司任事。

討袁軍失敗後，綬青抑鬱無聊，日與友人借酒澆愁。一夜宗吾宿成都第二小學內，二更後全校寂無人聲，忽聞綬青大醉獨歸，入鄰室慟哭，且哭且罵當局捕殺黨人，聲達校外，宗吾要去勸阻，又怕更激其怒，因此作罷。他一直哭罵至四更，才鼾然睡去。次日問他，他茫然不知。時列五在天津，宗吾去信提及綬青的近況，列五覆函有云：「綬等放浪於酒，固謂借澆塊壘，究與祈死何異？況綬青酒後狂罵，甚易招尤，事會之來，豈有終極？此身摧折，悔何可追？還望足下忠告之！」宗吾即以此函交閱，終不能改。

綬青性極誠篤，待人懇摯而冷峭，常誦「科頭箕踞長松下，冷眼看他世上人」二語，誦時抱膝，閉目，搖首，別人笑他，他也不管。因此，許多人都說他不黯世

故，沒有辦事才；但他歷任富順、敘府、中壩、遂寧、成都、縣立聯立省立各校教員，卻能循循善誘，使學生傾服。在潼川中學作校長一年，即卓著成績，大家才知道他的才能。民九以後，益鬱鬱不快，沈酣於酒，或終日不進一餐，又數年，竟抑鬱以死。

湯澤溥，也是宗吾的同鄉同學，他的生平行事，不甚知悉，只舉一事，即可見其為人。民國初年，澤溥奉委為雅州關監督，臨行前一夕，他備有幾肴菜，請宗吾同緒初等小酌，他很客氣的說道：「此去一切事當如何辦理？請諸先生賜教。」其時宗吾發表厚黑學不久，首先說道：「此等事有何辦法？一言以蔽之曰：拿錢而已！你依著我發明的那種學問，放手做去就是了。」澤溥悚然說：「不敢！不敢！」緒初縐眉說道：「宗吾，你只知開玩笑！真是！」後澤溥解款回省，就對宗吾說：「西征兵至雅州譁變，到處搶劫，城內有哥老會首領，我趕急請他來，他拖一把高椅子坐在門口，亂兵至，即隨之去，公款無絲毫損失。次日，我辦魚翅席酬謝那位首領，但此等費不能支用公款，只好自墊。」宗吾說：「澤溥，你幹些什麼？財神菩薩進門，你都要驅他出去嗎？亂兵不來，還該磕頭請他們來，只要他們進來走一遭，即可報十萬八萬的損失，終身就吃著不盡了。我發明的學問，至好的朋友先不照著去幹，將來我這這一個教還能行得通嗎？」其時雅州關薪俸微薄，澤溥攜眷而往，又時時資助故舊，交卸時欠了公款八百元。友人劉公潛在濬川源銀行替他借貸，未幾即病卒，貸款累公潛償付。他死時一無所有，同人集資棺斂，並資助其妻女扶櫬回富順，宗吾曾撫其屍而哭道：「澤溥！澤溥！別人做官，朋友親戚都沾光；你做官回來，睡在地下騙我們嗎？」以後若干年，有宗吾的一位友人方琢章對他說：「雅州關的關稅，自民元至今，以澤溥任內，收入最豐。」宗吾嘆息道：「公家的收入固然是多了，又誰知當年經手者的狀況一至於此呢！」

宗吾在高等學堂時代，即和以上所舉的這一般同學結為至友，像列五的寬宏大度，簡恆的精幹篤實，綬青的坦白真誠，澤溥的公正廉潔，此外還有許多同學，共同研究學問，共同兼辦教育，共同努力革命，造成了當年宗吾所處的環境。雖然他在這群人中，似乎是以「丑角」出場，但在他後來所寫的文字中，對於這些朋友們的所行所為所遭遇，常常追念不已，涕泣而道，則當年宗吾的深心抱負，也就不言而喻了。

5・「去官吟」與「厚黑學」

宗吾在高等學堂於光緒三十三年年底，以最優等畢業，清廷還獎了他一名舉人。三十四年及宣統元年，在富順中學作教習。二年及三年，改充富順中學的監督（即校長）。於三年暑假時，被四川提學使司委為四川小學教員檢定委員，同委員者有同學李古香、由伯芬二人。他們剛把成都華陽二縣檢定完了，就發生了鐵路風潮。他們三人到雙流縣去檢定時，正遇著「保路同志會」在圍城，這便是辛亥革命的導火線。他們因不能進城，就折返成都了。其時總督趙爾豐與「保路同志會」大事為難，並逮捕與保路有關的士紳，張瀾（字表方）即曾被捕入獄。因此，激怒了全川的黨人，於是張列五謝慧生楊庶堪等，率領同志，在重慶揭舉義旗，驅逐偽吏，於十月初二日，宣佈獨立，眾推張列五為蜀軍政府都督。十月初七日，成都亦響應反正，推蒲殿俊為四川都督。十八日成都兵變，楊莘友（宗吾高等學堂的同學）出任巡警總監，捉住擾亂治安的人，便就地正法；他出的告示，是摹倣張獻忠七殺碑的筆調，連書殺殺殺字樣，秩序因以恢復。不久，成渝兩軍政府宣告合併，張列五力推尹昌衡為四川正都督，主持軍政；而自居副都督，主管民政，於是四川革命統一。這些事都是宗吾親見目睹的。但他雖是同盟會的同志，卻未參加實際工作，他見革命大業既已告成，許多同志好友，亦各膺重任，便偷偷回自流井去了。

宗吾回去不久，張列五便於民國元年正月，打電到自流井，請宗吾和廖緒初即日起程赴省，他們二人也只好應命前往。當時民政方面，新設一個審計院，列五的意思，是打算委緒初為院長，委宗吾為次長。他們到後一再謙辭，乃改委尹昌齡為院，緒初為次長，宗吾為第三科科長。他們這位綽號「聖人」的次長，前文已經提及，是堅苦卓絕，以廉潔自持的。其時，尹昌衡奉命西征，臨行時召開大會，正副兩都督講話時曾提到軍費不足的情形，緒初便登臺講演，大旨是說：軍餉支絀，即應裁減浮費，例如各機關的次長一職，都應該裁撤。……話猶未畢，列五便起而說道：「廖先生的意思很好，我們改日討論，今天我還有話要說……」就這樣混過去了。事後，列五就對宗吾說：「緒初太不識時務了！他自己肯犧牲次長不當，敢保別人也都願意陪著犧牲嗎？這類話如果聽他說下去，立即要出事，我才把他的話打斷了。」但緒初既說過這話，跟即呈請辭職。院長見了很詫異，也不到院辦公了，聲言緒初不復職，他也決定辭職，而緒初則務要貫徹他的主張。鬧得列五無法，乃將緒初降為科長，兼任次長職務，支科長薪俸，方才了事。後來審計院裁撤時。緒

初又有令職員購買器物，以款繳還公家的奇事。宗吾常常對人說；緒初這種廉潔的風範，使他十分感動。

宗吾受了這種感動，所以當審計院裁撤後，財政司委他為重慶關監督，他立即把委任狀退回去；該司又命劉公潛（宗吾高等同學）前去勸駕，他也未就。當時很惹得一般人怪異：為什麼這樣的優缺，他偏偏不幹呢？以後又委他為四川官產競賣經理處的總經理，他才應命了；不過他非要求減薪不可，當時的薪水是二百元，直到為他減至一百二十元，他才肯就職。他常對人說：「當時我還不知道銀元是用得的，可算害了幼稚病；幸而重慶關的監督沒有就，否則不知還要鬧些什麼笑話？」他就職競賣處以後，因著某種關係，官產不能競賣，改委他為四川官產清理處處長。聽說又因某種關係，官產也不能清理，於民國二年冬，乃將此機關乾脆裁撤，於是他頓覺「無官一身輕」，就打算回家安守田園去。可是路費無著，便寫信向同鄉陳健人借銀五十元，以作歸計。陳回信說：「我現無錢，好在為數不多，特向某某人轉借，湊足五十元與你送來。」信末附一詩云：

「五十塊錢不為多，借了一坡又一坡。我今專人送與你，格外再送一首歌。」

宗吾讀了，詩興勃發，不可遏止，立覆一信道：「捧讀佳作，大發詩興。奉和一首，敬步原韻，辭達而已，工拙不論。君如不信，有詩為證：

「厚黑先生手藝多，哪怕甑子滾下坡（甑子是蒸飯的器具，此處猶常言所請飯碗之意——默生註）。討口就打蓮花落（討口即乞食——默生註），放牛我會唱山歌。」

詩既成，餘興未已，又作一首：

「大風起兮甑滾坡，收拾行李兮回舊窩，安得猛士兮守沙鍋。」

他走出成都東門至石橋趕船，望見江水滔滔，詩興又來了，再作一首：

「風蕭蕭兮江水寒，甑子一去兮不復還！」

就這樣兩袖清風，一面唱著「去官吟」，順路回自流井去了。

民國三年正月，教育司委他充任富順縣視學（即後來的教育局長），到任方十天，又奉省電。及抵省，始知已被委為省立第二中學校長了。省立二中，設在江油縣中壩地方，是新添的學校，他便奉令前往開辦。在校二年，卓著成績（此校後遷綿陽，改為省立綿陽中學）。四年調他任省視學（即後來的省督學）。七年，廖緒初任省長公署教育科長，宗吾任副科長。八年冬，緒初欲辭職恐當局不允，就託故請假歸家，行至龍泉驛，上一辭呈，當局慰留不得，即命宗吾暫代；宗吾不惟不幹，連自己的副科長也堅意辭去了。因此，民國九年，他才得以在家作潛修的工

夫。這一年，在他的思想上，是一重大關鍵。他的思想，可分破壞建設兩部份：破壞部份的厚黑學和我對於聖人的懷疑，是發生於前清末年；建設部份的思想，就開始於民國九年。

*

我們於此要談談他的厚黑學：

我在上文，不是說他在高等學堂時，已滿腔子都是厚黑學理嗎？他自己也說是在校四年，正是厚黑學孕育時期。例如他和張列五討論「權術」問題，那便是厚黑學理在他心裡作怪。張列五也看出他有些本領，一日，就對他說：「將來我們起事，定要派你帶一支兵。」當時他也頗自期許，心想，英雄豪傑的成功，必有祕訣，遂取歷史上的名人，加以研究，並用歸納法，去尋求他們的祕訣，久之無所得。宣統二年，他作富順中學監督，一夜臥在床上，忽然想起曹操劉備孫權幾個人，不禁恍然大悟道：「所謂英雄豪傑者，不過面厚心黑而已！」他以為曹操的特長，全在心腸黑，他殺呂伯奢、殺孔融、殺楊修、殺董承伏完，又殺皇后皇子，悍然不顧，並且明目張膽的說：「寧我負人，無人負我。」心腸之黑，真是達於極點了。劉備的特長，全在臉皮厚，他依曹操、依呂布、依劉表、依孫權、依袁紹，東奔西走，寄人籬下，恬不佑恥；而且生平善哭，遇到不能解決的事情，對人痛哭一場，立即轉敗為功。臉皮之厚，也算達於極點了。孫權也有厚黑的本領，他本和劉備同盟，忽然襲取荊州，此之謂黑；無奈他黑不到底，跟即向蜀請和。他本與曹操爭相稱雄，忽然在曹丕駕下稱臣，此之謂厚；無奈他厚不到底，跟即與魏絕交。他雖是黑不如操，厚不如備，卻是二者兼具，也不能不算一個英雄。他們三人，把各人的本領施展出來，你不能征服我，我不能征服你，那時的天下，就不能不分而為三。宗吾發現了這種厚黑的祕訣，當夜即為之喜而不寐。於是他由三國時代推上去，推到劉邦、張良，推到孫武、商鞅，推到黃石公、姜太公；更由三國時代推下來，推到司馬氏父子，推到唐太宗，推到明太祖，推到張居正，甚而推到曾國藩、胡林翼：他們這些人，有的長於厚，有的長於黑，有的厚黑兼長，所以不愧為歷史上的顯赫人物。此外他又在二十四史的人物中，橫推豎推，有多大的厚黑，便成多大的人物，幾乎無一不合。厚黑學到了此時，可說由孕育期而至成形了。但他還不能完全信得過，就常常向知己的友人講這種道理，請他們批評，看可不可以發表。首先就遇著王簡恆嚴切的警告他，說道理是不錯，但不可講在口頭上，更不可形諸文字。以後雷民心，也說這種道理是「做得說不得」的。此外還有別的友人也是諄諄的勸告他，不可形諸言語文字。他受到良友的勸戒，於是就暫把這種道理壓在心頭了。

直到民國元年，他到了成都，和同學廖緒初、謝綬青、楊仔耘諸人，住在公論日報社內，報社請他寫稿，他們就再三的慫恿他，請把厚黑學寫出來發表，緒初並對他說：「如果你寫出來，我還可為你做一篇序。」宗吾想：「緒初是講程朱學的人，繩趨矩步，朋輩呼他為廖大聖人，他都說可以寫出發表，當然是無問題的。」於是逐日寫去，而厚黑學便誕生於世了。不過初期的厚黑學，並不像後來流傳的本子，沒有所謂厚黑經及厚黑傳習錄之類，那只是標題為厚黑學的短篇而已。文字是用的古文體，這在宗吾的所有著作中，是僅有的體裁。今為保留這篇厚黑學的原形式起見，也可讓讀者看看這位厚黑教主的古文筆法如何，將全文照錄於左：

吾自讀書識字以來，見古之享大名膺厚實者，心竊異之。欲究其致此之由，渺不可得：求之六經群史，茫然也；求之諸子百家，茫然也；以為古人必有不傳之秘，特吾人賦性愚魯，莫之能識耳。窮索冥搜，忘寢與食，如是者有年。偶閱三國志，而始憬然大悟曰：得之矣，得之矣，古之成大事者，不外面厚心黑而已！三國英雄，曹操其首也，曹逼天子，弒皇后，糧罄而殺主者，晝寢而殺幸姬，他如呂伯奢、孔融、楊修、董承伏完輩，無不一一屠戮，寧我負人，無人負我，其心之黑亦云至矣。次於操者為劉備，備依曹操、依呂布、依袁紹、依劉表、依孫權，東竄西走，寄人籬下，恬不為恥，而稗史所記生平善哭之狀，尚不計焉，其面之厚亦云至矣。又次則為孫權，權殺關羽，其心黑矣，而旋即搆和，權臣曹丕，其面厚矣，而旋即與絕，則猶有未盡黑未盡厚者在也。總而言之，操之心至黑，備之面至厚，權之面與心不厚不黑，亦厚亦黑。故曹操深於黑學者也；劉備深於厚學者也；孫權於厚黑二者，或出焉，或入焉，黑如操，而厚亦不如備。之三子，皆英雄也，各出所學，爭為雄長，天下於是乎三分。迨後，三子相繼而歿，司馬氏父子乘時崛起，奄有眾長，巾幗之遺而能受之，孤兒寡婦而忍欺之，蓋受曹劉諸人孕育陶鑄，而集其大成者，三分之天下，雖欲不混一於司馬氏不得也。諸葛武侯天下奇才，率師北伐，志決身殲，卒不能興復漢室，還於舊都，王佐之才，固非厚黑名家之敵哉！

吾於是返而求之群籍，則嚮所疑者，無不渙然冰釋。即以漢初言之，項羽暗啞叱吒，千人皆廢，身死東城，為天下笑，亦由面不厚，心不黑，自速其亡，非有他也。鴻門之宴，從范增計，不過一舉手之勞，而太祖高皇帝之稱，羽已安坐而享之矣；而乃徘徊不決，俾沛公乘間逸去。垓下之敗，亭長檥船以待，羽則曰：籍與江東子弟八千人渡江而西，今無一人還，縱江東父兄憐而王我，我何面目見之？縱彼不言，籍獨不愧于心乎？噫，羽誤矣！人心不同，人

面亦異，不一審他人所操之術，而曰此天亡我，非戰之罪也，豈不謬哉？沛公之黑，由於天縱，推孝惠於車前，分杯羹於俎上，韓彭菹醢，兔死狗烹，獨斷於心，從容中道。至其厚學，則得自張良，良之師曰圯上老人，良進履受書，頓悟妙諦，老人以王者師期之。良為他人言，皆不省，獨沛公善之，盡得其傳。項王忿與挑戰，則笑而謝之；酈生責其倨見長者，則起而延之上坐；韓信乘其困於滎陽，求為假王以鎮齊，亦始怒之，而終忍之；自非深造有得，胡能豁達大度若是？至呂后私辟陽侯，佯為不知，尤其顯焉者。彼其得天既厚，學養復深，於流俗所傳君臣父子兄弟夫婦朋友之倫，廓而清之，翦滅群雄，傳祚四百餘載，雖曰天命，豈非人事哉？

楚漢之際，有一人焉，厚而不黑，卒歸於敗者，韓信是也。袴下之辱，信能忍之，其厚學非不優也。後為齊王，果聽蒯通之說，其貴誠不可言。奈何惓惓於解衣推食之私情，貿然曰，衣人之衣者，懷人之憂，食人之食者，死人之事？長樂鐘室，身首異處，夷及三族，有以也。楚漢之際，有一人焉，黑而不厚，亦歸於敗者，范增是也。沛公破咸陽，繫子嬰，還軍灞上，秋毫無犯，增獨謂其志不在小。必欲置之死地而後已。既而漢用陳平計，間疎楚君臣，增大怒求去，歸未至彭城，疽發背死。夫欲圖大事，怒何為者！增不去，項羽不亡，苟能稍緩須臾，陰乘劉氏之敝，天下事尚可為；而增竟以小不忍，亡其身，復亡其君，人傑固如是乎？

夫厚黑之為學也，其法至簡，其效至神，小用小效，大用大效。沛公得其全而興漢，司馬得其全而興晉；曹操劉備得其偏，割據稱雄，炫赫一世。韓信范增，其學亦不在曹劉下，不幸遇沛公而失敗，惜哉！然二子雖不善終，能以一得之長。顯名當世，身死之後，得於史傳中列一席地，至今猶津津焉樂道之不衰，則厚黑亦何負於人哉？由三代以迄於今，帝王將相，不可勝數，苟其事之有濟，何一不出於此？書策具在，事實難誣。學者本吾說以求之，自有豁然貫通之妙矣。

世之論者，動謂成敗利鈍，其權不操於人，而操於天。不知惟厚惟黑，為人力所能盡。吾人處世，當竭其所能盡之力，以戰勝乎不可必之天。而天降禍於吾也，吾必反躬自省，吾行而未修乎，吾則改圖焉，吾行而已至乎，吾則加勉焉；所造果精，彼蒼白退而聽命。若淺嘗輒止，而歸咎於厚黑之無靈，厚黑豈任受哉？天之生人也，予以面而厚即隨之，予以心而黑即隨之，面與心先天也，厚與黑根於先天者也。自形式觀之，塊然一面，廣不數寸，藐乎一心，大不盈掬，精而察之，其厚無限，其黑無倫，舉世之富貴功名宮室妻妾衣服輿

馬，靡不於此區區間求之自足，造物之妙，誠有不可思議者！人之智慧，有時而窮，人之精神，有時而困，惟天賦厚黑，與生俱生，閱世愈多，其功愈著。得其道者，磨之不薄，洗之不白。面可毀，心可死，而厚黑之靈，亙萬古而不可滅，則知人稟於天者富，而天之愛乎人者篤矣。

世之衰也，邪說充盈，真理汩沒，下焉者，誦習感應篇陰隲文，沉迷不返；上焉者，狃於禮義廉恥之習，破碎吾道，彌近理而大亂真。若夫不讀書不識字者，宜乎至性未漓，可與言道矣；乃所謂善男信女，又幻出城隍閻老牛頭馬面刀山劍樹之屬，以懾服之，縛束之，而至道之真，遂隱而不見矣。我有面，我自厚之；我有心，我自黑之，取之裕如，無待於外。鈍根眾生，身有至寶，棄而不用，薄其面而為厚所賊，白其心而為黑所欺，窮蹙終身，一籌莫展，此吾所以嘆息痛恨上叩穹蒼而代訴不平也。雖然，厚黑者，秉彝之良，行之非艱也。愚者行而不著，習而不察；黠者陽假仁義之名，陰行厚黑之實。大道鋼蔽，無所遵循，可哀也已！

有志斯道者，毋忸怩爾色，與厚太忒；毋坦白爾胸懷，與黑違乖。其初也，薄如紙焉，白如乳焉。日進不已，由分而寸而尺而尋丈，乃壘若城垣然。由乳色而灰色而青藍色，乃黯若石炭然。夫此猶其粗焉者耳；善厚者必堅，攻之不破；善黑者有光，悅之者眾。然猶有迹象也：神而明之者，厚而無形，黑而無色，至厚至黑，而常若不厚不黑，此誠詣之至情也。人，尚不足以語此。求諸古之大聖大賢，庶幾一或遇之。吾生也晚，幸窺千古不傳之祕，先覺覺後，舍我其誰？亟發其凡，以告來哲。君子之道，引而不發，躍如也。舉一反三，貴在自悟。老子曰；上士聞道，勤而行之；中士聞道，若存若亡；下士聞道，大笑之，不笑不足以為道，聞吾言而行者眾，則吾道伸；聞吾言而笑者眾，則吾道絀。伸乎絀乎？吾亦任之而已。」

他把這篇文字寫出來，果然廖緒初就為他作了一序，以後謝綬青也為他寫了一跋。當時他未用本名，是用的別號「獨尊」二字，蓋取「天上地下，惟我獨尊」之意。緒初也是用的別號，取名「淡然」。廖的序云：

吾友獨尊先生，發明厚黑學，恢恑譎怪，似無端崖：然考之中外古今，驗諸當世大人先生，舉莫能外，誠宇宙間至文哉！世欲業斯學而不得門徑者，當不乏人。特勸先生登諸報端，以餉後學。異日將此理擴而充之，刊為單行本，普渡眾生，同登彼岸，質之獨尊，以為何如？

民國元年，三月，淡然。

謝的跋云：

獨尊先生厚黑學出，論者或以為譏評末俗，可以導入為善；或以為鑿破混沌，可以導入為惡。余則曰：厚黑學無所謂善，無所謂惡，如利刃然，用以誅盜賊則善，用以屠良民則惡，善與惡，何關於刃？用厚黑以為善則為善人，用厚黑以為惡則為惡人，於厚黑無與也。讀者當不以余言為謬。謝綬青跋。」

於是，厚黑學就從此問世了。果然不出王簡恆、雷民心諸人所料，厚黑學發表出來，讀者譁然，他雖是用的筆名，卻無人不知厚黑學是李宗吾作的。「淡然」二字，大家也曉得是廖緒初的筆名。但廖大聖人的稱謂，依然如故；而宗吾則博得了「李厚黑」的徽號。當時，他也曾後悔不聽良友的勸告；繼而以為此事業已作了，後悔又有什麼用呢？倒不如把心中所蓄積的道理痛痛快快的說出來，任憑世人笑罵好了。於是而又採用四書的文句，寫了一篇厚黑經；襲取宋儒的語錄體，寫了一篇厚黑傳習錄，在他的傳習錄中，又特別提出「求官六字真言」，「做官六字真言」，及「辦事二妙法」三項，加以詳說，以為古今來的「官場現行」繪出一逼真的寫照，而自己便索性以「厚黑教主」自命，甘願一身擔當天下人的罪惡，大有耶穌背十字架的精神，笑罵也由他，殺戮也由他，卻不能動搖教主的尊嚴。同時，他還寫了一篇我對於聖人的懷疑，抨擊儒家的四書五經和宋元明清學案，這篇文章，當時雖未發表，但知道的人卻不少。於是社會上對他的非議，就日甚一日了。當廖緒初任省長公署的教育科長時，宗吾任副科長。其時各校的校長，各縣的縣視學，任免之權，操諸教育科。凡是得了好處的人，都稱頌說：「這是廖大聖人的恩賜呀！」如有被免職的，被記過的，要求不遂的，預算被核減的，他們便對人說：「這一定是李厚黑從中玩的把戲！」簡直成為「善則歸廖緒初，惡則歸李宗吾」了。若說是緒初把得罪人的事情向他身上推卸嗎？則又不然，有人向緒初說及宗吾的壞話，他立刻便說：「某某事是我主張辦的，某人怪李宗吾，你可叫某人來，我當面對他說，與宗吾無干。」無奈緒初越是解釋，眾人越說緒初是聖人，你看，李宗吾幹的事，他還要替他受過，非聖人而何？李宗吾能使緒初這樣做，非大厚黑而何？雖然宗吾後來也博得聖人的徽號，不過聖人之上，還冠有「厚黑」二字罷了。

　　他既已發表了這種學說，便收不住馬了，獨居即思考厚黑，見人即講說厚黑，甚且把他的朋友們一一加以分析，看誰是厚，誰是黑，誰是厚黑兼備。相傳人的頸

子上，都有一條刀路，劊子手殺人，順著刀路砍去，一刀就把腦殼削下。所以劊子手無事時，與人對坐閒談，就留心看你頸上的刀落。他自發明了厚黑學之後，遇事遇人，無不拿出厚黑的尺度去衡量一番，這便是用的劊子手看刀路的方法。他說：滔滔天下，無在非厚黑中人，平日與朋輩往還之際，若是本著他的法子去研究，包管生出無限趣味，比讀四書五經二十五史受的益處還多。

因此，他遇著人想在他身上行使厚黑，叨叨絮絮，說個不休；他便瞪起眼睛看著那人，一言不發。於是那人便臉紅起來，噗哧一聲笑道：「實在不瞞你先生，當學生的真是無法了，只有在老師外下，行使點厚黑學。」他便說：「可以！可以！我成全你就是了！」關於這類的事，他有一種說明：俗語：「對行不發貨」，奸商最會欺騙人，獨在同業前不敢弄假。他苦口婆心，勸入研究厚黑學，意在使大家都變成內行。假如有人想玩弄點厚黑把戲，不妨說明了來幹，如此則施者受者，可以心安而理順。

他說，厚黑學這門學問，就等於拳術，想學就要學得精；否則不如不學，安分守己，還免得挨打。若僅僅學得一兩手，甚或連拳師的門也未拜過，一兩手都未學得，這遠望見有人在習拳術，自己就要向前伸手伸腳，怎能不遭人痛打呢？所以有人問他道：「你的厚黑學，怎麼我拿去實行，處處失敗呢？」他問：「我著的厚黑叢書，你讀過沒有？」答：「沒有。」又問：「厚黑學單行本，你讀過沒有？」答：「沒有。我只聽說你的主張：做事離不得面皮厚，心腸黑，我就試照這話去行。」他冷笑說：「你的膽子真大！聽見厚黑學三字，就拿去實行，僅僅失敗，尚能保全一條性命，還算是你的造化呢！」

他又說，世間的事有知難行易的！有知易行難的；惟有厚黑學最特別，知也難，行也難。此中的玄妙，等於修仙悟道的口訣，古來原是祕密傳授，黃石老人因張良身有仙骨，半夜三更傳授他，張良言下頓悟，老人即以王者師期許他；無奈這門學問太精深了，所以史記上說：「良為他人言，皆不省，獨沛名善之，良嘆曰：沛公殆天授也！」可見這門學問，不但明師難遇，就是遇著了，也不易領悟。蘇東坡曰：「項羽百戰百勝，而輕用其鋒；高帝忍之，養其鋒而待其弊，此子房教之也。」衣鉢真傳，彰彰可考。所以他打算做一部「厚黑學師承記」，說明此中的傳授淵源，使人知道黃石公這類人，才能傳授；像張良劉邦這類人，才能領悟。——此之謂「知難」。再則劉邦能夠分一杯羹，能夠推孝惠魯元下車，其心地之黑還了得嗎？獨至韓信求封假齊王，他忍不住了，怒而大罵；倘非張良從旁指點，就幾乎誤事。勾踐入吳，身為臣，妻為妾，其面之厚還了得嗎？沼吳之役，夫差遣人痛哭求情，勾踐心中不忍，意欲允之；幸而范蠡悍然不顧，才把夫差置於死地。你想，

就憑劉邦勾踐這類人，事到臨頭，還須軍師指揮督率，才能成功。——此之謂「行難」。

因此，他就把厚黑學的施行，分出三種步驟：第一步，厚如城牆，黑如煤炭；第二步，厚而硬，黑而亮；第三步，厚而無形，黑而無色。這三步工夫，也可說是上中下三乘。他說他是隨緣說法，時而說下乘，時而說中乘，時而說上乘，時而三乘會通來說，聽者往往覺得他的話互相矛盾，其實是始終一貫的。他講厚黑學，雖是五花八門，東拉西扯，但仍是滴滴歸源，猶如樹上的千枝萬葉，千花百果，都是從一株樹上生出來的，枝葉花果之外，另有樹的真生命在。所以他常引證金剛經道：「若以色見我，若以聲求我，是人行邪道，不能見如來。」

他更說：厚黑二者，是一物的兩面：凡黑到極點者，未有有不能厚；厚到極點者，未有不能黑。舉例來說：曹操的心至黑，而陳琳作檄，居然容他得過，則未嘗不能厚；劉備的面至厚，而劉璋推誠相待。忽然把他滅掉，則未嘗不能黑。可見在根本上說，二者是互相貫通的：厚字翻過來，即是黑；黑字翻過來，即是厚。從前有個權臣，得罪出亡，從者說道：「某人是你的故人，他平日對你很好，何不前去投他？」答道：「此人對我果然很好！我好音，他就遺我以鳴琴；我好珮，他就遺我以玉環。可是他平日既見好於我，今日必以我見好於人，若是去見他，他一定把我縛獻於君了。」果然此人從後追來，把隨從的人，捉了幾個去請賞，這就是面厚變而為心黑的證明。有人問他：也有心黑變而為面厚的嗎？他說：有！有！聊齋上馬介甫那一段，所說的那位太太，就是由心黑一變而為面厚的明證。不過此中有一條公例：黑字專長的人，黑者其常，厚著其暫；厚字專長的人，厚者其常，黑者其暫。

他如此這般的大說其法，自稱教主，自然是驚世駭俗，只有令人怪異。於是友人就善意的勸他道：「你的怪話少說些罷！外面許多人指責你，你也應該愛惜名譽。」他說：「吾愛名譽，吾尤愛真理。話之說得說不得，我內斷於心，在未說出未下筆之先，我必審慎考慮；既已說出，即聽人攻擊，我並不答辯。但攻擊者說的話，我仍細細體會，如能令我心折，我還是加以修正的。」有時友人不客氣的責他道：「你何必天天說這些鬼話呢？」他說：「我是逢人說人話，逢鬼說鬼話。請問，當今之世，不說鬼話，說什麼？但我發表的許多文字，又可說：人見之則為人話，鬼見之則為鬼話，亦無不可。」如有人對他說：「某人對你不起，他如何如何。」他便說：「我這個朋友，他當然這樣做；如果他不這樣做，我的厚黑學還講得通嗎？我所發明的是人類的大原則，我這個朋友，當然不能逃出這個原則。」也有人為他提倡厚黑學，當面罵他是個壞人；他即還罵他道：「你是宋儒！」聽者不

解他的意思，還以為得勝而去。接著他便自加說明道：「要說壞，李宗吾與宋儒，同是壞人；要說好，李宗吾與宋儒，同是聖人。就宋學而言，宋儒是聖人，李宗吾是壞人；就厚黑學而言，李宗吾是聖人，宋儒是壞人。故罵我為壞人者，其人即是壞人，何以故？是宋儒故。」

他這樣的嬉笑怒罵，毫無顧忌，自然得罪了社會，尤其得罪了以衛道自命的大人先生。據說有一位關心世道的軍人，首先出來對他聲罪致討，並著一薄白學，在成都某報紙連續發表，滿口的道德話，對於厚黑學說，大肆攻擊，並且說道：「李宗吾呀，趕快把你的厚黑學收回去罷！」但他讀後置之不理，許多人勸他著文駁辯，他便說：「這又何必呢？世間的學問，各人講各人的，信不信，聽憑眾人。譬如糧食果木的種子，我說我的好，你說你的好，彼此無須爭執，只要把它種在土裡，將來看它的收穫就是了。」他們就說：「你不答辯，可見你的理屈，是你的學說被他打倒了；我們如今不再奉你為師，要去與他拜門，學薄白學去。」他說：「你們去向他拜門，是很可以的；但是我要忠告你們幾句話；厚黑經曰：『厚黑之人，能得千乘之國；苟不厚黑，簞食豆羹不可得。』將來你們討口餓飯，不要怪我！」後來那位薄白學的發明家，因著有貪污橫暴的事實，他的腦殼被人截下來，掛在成都少城公園的紀念碑上示眾若干日，人人反大為稱快，這真是一件怪事了！

如今我們再反觀一下厚黑教主的操行如何呢？他以為薄白學是可以藏在心裡去實行，不必拿在口頭上說的；厚黑學，也是可以藏在心裡去實行，決不許拿在口頭上說的。當年王簡恆、雷民心所說厚黑學是「做得說不得」的話，他承認是至理名言。們他既把厚黑學公然發表了，而且還逢人對人的強聒不休，於是就又變出了一條公例，那便是厚黑學，是「說得做不得」的。所以自他發表了厚黑學以來，反成了天地鬼神，臨之在上，質之在旁，每想做一件事，剛一動念，自己就想道：「像這樣做去，別人豈不說我實行厚黑學嗎？」因此凡事不敢放手做去。你想，重慶關的監督，是何等的天字第一號的肥缺呀！但他不肯幹，即有人勸罵也不幹。官產競賣處和官產清理處的經理處長，也不能不說是發財的機會罷！但前者他要求減薪，後者的裁撤時，落得沒有歸家的路費。於是他自己解嘲說：「我之不能成為偉人者，根源實在於此。厚黑學呀，厚黑學呀，你真是把我誤了！」

他對於厚黑學的見解，約分前後兩期。前期的厚黑學，大略如此；後期的厚黑學，是他思想發展後的另一種看法，等到若干章以後，再為敘述。

6・吊打校長的奇案

宗吾於民國十年，再任省視學，即逢到一個離奇的案件，命他徹查。那個案件是四川混亂局面中教育上的重要文獻，可以反映當時的社會動態；同時，也可以看出宗吾辦事的真本領。他充當省視學數次，前後任職近十年，我們舉出此一事，更可以見出他充任此職時的作風了。

那個案件是這樣的：川北遂寧省立第三師範校長王某，奉委到校接事，被學生痛打一頓，禁閉起來；接著又倒吊起來，再打一頓；後由當地駐軍范司令營救出來。於是一場大波，遂軒然而起。

四川自改元以來，軍政極端混亂，無論大小官吏，及各校校長，委任之權，並不完全操諸省政當局。即如省立學校的校長一職，駐軍可以委任，道尹可以委任，甚至縣長也可以委任。這位被禁閉被吊起兩次被打的王校長，是由嘉陵道尹黃肅方委任的。他到校被打被關起之後，遂寧縣知事，同管獄員李某，即到校對學生說道：「新校長來接事，你們不要他接也罷，為什麼不放他出來呢？」學生說：「校中沒有所謂新校長，只來一個偷兒，已經被我們捉住，隨後即與知事送去。」那位知事，是一位老宦場，說話時總是自稱「本知事」字樣，學生笑道：「起初不知你貴姓，如今才知你姓本，你這個本知事……」對他百般譏嘲，他也只得退出。其時王校長拘禁在會客室的隔壁，聽見知事說話，就想呼喊，看守他的學生，把木棒高舉起來說：「你喊，立刻把你打死！」知事出來後，又請各機關首長，前往請把校長釋放，學生不允。這時知事只得電呈道尹，道尹立即覆電，令他率隊入校，將校長救出。不料覆電一到縣，即被校中探知了。於是他們連夜準備，校中本有木棒啞鈴，及練習兵操的廢槍若干枝，又教職員中某甲有手槍一支，都一齊準備應戰了。

次日，知事的隊伍一到。學生便提起木棒啞鈴一齊打上去，隊丁即用槍筒還擊，接著學生方面督戰的人喊道：「向前奪槍啊！」隊丁見勢不好，槍聲響了，於是乒乒乓乓的打起來。知事聽見槍聲大作，也唬慌了，就急命退兵，但雙方已多有負傷，血淋淋的躺了一地，只好抬入醫院。學生見同學負傷，憤怒極了，於是又把王校長拖出來，指著他說道：「因為你要作校長，才鬧得這樣！」接著用袍哥的話說：「拿來把他稱起！」稱起者，吊起之謂也。隨即反縛兩手，從背後吊起，這種方式，俗呼為「打鴨兒撲水」。吊起即打，打後重行禁閉。其時學生把守校門，斷絕交通，教職員一律禁止出外，延至半下午，遂寧各機關不得消息，恐校長有生命

危險，乃請駐軍范司令營救，范司令帶隊入校，聲言非將校長交出不可，學生不得已，才將校長交范司令帶去。

學生將校長交出後，遂即辦一公函與范司令道：「王某來校接事，因為聲望不孚，我們否認他，他跑在知事衙門住了許久，慫恿知事率隊來校，槍傷多人，我等義憤填膺，奮不顧身，立將該王某當場捕獲，茲特送交貴司令，請予從嚴懲辦。」於是王校長遂由拘禁室的囚徒，變而為戰場上的俘虜了。然而學生的妙計尚不止此；當王校長第一次被打時，他的私章被學生搜去，即替他撰些電文，呈報上峰，並通電各處，弄得軍政各機關及社會人士，均莫名其妙，及至送交范司令後，又替王校長發出通電云：「某讀書有年，粗知自愛，校長不當，何關榮辱？不謂知事積恨學生，率隊到校，槍傷多人。特電聲明，用免牽累。」學生的計策，已經很妙了；哪想還有更妙的呢：

該校修身教員鄔某，是遂寧高等小學的校長，開槍的那一天，他適來上課，隨後知事的隊伍即到，及至隊伍退去，他知本日不能上課了，就要回去。不意剛出校門，學生在後呼道：「鄔某你轉來！」他也只得轉回，學生便對他說：「你是知事的偵探！你一到，知事的兵也到，這些兵就是你帶來的！」大家喊：「把他扣留起！」於是鄔某又失卻自由。學生一面拍案，一面指著自己的鼻樑罵道：「鄔某，你以為老子們好惹嗎？老子們裡頭棒老二（土匪）都有，你曉得嗎？」高小教職員來校，請求釋放他們的校長，學生不允。直到下半天，王校長被范司令索去了，學生忽然又向鄔某說：「我們誤會了，此事與你無干，很對不起！」鄔某方欲起身要走，學生說：「不忙走，還要開教職員聯合會，請你也參加。」鄔某即以高小校長的資格與會，把高小來接校長的那些人，連同本校教職員，開了一個聯合會。教職員中某甲，口撰電文，請鄔某筆錄，大意是說：王校長如何卑污，黃道尹如何違法，某知事如何蠻橫，學生如何受屈，我輩旁觀者清，義難坐視，特將真相陳明，以彰公道。此電用教職員名義發出，由鄔某以遂寧高小校長頭銜，命人回校將校印及私章取來印了，鄔某方得脫身回校。

學生跟即發出許多印刷品，請求各界主張公道，請求各縣父老援助。成渝各報揭載該校風潮經過，大旨與教職員通電相同。其時楊省長下野，由政務廳長向楚暫代，卻不能對外發佈命令；遇有非辦不可的案件，則用快郵代電行之。遂寧此案，只好函請嘉陵道尹辦理。但經此真相淆亂，省議會提案彈劾黃道尹，並派代表質問向廳長，學生受此冤屈，為何置之不理？京滬同鄉會亦來電質問黃道尹，並言速將某知事及王校長送交法庭懲辦，否則就要宣佈他的罪狀於全國。當時，重慶又成立各軍聯合辦事起，主持川致，學生即分派代表赴成渝兩地呼籲，宗吾正賦閒家居，研究他的心理與力學，不意省方竟委他為嘉凌道的省視學，於是這件紛如亂絲的奇案，就落到他的頭上來了。

此案便是厚黑教主試驗他的本領的時候了。他任職後，即出省查學，省署教育科長曾裕春即對他說：「省立三師的風潮，黃道尹和王校長時時有文電來省，牛頭不對馬面，真相不知如何，此案已委黃道尹查辦，你於查學之便，不妨去調查一下。」他出省行至龍泉驛，前面來了兩個學生，看見他行李上的標記，即問他道：「你是不是省視學李先生？」他答道：「我是李宗吾。」學生說：「我們是三師學生的代表，校中聽說先生重任省視學，素知先生辦事認真，主張公道，我們受了黃道尹、王校長的蹂躪，非先生來，我們的冤不能伸。所以特派我二人前來歡迎，並到省署議會請願，今既相遇，請從速前往！」他答應了，二生仍向省垣而去。

他行至樂至縣，正遇該縣學款發生糾葛，即勸學所的產業，被強有力者佃去，又轉佃於別人，從中獲利數倍，已有多年了。歷任主持縣教育者，亦無如之何。他過這縣，便與縣視學蔣恕凡商議，議定章程，呈上峰核准，投票競佃，結果增加學款四五倍。當他正在樂至縣召集學界人士開會討論章程時，省立三師又派學生前來催往。他開會一畢，即前往遂寧，竟把行李搬入校中住起，從此就身落虎口了。

校中既陷入無政府狀態，學生便成立一個自治會，主持全校事務。校中教職員，一律隸屬於自治會之下，教職員出進，非向自治會請假得允，不許外出。有位張姓教員，家有病人，向自治會請假五次未允，竟不得歸。宗吾到校後，即有教職員多人，向他訴說當局如何黑暗，學生如何受屈，接著學生又來訴說。其時遂寧知事已經重慶聯合辦事處撤任查辦，尚住縣署內，聽見宗吾來查此案，便命人來說：「明早定準起身赴重慶，請今晚到署一談。」他因時間已晚，恐回來校中鬧門，答應明日早膳後去會。

次日早起，學生即派代表來說：「我們要開歡迎會，請先生去一下。」他說：「查學是我的職務，不能說歡迎才查，此種會我不能到。」學生又說：「我們有話陳述。」他說：「好，那我可以到會。」他走到講臺上，學生紛紛向他訴說冤屈。他說：「你們既是這樣說，我就照這幾點查去，將來自有正當解決，此時照常上課就是了。」此後校中即雍雍肅肅照常上課，秩序良好。

他跟即到縣公署去會某知事，新知事姓趙，他說舊任業已上船，此時趕去，還能會面。他趕至船上，舊任說：「你來得恰好！我的隊丁受傷若干人，學生只有一人是槍傷，餘均木器傷。這是混打之際，學生開槍誤傷自己人，反誣我隊丁開槍，因受撤任處分，我當是重慶申訴。」他詫異道：「據我所聞，學生打校長是實，開槍則是隊丁，學生哪來槍？」知事說：「有外國醫生可證，醫院傷單註明是土砲傷，縣公署哪得有土砲？我已把傷單取下，帶到重慶與學校打官司就是了。」

他立刻回到縣署，對趙知事說：「此案太離奇了！此事本是委黃道尹查辦，但黃道尹已被學生攻擊得體無完膚，將來不是委省視學覆查，即委新知覆查，抑或雙方會查，都說不定。學生方面太厲害了！查此案者一定不得好結果；但我總是抱定排難解紛的宗旨做去，結果好壞，聽之而已。此時我們可先結一密約：關於此案要點。我們即可著手查去，將來委我二人會查不說了，如單委你查，你的覆文中即書明我是證人，如單委我查，我的覆文中即書明你是證人。此事舊知事如何如何說，我們可到醫院查去。」趙知事允諾，即同赴醫院去了。據外國醫生說：「學生隊丁抬入醫院的有若干人，均係木器傷，輕重不等；惟有一學生的腳上，受了子彈的擦傷。」宗吾問：「是不是土砲？」他說：「分不出是否係土砲，但知事為一顆子彈擦傷。」宗吾問：「為何傷單上填為土砲？」他說：「並無其事。」遂入房中，取出英文傷單，解釋給二人聽。宗吾問：「除了這傷單外，曾否有中文傷單，或英文傷單，交與看護婦或貼在病人室中？」答：「只寫此一張存在我的房中。」又問：「舊知事曾來過醫院嗎？」答：「不曾來。」又問：「縣署曾派人來詢問過嗎？」答：「亦不曾派人來。」問答完畢，宗吾即與趙知事分手回校。

不意到了第三日，宗吾幾乎挨打，是日，學生請他上講堂，問他查得的情形如何？他說：「尚未查明，等到查明後再說。」學生要求說：「將來你回覆的呈文，須先拿給我們看過，方能繕發。」他說：「這就奇了！我們查案子的人，政府授予全權；如果查報不實，你們可以依法起訴，在未呈覆以前，慢說學生不能過問，就是省長也不能過問，他委我出來查案，我查錯了，可以撤職，可以交法庭，可以判坐監獄；獨不能叫我先把呈稿拿與他看，再發下來命我繕呈。」學生譁然說：「那倒不行！我們受此冤屈，業已對你說得明明白白，一切證據，也都檢與你看了，你還說未查明白，這是顯係袒護王某（即王校長）！呈文不經我們看過，由你呈覆上去，我們的冤還能伸嗎？今天非先說清楚不可！」接著學生紛紛起來喊道：「那不行！那不行！」他見當時的情勢，學生快要向他動武了，隨即說道：「你們的意思，我完全瞭解，權且坐下聽我說。」

他接著對全體學生說：「此案有兩個要點：（一）你們說知事開槍，知事說你們開槍。（二）王某說你們打了他，你們說沒有打他。只要把這兩點查明，全案即算解決，其他皆是閒話，可以不管，我已經同趙知事如何結約，舊知事如何說，外國醫生如何說，足見知事開槍是實，第一點總算是已經查明。只有第二點，我同趙知事查明後，再商量如何解決，總是朝息事寧人方面做去。至於今日你們疑我的原因，我也知道，我在校中查寢室，查自習室，查講堂，事事都查，獨於有個受傷的

學生臥病在床，我沒有去看，隊丁開槍，校門上有個子彈孔，也未去看，你們因疑我袒護王某。殊不知二者我都是清清楚楚的，校門上那個子彈孔，外面入口小，內面出口大，足證隊丁向內射擊，我業已看見了的。其所以未請校中人領導去看者，也有個原因：我既同趙知事結有密約，關於案中要點，即當共同負責，我既去拜見了他，他也應來回拜我，我等他來時，才請校中人領導去共同查看，共同判斷。今日你們既有疑於我，我也不必多說，你們可派人拿我的名片去請趙知事來，讓他逕上講堂，請他把我和他談的密話，和同到醫院查明的情形，向你們宣布就是了。」說畢，他即退下講臺。

不久，趙知事來了，一直走到講堂上，他便對趙知事說：「我在縣署說的話，和同到醫院查詢的情形，已向學生全行說出了，請你當眾再說一遍，看與我說的符不符，」趙知事一一說畢，宗吾又問道：「當日我對你說查辦此案應抱何種宗旨！」趙知事說：「你說應抱排難解紛的宗旨。」宗吾便向學生說：「現在你們可明白了，難道我還有意陷害你們嗎？本來我們查案的人，不應將內容宣布出來，因為你們既有疑於我，也不妨暫把查明的這一半告訴你們，其餘的一半，我再同知事會查，你們不必過問，此案既委黃道尹查辦，我們不能從他手中抓過來辦，此時總是將事實查明，隨後再說好了。我可忠告你們幾句話：此事鬧得這樣大，總要想個解決的法子，我同趙知事既抱定排難解紛的宗旨而來，除了我二人，恐怕別人解決不了，你們總是安心上課，聽候辦理就是了。」學生遂無異說，這個難關，也竟安然渡過。

事後，他探知學生欲勒逼他依著他們的意思，作一呈文，呈報上峰，如不允許，就打他一頓，把他同黃道尹、王校長舊知事視為同一陣線的人，同樣的攻擊，免得他站在第三者方面說公道話。他們定下了這種計策，才派人歡迎他來校，初時對他很客氣，這是所謂先禮後兵的作風；繼而見他的態度，似乎於他們不利，送準備動作；及至他到講臺上宣布出來，所謂外國醫生傷單啦，所謂排難解紛啦，都是於他們有利的，他們的氣憤才消下去了。又加他在外面還結有一個攻守同盟的人，坐在衙門裡面，是不受威脅的，古人云：「衛青不敗由天幸」，他之不挨打，也真是天幸。他同趙知事結有密約，及到醫院查傷單，也不過是就事辦事；哪知到了後來，竟成了他的護身符。

從此以後，學生就與他講親善了，並且向他道歉說：「我們不知先生這樣愛護學生，語言冒犯，要請先生原諒！」他說：「這算什麼！怎說得上冒犯二字？我從前辦學校，那些學生鬧起事來，再三開導都不聽，哪能像你們一說就明白？」從此以後，他也與他們講親善，頗為融洽。該校的經費，是按月在遂寧征收局撥領，風潮起後，黃道尹電飭征收局停發。他與趙知事合銜，請黃道尹轉令照常發給，學生更是喜歡。

他初到校時，每請監學來說話，監學只二人，來時必參加兩個教員，他很詫異。後來有人告訴他說，他們一切辦法都是佈置好了的，見省視學如何說，他們即如何答，教職員為避嫌計，怕人說他私見省視學，說出真情，所以一來就是四人。他得知此情，心想：「你們要避嫌，我偏要你們避不了。」因此他每日查學回來，就同教職員談天，幾個人在一處他也去，一人在房內他也去。有時也在教員寢室裡，拿一本書躺在床上看，教員上課去了，他就睡一覺，與他們相忘於無形。有時又跑到學生寢息室，東談西談，一大群學生他也去，一個學生獨處他也去。過了不久，教員學生也能單獨到他的室中去閒談了。

他表面上雖是裝得坦然無事，而心裡卻是時時戒嚴，怕學生跑來打他。一晚，他業已睡了，忽然有人扣門，他問：「何人？」外面答：「我是學生。」他心裡著急道：「完了，來打我了！」只得披衣起床，將燈燃著，一開門，進來兩位學生，他問：「什麼事？」一生說：「校中沒有校長，先生就如同我們的校長，我二人有點事請先生裁判一下。我同他賭錢，他輸了七八串，我一讓再讓，只讓他還我三千五百文。他約期幾次未付，最後約定今天付，他仍是不付，我才把他的被條抱走了，請省視學裁判一下，看是誰的不對？」另一生說：「我欠他錢，並非不付，實在是弄不出錢來，我今天借了幾處，都未借得，將來無論如何，是要還他的。今夜他把我的被條抱去，叫我怎麼睡呢？」他聽了二人的話，一塊石頭才算落了地，就對先說話的學生道：「這件事，包在我身上，今夜你先把被條還他，明天我請監學與你們裁判，如果此錢無著，你從我手中來取三千五百文就是了。」二人隨即退去。次日，學生自治會聽說這事，認為有損大家的名譽，就用學校的名義把二生斥退了。

他是發明厚黑學的人，教職員有時問及，他就向他們大談特談，聽者皆大歡喜。有一天，他對他們說：「校長是很容易當的，校長的資格，主要的條件，是不講氣節。省立學校的校長，我也當過，上課有教員，排功課有教務，管理學生有監學，造報預決算有庶務會計，辦公事有文牘，其他雜務書記，莫不有人。校長大可一事不管，整日睡覺，月支一百元（當時的校長薪數）。請問校長是來幹什麼的呢？是來受氣的。教員教錯了怪校長，功課排錯了怪校長，學生不守規怪校長，以及賬目上，有錯，公文上有錯，廚房飲食不好，下至地下未掃乾淨，無一不怪校長。教職員有氣，學生有氣，甚至雜役有氣，都可從校長這個地方發出去，他就等於洩水的陰溝，如果校長也要講氣節，那就糟了！我當校長時，每逢教職員發生事

故，我就說道：各位先生不要鬧，我是不講氣節的，我來與你賠個禮，我先前當教員時，也像你們這樣講氣節；而今幹了這種營生，說不得了，這種氣我受了就是，你們再不聽，我要呪你們將來也是當校長下場。」次日，有位歷史教員對他說：「你的話真是不錯！今日早餐時，某某兩教員，因小有口角，幾至決裂，假使有校長在，兩句話即可了事；沒有校長，氣就沒得洩處。」他說：「豈但校長？你是研究歷史的，漢文帝致趙佗書，第一句『朕高皇帝側室之子，』開口就說：『我是小婆子生的！』趙佗見了，惶然大恐，知道漢文帝是不講氣節的人，立把帝號削去。所以只要不講氣節，就可以治天下而有餘。」他常常在校內說這種怪話，因而職員學生都與他處得很好，而案中真相，也就被他查得清清楚楚了。

風潮的發生是這樣的：原因雖很複雜，而主動者全是教職員中的某甲，最初他曾為此校校長，宗吾到校時，某甲親口對他說：「我當此校校長時，有同學某乙，窮途流落，他來見我，身上只穿單衣一件，我即留他作教務，他辦事也很認真，他要嫁女，我借錢給他，並聘他的女婿作教員，薦他的女兒任遂寧女校校長，又聘他的兒子來校任某事，我之對乙，可謂仁至義盡。後來川省政變，軍界某公至重慶，由遂寧經過，乙即竭力鑽營，某公遂委乙為校長，來接我的事，我不交，乙又串通一些兵來，把我弄去看管，甚至毆辱我，力逼我把事交了。學生不齒乙之所為，驅他出校，才生出種種風潮。」甲之言如此，可惜宗吾到遂寧時，乙已他去，不知乙又有何說法，乙接事以後，即聘同學某丙為教務，丙又想當校長，學生就鬧起風潮，驅乙擁丙，省中無主，遂寧知事即委丙為校長。丙接事後，又聘甲任教務，甲尋報復，對乙痛加攻擊，說他交代不清；但乙亦健者，雙方遂大起衝突。

就在這時候，黃道尹便委王某為校長。王校長並未另約教職員，只帶一庶務前來接事。丙見王的名片上是省立三師校長頭銜，就大為詫異，便出來問道：「校長是我！怎麼是你？」王立即取出委任狀與他看，丙說：「這是省立學校，怎麼道尹能委校長？」王問：「你這個校長是哪裡委的？」丙說：「學校起了風潮，縣知事請我維持現狀，已呈請上峰加委去了。」王問：「委狀到了沒有？」答稱：「尚未到。」王說：「然則你這個校長是縣知事委的！省立學校校長，道尹不能委，縣知事反能委嗎？」丙搪然語塞，但是不能交代，王只得覓旅館住著。

丙往見縣知事，知事說：「你不必交代，有我作主，王某來接事，不要理他。」王既不能接事，便在遂寧接洽機關法團，意欲請其援助。其時，乙雖去職，尚在城內，王與乙曾一度晤面，校中遂喧傳有王已聘乙任教務之說。於是教職員學生大起恐慌，心想乙若回校，我們還了得嗎？這就是王校長挨打的根由。當時校中相約。所有教職員學生一律不許去會王某，修身教員鄔某是高小校長，王曾去拜會

他，他到王寓回拜，眾人就說他破壞公約，所以後來被認為是偵探，扣留起來。

王在遂寧住了許久，不能接事，重返道署，黃道尹打電與某公說明情形，某公電令知事，飭丙移交，措詞非常嚴厲。知事得電，才知王亦來歷不小，心下慌了，就對王說：「你到校接事，丙敢不交，我逮捕他就是了。」丙得知此息，即帶著校印，帶全校學生到安岳去旅行。王校長奉令借縣印入校視事，丙知大事已去，乃攜帶校印到成都去了。全體學生交由某甲及教職員率領回校。行至離城三里的廣德寺時，某甲集合學生演說，末後說道：「你們一入校，抓住王某即打，打死了有我負責！」於是整隊回校，學生闖入辦公室，抓住王校長即打，王帶去的庶務，也被捆起毒打。知事電稟道尹，遂發生槍傷學生之事。

此案王校長真是冤枉極了。所有一切神出鬼沒之計，都是出自某甲。此人可稱槃槃大才，聽說任何事來，他立即有辦法，撰擬電文，下筆千言，一揮而就。他把鴉片煙盤子擺起，學生聚在床前說說笑笑，要發通電，他躺在煙盤側邊，一面口唸，一面筆錄，就可成一極有力量的電文。直到宗吾到校時，他才把煙盤撤去。某甲曾對學生說：「當今之世，讀書何用？事情鬧翻了，我幫你們各人買一桿槍去辦招安軍。」他之所以敢打王校長，並派人歡迎宗吾到校，而且預備打他，原來是有這條道路。

宗吾在校住了好久，學生已知他深悉底蘊，但不便向他承認打王校長之事，只是與他親善，好替他們設法開脫，並且還託人代為求情。正當這個時候，忽傳重慶各軍聯合辦事處委李宗吾查辦，他想此時不走，更待何時？萬一重慶的公事到了，學生叫他將回覆的呈文拿出來看，如何得了？於是他就對校中聲明，說潼南有一案件，出省時就奉委查辦，如今再不能遲延了。學生聽了來留他道：「重慶方面已委先生查辦此案，怎能他去呢？」他說：「潼南那件案子擱置太久了，好在離此地不遠，案情也簡單，很快即可結束。重慶公事一到，即專人與我送去，我即回來。不過我告訴你們：舊知事說學生開槍打隊丁，我已查明是誣枉的；只是王校長一口咬定說你們打了他，你們從速提出證據，證明未曾打他，我才好辦。」學生說：「有證據！」遂檢出京滬同鄉會的來電，成都報上的批評，省議會的提案，遂寧教職員聯合會的通電；又范司令來校將王校長取去後呈報各軍聯合辦事處的呈文，報紙上俱已揭登。學生說：「先生根據這些證據，即可以呈覆了。」他說：「這些證據，我可留作參考；但王校長現有很強硬的證據，你們還須搜集些更強有力的證據來，才可以抵對，將來我總是根據證件來說話的。」學生遂去。

但此案他以為最困難之點，就是內容儘管查得清清楚楚，卻不能獲得實據。凡告訴他的人都這樣說：「我把真情詳細告訴你，但是公文上可不能把我牽進去，他

們學生是不好得罪的！你如果把我牽進去。我就具呈聲明沒有這樣說。」這層就把他難住了。他想了許久，忽然想出文章，就跑到高等小學，把鄔校長請在密室，對他說道：「此案真相，我已查明，實對你說，我呈請上峰，首先把你撤職歸案，送交法庭訊辦！」鄔一聽慌了，就問：「你怎麼這樣幹法？」宗吾說：「不這樣幹叫我怎樣幹？」此案我已查得明明白白，只有你領銜發的那個通電，在中間作怪，不把你逮交法庭，我所查皆是白費。」鄔說：「你不知道我是受了威脅的嗎？」宗吾說：「我是明明知道的，如今我要自行解脫，也顧不得你了。我當省視學，這種案情都查不清，能不受處分嗎？發通電時，你固然受威脅；脫離出校後，你為何不通電聲明呢？把你逮交法庭，難道還算冤枉了你嗎？」鄔慨然說道：「本來學生這樣無法無天的幹法，如果讓他們得勝，世上還有公理嗎？我置身學界，本該挺身出來，維持正義，無奈川局這樣混亂，請問政府能夠辦得徹底嗎？若是辦不徹底，我出面作證，像他們這樣厲害，我豈無生命危險嗎？省視學如能保證此案徹底嚴辦，我出來作證就是了。」宗吾說：「你的話說得不錯，現在的政府我也不敢保證。你先寫一張證明書與我，我以人格擔保決不披露。我把他們的黑幕揭呈政府，他們倘敢狡賴，我就把他們拖到法庭，和他們對質。如果頭一堂辨訴不清，第二堂我才把證明書呈出來請你到案。」鄔說：「省視學既肯這樣負責，我出具證明書就是了。」他提起筆來，源源本本寫了一大篇，簽名蓋章，當即交與宗吾。宗吾得了這個東西，如獲異寶，遂即宣稱次日起身赴潼南。

次日，他把行李先擔入知事衙門，就對趙知事說：「我是省視學，無須奉令，即可查報此案，我負責報上去，請你做個證人就是了。王校長現在征收局內，請你派人約他來，我要向他講幾句話；前知事到校叫學生釋放校長，有個姓李的管獄員同去，也約他來！」二人到後，也當著趙知事問了當日情形，又對知事說：「請派你的文案同我到范司令營部去一下，並請把遂寧各機關法團人員請到縣署來，等我往營部回來開會。」他同文案便到營部去了，范司令因事去重慶，書記官出來接見。宗吾問及當日情形，書記官細說一番。宗吾又問：「實情既是如此，何以你們司令呈報上峰的措詞全與事實違反呢？」因把成都報紙檢與他看。他說：「呈文是我起稿，哪裡是這樣？」他也檢卷與宗吾看，宗吾便照抄下來。他回到縣署，各機關法團的人士業已到齊，遂問及當日的情形，各人說得吞吞吐吐的。宗吾便說：「此案我已查明，先讓我說，看看有錯無錯？」於是他說當日學生把校長打了關起，知事去說不放，轉請各位先生去說，各位先生到校如何說，第二次學生又把校長吊起打，各位恐校長有生命危險，才請范司令營救，情形又如何。他說完後，就問看他說的對不對？眾人答道：「絲毫不錯！」宗吾說：「既無有錯，我就宣布結論了。此案重要之點有二：前知事說學生開槍打隊丁是誣枉的；王校長說學生打了他是確實的。真相既是如此，學生反而文電紛馳，痛罵黃道尹，請嚴辦王校長，試問王校長能甘心嗎？黃道尹受得下這種侮辱嗎？此案肇事諸人，懲辦不懲辦，抑或辦輕辦重，尚在其次，道理總要放端正。我主張把事實弄明白，在公事上我替學生說幾句好話，黃道尹、王校長是我的老友，我以私人資格從中調停，我的呈文將來要披露，各位可以看見，我是不欺哄人的。學生種種證據，我都搜集全了，此時暫不宣布；夥同動作的人，許多向我悔罪輸誠，並且出證明書交我保存。請各位先生轉告他們，以後幹這類事，手段還要高明，第一，證據不要被人拿住，第二，自己的團體要結緊，不要中途解體。請他們安分守己，聽候解決，李省視學自可筆下超生。如果敢於捏造黑白，妄發文電，拿對付黃道尹、王校長的手段對付我，我是不受的！」大家聽了他這一席話，無不口服心服；而他在校所受的悶氣，也得以發洩了不少。

散會後，他即起身要走，知事留他多住一天，他不肯，一出衙門，他便催著轎車趕緊走，一氣走了六十里才歇宿。次日到了流南，潼南人對他說：「聞某軍隊中人言，川北有個學校派人來交涉，全校學生願一齊來當兵，校長當團長，交涉尚未辦妥云云。」足證某甲叫學生買槍辦招安軍，並非虛語。

他一到潼南，便將此案真相，上呈省府了。開始敘述學生隊丁傷若干人，受傷情形如何，到醫院查得情形如何，校門上彈痕係由外入內，足知隊丁開槍是實。現可考查者，一槍打得甚高，從校門上方穿入，一槍甚低，從學生膝下擦過，又知隊丁是開槍恐嚇。如果有意射擊，學生豈能倖全？關於校長被毆，則說，初時諸人堅不肯言，他告以此案不到法庭決不將告者姓名披露，於是校內外諸人始盡情報告，並有出具證書交他執存者。以後他便將查得的情形，一一敘述。敘畢，則附以個人的意見道：惟念青年俊秀，大都可造之才，一涉法庭，悔將莫及，務懇廳長商明黃道尹曲予矜全。但求曲直是非，昭然共喻，不必依刑律，嚴法相繩。他日者，該生等學業有成，皆出廳長玉成之賜。倘該生等必欲顛倒是非，不承認有毆辱校長之事，即請將此案移交法庭，視學當親赴法庭與該生等對質，如有虛誣，甘受法律上之處分，無有異詞。」又言：「某知事措置乖方，既已撤任，似可免於深究。校長丙抗不移交，釀成重變，推尋禍首，咎無可辭；惟該員由安岳逕赴成都，校中一再毆辱校長，實未與聞。王校長學識優良，經驗宏富，應請優予調用，俾展所長。校長一職，另簡賢員，用資整理。」

他的呈文中，雖將一切內幕全行揭露，但總是略參游移不定之詞。如敘某乙傾陷某甲之事，則云：「某甲口稱，真相如何，無從懸揣，且事在案外，未予徹查。」又云：「校中一再毆辱校長，歷詢諸人，僉稱某甲主使，所有虛構事實及偽造文電，皆其所為；惟學生並未出頭證明，是否不虛，尚難確定。」末云：「伏望廳長刀斬亂絲，從茲了結，若予徹究，徒快私仇，輾轉牽連，將無底止。彼三人原係同學好友，昔為膠漆，今為仇讎，各人所受痛苦，略足相當；或者大夢同醒，言歸於好。最難堪者，黃道尹苦心維持，反遭痛詆；王校長老成碩望，既蒙奇辱，又受奇冤。光怪陸離，一至於此！負重傷者，臥床未起，抱不平者，攘臂而興，萬口喧騰，幾至天翻地覆，現相如彼，真相如此，視學徹查案情，太息不已，不覺私心彌痛，吐詞彌繁，而獻計遂彌拙也。」這是他深知時局混亂，辦不徹底；只好這樣措詞，便於收拾。

此案發生後，報紙上的批評，省議員的質問，都說黃道尹、王校長太野蠻了，都替學生報不平，自省署收到他的呈文，抄付報館披露後，社會人士才明白此案真相。當時成都川報，對他徹查此案，刊為重要新聞，大標題為「遂寧師校燃犀錄」，小標題為「李省視學鐵面無私」。後來他見到川報的主筆，對於「鐵面無私」四字加以修正道：「我對於此案，無私則有之，鐵面則未也；假使包龍圖處此，斷不會說『曲子矜全』也不會說『是否不虛，尚難確定』的字樣吧。」

事後聞知他離遂寧後，某甲對首要學生說：「李省視學居心叵測，你們可趕快走開，我也要回家去了。」不久，學生在報上見到宗吾的呈文，要打通電攻擊他，開會討論，竟無從著筆，因文中所敘，皆屬事實，究竟省視學所獲證據是何物，出具證明書者是何人，皆不得而知；且文中只把毆打校長一層說得確確實實，究竟行兇者何人，亦未指出姓名，誰肯出頭對質，因此討論幾天，不得結果而散。

省府關於此案的辦法，是另委校長，令其查明行兇學生；一面命宗吾交出證據，以便送交法庭；一面令黃道尹查明主使者，逮捕歸案。後來黃道尹查覆，請通緝甲丙二人，此二人終未緝獲，宗吾的證據也未交出，隨後二人的通緝令也取消了。當他們通緝令未取消時，丙忽然致宗吾一信，說他查得很公道，真是有口皆碑。丙的心意必是這樣：我正要設法取消通緝，請你不要出來說話，你的呈文中本與我留得有開脫的路子，我就朝此路走去，總是不違背原委，不說你查錯就是了。宗吾接得此信，也未管他。

新任校長查覆說道：「毆辱王校長，是某某四生，業經學校斥退，惟該生等是受人嗾使，請恩施格外，免究餘罪。」要問這四生是誰？真是滑天下之大稽！我們還該記得那兩位賭錢的學生罷，新校長呈覆開除的就有這兩位。此外兩位，一位是因到王校長的寓中，去報告校中的內容，被學生自治會用學校的名義早已斥退了的；一位是因某種事件，早經丙校長任內斥退了的，這四位早經斥退的學生，竟成

了毆辱校長的兇犯，真是千古奇冤！但是這含冤的四生，卻不知他們在名義上又被開除一次，所以此案自始至終，無一不奇，可說是古今中外教育史上第一奇案。

關係此案中的某甲，這裡還當予以特寫，宗吾對於此人，是極端欽佩，極端畏懼的。今藉宗吾自己的話，來看看這位教育界的英雄吧。宗吾說：「我在遂寧縣署會議席上說毆辱王校長者手段欠高明，這是瞞心昧己的話，是我輩宦場中人敷衍面子的話。其實某甲高明極了，我遇著他真是怕死了！我由潼南轉到某縣，正是他的故鄉。我住在勸學所，聽說他回來了，在各機關來來往往，談及此事，興高彩烈。此時報上已把我的呈文披露，我很怕他跑來打我。有一天，我下鄉查學，問轎夫道：『你們認識某甲否？』轎夫答：『怎麼不認識呀？他很文雅的，曾任縣中某某等職。我們抬他的轎子，小錢給得很多，待人真好！手下的弟兄，一呼就是千多人。』我一聽，駭極了！才脫虎口，又入虎穴。從此不敢下鄉，終日躲在勸學所，外面不露聲色，裡面卻是提心吊膽。因說暑假將臨，我要回富順視察一週，順便回家休息。聲言某已起身，取道資州而行，並把轎子僱定；起身之日，臨到上轎，又對轎夫說，省中有事，我要回省，不回富順了，轎錢照樣算結，我就轉道向省而去。心想：報上披露的呈文，說我獲有證據，萬一某甲命手下弟兄在路上裝做匪人攔截住我，打我一頓，把我的行篋挑去了，然後他再向我索證據，叫我如何應付？

我轉道走了六十里，到一鎮上，住在一個小學內，稱病不走。心想你在資州路上等我，我已經改道了，即使探知趕來，我已住在學校內了，其奈我何！住了幾天，我又怕他派人在赴省的路上等我，一日清晨起來，我口稱病已好了，仍回富順，直向資州走去，到了資州，心才放下，才算真正出了險地。某甲把一個厚黑教主駭得這樣，也就可以不朽了。某甲是否有此心，不得而知；如果他知道我當時的心理，也必失笑。我說這話，是證明我說他手段欠高明，實是瞞心昧己的話。我以後常常探詢某甲的起居，聽說他在故鄉很好，何時我們睹面煮酒侈談往事，或許他會說：『天下英雄，惟使君與操耳！』我每聽人提起此公大名，就震驚不已，大有聞雷失箸光景。平心而論，此公的本領，比我大多了，我之所以未失敗者，『天幸』二字救了我。昔人云：『天下奇謀妙計，無過腳踏實地。』此公謀非不奇，計非不妙，所惜者未腳踏實地；我則謀不能奇，計不能妙，但處處腳踏實地做去：這是我二人的不同。」

宗吾對於「吊打校長的奇案」作了如此結論，我們也可藉此窺見他辦事的態度了。當年張列五對他說的「權術公開」四字，他認為可補聖經賢傳所未及，是牢牢記在心願的。他查辦此案，不免略參「權術」，但事後公開出來，就讓甲乙丙三人批評一下，再請當日參加此役的人也批評一下，在他當日的處境，是不是可以獲得

原諒與同情呢？

至於他經常的查學態度，他認為省視學的職務，是在整頓教育。大凡地方上辦學的人，哪個不想辦好呢？其所以辦不好的原故，總有他的困難，查學的人就應該幫助他去解決其中的困難。所以每遇辦學的人，自己心中須先想道：我是來幫助他的，不是來捉強盜的。許多省視學專門搜索辦學者的隙縫，以彈劾幾個人為精明，未免有失設置省視學的本旨。因他有此看法，所以他查學多年，從不主張輕易更換人，遇著失錯的地方，他便對當事人說：「某某幾點，你可以改正，繼續辦下去；我二次查得你不知改進，非據實糾舉不可。」他覺得這樣辦，比另行換人收的效果大得多，若有非換人不可者，他就祕密對當事人說：「你不能再幹下去了，可遞個辭職書與我，公事上我為你敷衍面子，否則我只得呈報上去，請明令撤換了。」如他得到辭職書後，即報上去說：「某人去志堅決，我再三慰留，他也不肯打消辭意，請另揀賢能接替為便。」其有人被攻擊者，他就說：「趁我在此，約集機關法團及地方官到場，將經手款項清算明白，免得去職後再受人攻擊，為學務上多添糾紛。」這類的事，不能悉舉。他多年來查學的報告，四川教育廳都有案可稽，都不失為一純教育家的風度。惟有像「吊打校長的奇案」這類事件，他才肯參入事後可以公開的「權術」進去。

7・「只要打不死，又來！」

民國十一年，宗吾同省視學游子九奉命赴各省考查教育，見到南北各省學校辦理的成績，比較上雖不無優劣的差異，但同在現行教育制度束縛之下，是不會有理想的發展的。因此他考查歸來，即力主實行考試制，以救其弊。十二年下學期，成都開「新學制會議」，他便同幾位省視學，及會員多人，提出考試案，開會討論，未蒙通過。會畢，他即單獨上一呈文，主張各校學生畢業，應由政府委員考試，即後此十年教育部才頒令全國的會考制度。他於呈文中列舉理由十六項，並請在原籍富順試辦，經省署核准，委他為主試委員，於十三年暑假舉行，後來推廣於川南各縣。十四年年假，敘州府聯立中學學生畢業，他復為主試委員，考了幾場，一夜學生多人，手持木棒啞鈴，把他拖出寢室，痛打一頓。據他說，打時秩序非常之好，全場靜靜悄悄，學生寂無一語，他也默不作聲，學生只是打，他就只是挨，學生打夠了，臨走，罵道：「你這個狗東西，還主不主張嚴格考試？」他躺在地下，想道：「只要打不死，又來！」學生走後，他請宜賓知事來驗傷，將傷單粘卷，木棒啞鈴，存案備查，次晨，又請該校鄧校長到床前，他便口授電文，由鄧錄出，呈報上峰，歷述經過情形，末云：「自經此次暴動，愈見考試之必要，視學身受重傷，死生莫卜，如或不起，尚望厲行考試，挽此頹風，生平主張，倘獲見諸實行，身在九原，亦當引為大幸！」療養稍愈，即宣布繼續考試，他裹傷上堂，勒令全體學生，一律就試，不許一人不到，就是打他的學生也無例外；但場規較前更加嚴厲了，學生也只得規規矩矩的考下來。事後，他特作一書，叫做考試制度之商榷，說明考試的必要，尤其注重學制的改革，由教育廳印發各縣討論。他常常對人說：「不經這一次痛打，我這本書是作不出的，所以對於該生等，不能不深深感謝！」

他以為這次的挨打，是十分應該的，因為當時各地的學生，都在運動廢除考試，而他偏偏主張嚴格考試，又不曾宣布詳細的理由，哪能不挨打呢？自經這次苦打以後，他才得了一種覺悟，凡事固然重在實行，尤其重在宣傳，他之所以被打的原因，是由於一般人對考試制懷疑，所以才生出反對的事來。王安石的新法，本來是對的，當他在鄞縣作官的時候，曾經試辦過，人人都稱便利。但他做了宰相，把他的新法推行天下，就遭了一個大大的失敗。要說他沒有毅力嗎？他是天變不畏，人言不恤的，其擔當宇宙的氣概，是古今不可多得的人物。要說他的新法不好嗎？他死去以後，他的法子幾乎完全被人採用，還有許多法子一直行到今日，不過把名稱改一下或把辦法略略修正一下就是了。然則王安石何以當時會失敗呢？這就是他少了一層宣傳的手續。當時的名流，如司馬光、蘇東坡諸人，都不能了解，一齊反對他，彼此各走極端，結果兩敗俱傷，不但人民吃虧，國家吃虧，反種下後來亡國的因素，真可說是不幸之至！假使王安石不亟亟實行，先從宣傳入手，把他的法子提出來，聽人指駁，取消那種執拗態度，容納諸賢的意見，把那法子酌量修改，諸賢也不泥守祖宗的成法，把那法子悉心研究，經過長時間的辯論，然後折衷一致，大家同心協力做去，豈不是很好的事嗎？宗吾心中有了這個見解，所以他把主張考試的意見，就發表了出來。

他主張施行考試制度，並不專在考試的本身，是想藉著這種制度，以求教育的普及，和造就真實的人才。他對於現在法定的學校，主張有兩種解放：第一種解放，是破除學校與私塾的界限，把在校肄業的，和在家自修的，同等待遇，並不必限定年齡，使為工為商為農的，及早年失學的，都給他們一條出路；第二種解放，是學校內部的組織，得由教員體察情形，酌量變通，不必拘守那種死板的辦法，可隨學生的程度，為適宜的誘導。但有了這兩種解放，自然呈現一種紛亂的狀態；再設立一種考試制度於其上，懸出一定的標準去考試，於是參差之中，就寓於劃一之制了。

他說：人的本性，原是不齊的，現在的學校，處處求整齊劃一，他以為「整齊劃一」這句話，是戕賊個性的名詞。古時有個強盜，捉住人即按他在鐵床上，身比床長的，把他截短點，身比床短的，把他拉長點。現在的學校，注重學年制，學年一滿，就可畢業，資質高的，把他按下去，資質劣的，把他拖起來，究竟學生感不感到痛苦，辦學的人是不管的，而且美其名曰「整齊劃一」，試問這與鐵床主義，有何區別？青年個性，如此被戕賊的，就不知有若干了。

現在的學校，是按鐘點授課。本日應授的功課，即使學生業已了解，鐘點一到，還是叫他們上堂聽講；其有程度太差，聽了茫然不解的，也要叫他們上堂聽講。因為不如此，就不算整齊劃一了！犧牲學生的精力與時間，去換取形式上的整齊劃一，這便是現行制度。實則所說的三年畢業四年畢業，並不是所習的學業，要三年或四年才能完畢，不過是講堂上規定了若干鐘點，必須去坐滿罷了。彷彿是三年的有期徒刑，或是四年的有期徒刑。所以現在的學校，也可以說是監獄式的學校。

按現在學校的組織法而言，管理人對於形式上負責任，鈴子一響，只要他能把學生弄上講堂，他的責任就算盡了；教員對於時間負責任，只要他每點鐘能在講堂上講過五十分鐘或講過四十分鐘，他的責任也就算已盡了。孔子說：「不憤不啟，不悱不發。」本是很好的教授法，但如今用不著了，鈴子一響，就須上堂聽講，不憤者也要啟，不悱者也要發，學校的組織如此，怎麼會不生流弊呢？

拿斯密士的「分工原理」研究一下，就知道學校內的學生損失的勞力和時間，真是不可思議了。據斯密士的調查，一個人做針，每天只能做二十枚；倘把做針的工作分開來，一個人拉，一個人截，一個人鑽，一個人磨……共分為十八人，每天可做八萬六千枚，平均每人每天做四千八百枚，所得成績增加二百多倍。現在學校的組織，每日要學幾種學科，每科以一點鐘為限，這就像一人作針，時而拉，時而截，時而鑽，時而磨是一樣，當然有許多勞力和時間，作為無益的消耗了。雖說學生肄習各種學科，與做針的情形不同；但明白了這個原理，就知道每點鐘改習一種學科，是最不經濟的。中學校應習的各科不該同時並進，所有各科學習的先後，和學習的時間，都應該酌量變通，取消那每天學習五六科的辦法，所得的效果，一定要增加許多。

若取一種未經學習過的學科，自己去研究，就知道其中的甘苦了。遇著不了解的地方，往往鑽研許久，都不了解，一經了解，以下的即迎刃而解。有時發生了興趣，津津有味，自己不忍釋手，進行非常之快，比那教師講授的速度，真有天淵之隔，而且是自己鑽研得來的，心中也格外暢快。好比煨肉的方法，初時用猛火，到

了沸騰後，改用微火，只要能夠保持沸騰的溫度，雖是微火，所得的效果仍與猛火無異。凡人看書，有時發生興趣，津津有味，這就是煨肉到了沸點的時候，就該一直看下去，這是用力少而成功多；倘此時無故把它放下，隔許多時候又來看，自己也覺得興趣沒有先前那樣好，看下去就較為艱難了，這便是煨肉停了火的緣故。必要耐心再看許久，方才發生興趣。若把平日自己看書的經驗，下細思考一番，就可發見學校每一點鐘換習一科的弊病了。

例如學校內，學生上講堂，聽教員講某種學科，初時一二十分鐘，還沒有什麼趣味，這就是因為煨肉的水還是冷的。入後越聽越有趣味，就是到了沸點的時候了。忽然鈴子一響，改授他科，這就像肉還未煨好，就把罐子提開，改為煮飯一樣。學生又要經過一二十分鐘，才能發生興趣，正在津津有味的時候，鐘點又到了，又須改授他科，這就是飯還未熟，又改而炒菜。每天學習五六科，改變五六次，結果時間耗費了，精力也疲倦了，所受的益處，依然沒有好多。

有人說：「每日功課，難易相間，才不虧腦力；每一點鐘換一種學科，使腦筋變換，才不受損傷。」宗吾對於這個說法，也有點懷疑。請問世間的事何者為難？何者為易？依他的解釋：（一）前進無阻則易，前進有阻則難，所以行平直的路易，行崎嶇的路難。（二）順其習慣則易，違其習慣則難，所以讀書人以寫字為易，挑擔為難，而勞工則以寫字為難，挑擔為易，當學生學習某種學科，正在津津有味的時候，如果聽他一直作下去，豈不是前進無阻嗎？忽然換一種學科喊他去學，這就像行路的人，正在順利前進時，忽然有了障礙，不得不折而他走是一樣。又學生正在發生興趣時，順著他的慣性讓他前進，自然是很便利的；為什麼要改授他科，阻止他的慣性呢？這明明是化易為難，何嘗是難易相間；我們也只能講明這個道理，使學生自擇其所謂難所謂易，不能鑽入學生的腦中代擇其所謂難所謂易。學生習某科，他要想繼續下去，不肯中止，這是可以的；他自覺厭煩了，想另換一科，也是可以的。當純由學生自動，教師在旁邊輔導，隨時指點，卻不可強制他。這樣學生的進步，自然很快，腦筋也不會損傷。

工場的管理法，是以最少的消耗收最大的效果為原則，對於金錢材料勞力時間四者，俱有精密的計劃。金錢材料，不能妄費，自不必說；就是工人的勞力，與作工的時間，都是用科學的方法去研究，不使他有絲毫的虛耗。如果用管理工場的眼光，來考察現在的學校，他那金錢材料勞力時間四者的虛耗，真要令人驚駭不已，幾乎無一個學校不是以最大的消耗收最小的效果，無怪乎教育日形退化。

現在的學制，勞力與時間的虛耗，既如上述，至於金錢材料的虛耗，更是所在多有。例如，各學校的儀器標本，封鎖的時候多，利用的時候少，為什麼不把它公

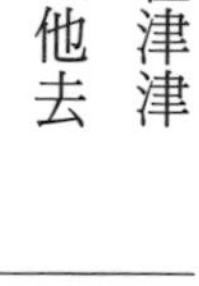

開，使一般人都享受利益？這就是材料不經濟的地方。從前書院的山長，得了幾百串錢，那全書院的學生數十個，或是百多個，都由山長一人去教，此外沒有一個冗員；現在教育上的組織，就是拿錢的人多，教書的人少。教育廳設廳長、科長、科員、幾十個人，是拿錢不教書的；省設省視學若干人，是拿錢不教書的；各縣設教育局長視學員，是拿錢不教書的；各中小學校校長，多半未擔任功課，是拿錢不教書的。從前書院時代，學生的品性，由山長負責，未另支薪，現在把他劃分出來，每校設管理員數人，這些人所得薪水，都比從前山長優厚，但他們可勿須教書，實際上在教書的只有所謂教員罷了，此外還有文牘庶務會計書記等等，都是拿錢不教書的。至於教育局董事，教育委員或學董，都支所謂車馬費，也是拿錢不教書的。拿錢不教書的人有如此之多，教育經費哪能不支絀？用了那麼多的金錢，費了那麼大的勞力，所得的結果，不過是造成一個讀書不自由的組織罷了。倘把所有的組織細加考察，無在不是荊棘叢生，諸多窒礙，維新之初，手訂學制的諸公，未免太不思索了。

其次則談到學校以外的情形：從前科舉時代，自然是弊病不少；但那個時代，卻有一個極好的精神，只要立志讀書，就有書可讀。國家衡文取士，只問學業，不問貧富，試場之中，貧如乞丐的，富同王侯的，是一樣待遇，無絲毫的區別。現在學校的組織，完全是家資富裕的佔便宜，學校的等級越高，所需的費用越多，於是高深的學問，就成為家資富裕的私有物了。貧苦人家的子弟，是終身得不到高深學問的；即是實行義務教育，也不過得點粗淺知識罷了。

但就全人民而論，貧窮的人多，富足的人少。現在的學制，只有富家子弟才有入學的機會，貧家子弟，是在擯棄之列，立法未免太偏枯了。我們實地考察，凡是富家子弟，多半怠惰，貧家子弟，多半奮勉，中國歷史上，許多名儒碩學，都是從貧寒的家庭出來的。若照現在的學制，繼續行下去，國家必要少出許多人才，無形之中就是受了極大的損失。

從前科舉時代，可以一面謀生活，一面自己用功，國家行使考試時，對於此等人，與在書院肄業的人，同樣待遇，沒有什麼歧視之心。現在學校的組織，定要身在學校之內，住上若干年，才能承認他是某某畢業生；至於校外自修的，任他學問如何好，政府是不能承認的，依然把他當作棄材。若把科舉時代名人的歷史一查，在他們未遇之時，有教學餬口的，有充當書傭的，有務農下力的；假若這些人生在今日，可以斷定他們永無出頭之日。現在充當小學教師和充當書記的一流人物，要想得個碩士博士，是終身不可能的，這不能不說是學制上的缺點吧。

宗吾既見到現行教育制度的諸多缺點，於是就想出一種補救的辦法。他以為學校中的學科，大半是可以自修的，最好讓學生自動去研究，教員可處於輔導的地位，不必死守學年制和鐘點制，但為要考查他們的成績，自當予以嚴格的考試。可是那些在校外自修的，也不可遺棄他們，只要他們的學力，和某一學校階段的程度相當，亦應准其參與考試，考試及格，即當與在校學生同等待遇。因此他所主張的考試制，有兩個目的：一是杜絕學校的積弊，使天才優越的學生不受學年制的限制，而程度較低的學生，不能僥倖畢業；二是把學校開放了，使校外學生，亦能參加畢業考試，方可多造就一些人材。似此，則消極積極兩方面，都可以顧到了。但他的意思，尤重在後一目的，他是以「求學自由」四字為主旨的，因此，現在學校的組織，非設法解放不可；欲求解放，非先把考試制確立了不可。

他主張舉行畢業考試時，私塾生和自修生一律准其與考，正是想彌補上面所說的缺點，使家務貧寒資質可造的學，不至成為棄材；並且校內學生見有校外自修的與之競爭，萬一成績不及他們，豈不為人非笑？自己也就不能不用功了。所以考試時加入校外的學生，不惟不能妨害校內的學生。並且可以催促他們用功，同時可以成就校外的寒士，一舉兩得，又何苦而不為呢？公家所辦的學校，見有私塾與他競爭，恐怕相形見絀，自然也就不能不力加整頓了。

他這種主張，當時也生出許多疑難的問題，但他都一一的予以解答：

有人說：從前的科舉，注重文字，是可以自修的；現在的學科，有許多非經講授，是不易了解的，還有許多注重實驗，並不是課本上的知識，是更不能自修的。他說：這種見解，他是承認的，他從前也慮及此，所以他上的主張考試的呈文中，即說得多設補習學校，並可於適中地點，設公共理化室，圖書標本室，專聘教師，常住其中，許人自由請問等語，也就是救濟這種缺陷。他以為中學的課程，很多是可以自修的，間或有不了解的地方，只要有人指示門徑，仍然可以循序進行的。他的主張，是先把考試制確定了，並且把校外自修生准其與考一層，也確定了；然後基於考試制上，再想出種種方法去扶助它就是了，現在的學校，各置儀器標本一套，封鎖的時候多，利用的時候少，這是很不經濟的。依他的意見，可以各校共同置購，放在適中的地方，各校先在校中，把理論講明白了，到了規定的時間，由各校把學生引到那個地方去試驗，如此辦法，一套標本儀器，可供幾個學校之用；並且還可以把它開放，使校外之人，也能享受這種利益。如果有了這種設備，又有指導者居住其中，那些貧苦子弟，可以一面謀他的生活，一面抽暇自修，遇有不了解的地方，可以向人請問，倘若無人請問，就可赴公共場所請指導人指示，又有儀器標本可供實驗，所得的知識，即與在校的無異。自己把學問造好了，與在校學生受同樣考試，所得的結果，亦與在校者無有區別。如此辦去，那些貧家子弟，有出身

之路，有求高深學問的機會，於文化上是很有增進的。

有人說：依照這種辦法，那個指導員就難以物色了，他必要學問極高深，又必須各種學科無所不通，各種書籍無所不覽的，方能勝任。他說：這也不必慮及，此事著手之初，可先就中學的課程，分科聘請專員，負指導之責；並可先把教科書標示出來的，指導員對於這幾部教科書，負充分指導之責，若來問的人，出了範圍以外，指導員如能了解，不妨先說與他聽；如不了解，就可謝絕他。如此辦法，只消能夠充當中學教師的，就可充當指導員了，此項人才，又有什麼難以物色呢？先把中學程度的一步辦到了，中學以上的各科，再慢慢想法子去辦。

有人說：照你這樣的辦法，私塾學生也可畢業，現在的學生，豈不盡向私塾去了嗎？學校內還招得到學生嗎？他說：施行考試時，所考的是學校內應授的學科，並不在其他書籍中出題目，私塾如不改良，它的學生斷不會僥倖及格，自然學生不會到他那裡去，即使去了，也是要回來的；如果他的學生考試能及格，可見他的私塾，業已改良，與學校無異，豈不是很好的事嗎？國家興設學校的目的，原在造就人材，現在有私塾也在幫助造就，不支公家款項，造出的學生，又能合格，應當獎勵之不暇，又何必阻止他呢？如果私塾盡都改良了，學校的學生，全體都向私塾去，也是無妨的，正好把造就人材的事，讓與私塾去辦，國家只消設一個考試制，去考試私塾的學生就是了。所有辦學校的款項，可移來辦平民學校，教育無力入私塾的學生，或是去辦高級的學校，教授私塾所不能教的學科，豈不是很好嗎。所以私塾發達，是很好的事，並不是悲觀的事。但他所說的私塾，是包括私立學校，未向政府立案者在內，不僅僅是指鄉村的私塾。

他又說：現在學界中的爭端很多，窮源竟委，細細推尋，可斷言有一大半是由於位置上的關係。這也無怪其如此：全省教育局長、與夫校長教員，位置是有限的，具有局長校長教員的資格者，又是很多的，並且這種人才是逐年增加，實在是消納不完；兼之實業不發達，各項人才沒有出路，只有匯集於教育之一途，怎能不起爭端呢？現在公家所辦的學校，頗為人所詬病，富厚之家，每出重金延師訓讀，所苦的就是得不到畢業證書，如果施行考試制，私塾學生，與在校學生，同樣的可以畢業，那些家資富有的人，把各項人才禮聘去充當教師，也就可以消納了。或者自己約集幾個朋友，組織私立學校，徵收學費自行辦理，無形之中，又增加了許多學校，對於社會也是很有利益的，這類私立學校，互相競爭，大家都想辦好，自然教育事業就發達起來。公家所辦的學校，見有私塾與他競爭；恐怕相形見絀，就不能不整頓內容，於是公家的學校自然可以好起來。有了那些具有校長教員資格的人，去充當私家教師，那些腐敗的塾師，也就被天然淘汰了。

他查學所到的地方，往往有些校長對他說：「本年招收新生一班，投考的有數百人，我選取了幾十名，其餘很有些程度好的，因為額滿了，都未收人，我這班學生，程度很整齊。」他聽了這話，口雖不言，心中不免納悶。因為政府是要行強迫教育的，不就學的，還要勒令就學，為什麼想來就學的，反而叫他們廢學呢？調查未考取的那些學生的去路，除廢學而外，有往別處尋學校入的，也有投入私塾的，幸而尚有私塾這條路，不然，廢學的就更多了。

有人說：「現在學校內，教授各種學科，與中國舊學不同，不能不分班教授，每班程度不能不整齊，所以招收學生，不得不加以限制。」他說：程度整齊，固然好；就是程度不齊，也未見得沒有辦法。現在學校內的國文歷史地理等科，中國舊學是有的；現在學校內的英文，是外國字外國音，從前講說文講音韻的，是研究古字古音，都是一樣的艱難；理化等科，也未見得比經學詞章艱深好多：至於數學一科，從前的經師也有精通的，並且程度很高，看他們的著作品，就可以知道。那時的老師學生，並未取現在的形式，居然能夠把學生教得好，這豈是沒有辦法嗎？

有人說：你既如此主張，我如果充當中學校長，定要聘你作教員，交一百個程度不齊的學生，請你去教授，看你有什麼辦法？」他說：「這件事我能夠擔任，你把學科排定了，並規定學期之末，學生程度要教至某個地方為止；到學期滿了你來試驗，如果學生達不到限定的程度，我受罰就是了；至於教授的方法，可以聽我自由，你不必過問。」那人又問：「學生程度，參差不齊，你有什麼辦法呢？」他說：「惟其參差不齊，就更有辦法了。我提倡學生看書，養成自修的能力，只須指示門徑，說過大概，叫他們自己研究，互相切磋，有不了解的，先問同學，再不了解，才來問我。如此辦理，那程度高的學生，就成為我的助教了，人的天性，是喜歡為師的，程度高的學生，有人向他請問，他一定樂於講解，每與人講解一次，猶如自己複習一次，於他也是很有益處的。當教師的，只立於考察地位，考察各生是否了解，某生的指導有無錯誤？如有不合，即予指正。再者，學生的通性，大都喜歡問同學，不十分肯問教師，其有來問教師的，已經是苦心思索，不得其解，這等人即是孔子所謂憤悱（積思求解）的人，只消就他懷疑之點，略加指點，他就會恍然領悟，無須多費言詞。我用這個法子做去，即使一百個學生，有一百等程度，教起來也不費好大的氣力。」

有人說：「整頓教育，當從各方面進行，不單是一個考試制，就能整頓好的。」他說：「我當省視學十餘年，有有查學報告，無一篇不談整理的方案，考試制僅是整理方案中的一種，我並不是不知道。實則現在教育上的病症甚多，凡熱心教育的人，不妨分途治療，或治內病，或治外傷，或治一切雜症，我於各症中擔任

小小的一種，大家懸壺問世，我想教育上的病症，或有醫好的希望。」

有人說：「東西各國，教育方法很多，為何捨去不談，只談考試呢？」他說：「教育家有良好的整頓方法，儘管辦去，東西各國的教育法，儘管採用，考試制於其他方法並無妨害。像現今的學制，有了部令限制，眼見許多良好的辦法，也行使不出來。且各人的見解不同：甲所謂良好的，乙未必以為良好，我敢斷言：任何教育家上臺，製出一部教育法令，都不能盡滿人意。既是這樣，就不如索性把現行學制打破了，使全國的教育家，把各人心中所謂良好的辦法，拿出來實行，分頭並進，教育才能盡量發展。我所說的考試制，對於各種主張，均能容納，可再設比喻來說明：假如有城一座，我們想攻下它，所有進攻的路，東南西北，不必拘定。攻取的方法，或用大砲轟擊，或是肉搏而上，或用飛機，或挖地道，也不必拘定，總以攻入城內為主。畢業考試，就是考察他攻入沒有。至於進攻的路線，與攻取的方法，應由前敵將士，考察地勢，偵探敵情，自行選擇；當主帥的，只嚴令各將士限期攻入就是了。我對於教育的主張，就是如此。」

有人說：「關於考試的法子，應當討論的地方很多，何故忽略不談？」他說：「考試的法子，自應詳加討論，這是不待說的；施行考試，有種種流弊，也是當然的事。我的意思，是先把考試制確定了，才能討論考試的法子，和救弊的方法。現在考試制尚未確定，故只說明原則，未說到具體的辦法。大體說來，現在學校的考試，僅出簡單題目，既不足以藉此考驗出某些學生的真實學問，又容易使某些學生生出僥倖的心理；將來的考試，問題宜多，時限宜寬，並須採用測驗的方法，以期精密。關於博物理化等科，當羅列標本儀器，令學生詳細說明，實地試驗，如此則考試時，非確有心得的學生，即不能及格，僥倖的弊病，也就無從發生了。不過這仍是一種原則，將來考試制實行時，還須作精密的研討，總以使學生不冤屈，不僥倖，才合乎考試的理想。」

有人說：「考試制，只能考察學生的知識，不能考察學生的操行，施行此制，未免把德育方面拋棄了。」他說：「考試制固然不能改正學生的操行，可是現在學校中的辦法，也不能改正學生的操行。要想學生有良好操行，首先要改變學生不正當的心理。改變心理的方法，在不斷的予以暗示，教師人格高尚，即是一種很好的暗示。耶穌的教理，並非如何精深，是他的人格足以感化人，他的毅力足以轉移人，才造成了全世界無量的信徒。現在的學校內，對於學生的操行，不用耶穌傳教的法子，去行商鞅秉國的政策。並且是秦始皇箝制人民的辦法，所以遇有可乘之隙，學生中有人出來振臂一呼，就應者四起了。全國學潮的根源，就在於此。」

他把以上的種種疑難，一一加以辯解，然後他在文化進步的階段上，又給予考

試制一種評價。他說中國比歐洲開化的早，當然也比歐洲進化得多，我們考察歐洲的社會，如果把近代的物質文明部分除去，單看他的組織法，就可見出他社會進化的程度了。歐洲政治上的許多制度，如徵兵制，如選舉制，中國都曾施行過，後來漸漸進化，那些設施就漸漸棄去，其間蛻化的痕跡，都是彰彰可考，由選舉而變為考試，是進化必經的階段。美國近三十年來，也施行考試制度了。美國的考試制度，和現在各國的考試制度，都是學英國的。英國的考試制度，又是學中國的（見中山先生五權憲法）。歐美正在向著考試制那條路進化，我們反把考試制廢除了，退轉去行選舉制，違反了進化原則，所以選舉省縣議員的時候，就弊病叢生了。

他說：中國的考試制，發源最遠，漢朝對策，固然是考試；其實戰國的遊說，也是一種考試，不過是人君當面口試罷了。我們可以說：戰國重遊說，是考試的起點，後來越久越進化，於是中國的考試制度，就成為世界上最好的制度了，進化較後的歐美，自然要來取法。我們在歷史上，還看出一個進化的痕跡：周初學制，區分為小學中學大學幾個階段，以次遞升，肄業年限，是有定時的，政府用人，自然也是選用畢業生。最奇的，是那種學制剛剛破除，繼之而起的，便是考試制的出現，可見考試制，正是替代那種學制的。所以他主張施行考試，不問肄業年限，不問曾否入校，一律以程度為準。

他說：現在要整頓教育，只有把那中斷了的考試制，繼續施行下去，才能挽救現在的積弊，才能企圖將來的發展，今人一聞「考試」二字，依心理上的聯想作用，就想及八比試帖，認為這個法子，陳腐不堪，其實大錯了，考試是一事，八比試帖是一事，八比試帖可說是腐敗，考試斷不能說是腐敗。現在的學校，如果不教科學，仍教八比試帖，還是腐敗不堪的。可見腐敗與否，全在學科上，不在形式上。有人說：「依你的主張，莫非要把現在的學校一齊廢了嗎？」他說，現在中國的學校，已經有若干年的歷史，那有廢去之理？他是主張學校與私塾，二者並存，願進學校的進學校，願進私塾的進私塾，願自修的聽其自修，統以考試制滙其歸就是了。

他所主張的考試制，經他從各方面加以說明，並且著為專書，由教育廳印發各縣討論，不久便得到教育界的贊同。我們應當知道他對於考試制的一切理論，乃含有他所說的「力學公例」。人類都是求上進的，政府既施行了考試制，准許私塾學生、自修學生、與在校學生，一律參與考試，考試及格，即發給畢業證書，使貧苦有志的青年，也同樣的有了出路。自然他們對於考試制度，即不禁生出嚮往之心，這便是所謂「向心力」的作用。人類又是不願受拘束的，他主張學校中應打破學年制鐘點制，在規定的學科之內，提倡自由研究的精神；同時，除正式學校外，不干

涉私塾的設立，使校外的學生，也可以自由研究，這便是所謂「離心力」的作用。他以為製訂法令制度，定要把路線看得清楚，又要把引力離力二者，支配均勻，才能推行無阻，我國紛亂不已，實由於許多法令制度，違反了天然的規律，引力離力，支配不均。他見全國學校，日趨窳敗，主張徹底改革，擬有幾種辦法，考試制便是其中的一種，每種辦法，都是把引力離力支配均勻的，所以這其間仍適合於「力學公例」。

他主張的考試制度，實在說，就是開放學校。下手從小學開放起，所以就從小學考試起，小學收了效，再開放中學，由是以至於大學。民國十三年暑假，他在富順試辦，中學修業年滿者，方能與試；小學則不分私塾與學校，只要程度及格，即給予畢業證書。這是因為小學考試易辦，中學則較難，各校辦法參差，教科書多不一致，且集合多數學生於一處，一校學生藉故鬧事，勢必波及全體，考試制難免不發生動搖，不如先每校分考，由考試委員酌量辦理，即使一校鬧事，與他校無關。等到考試制基礎穩固了，各中學漸歸劃一了，再舉辦中學會考，仿照小學的辦法，自修生和私塾生，也能參與中學考試了。依此類推，以至於大學，均可藉考試而予以開放。他以為這種辦法，果然能通行全國，在十數年之內，即可為國家多造就許多人才，毫無疑義。十四年二月，四川省署根據他的呈請建議，製定各級學校畢業考試暫行條例，通令辦理，於是各縣就逐漸推行了。我們知道中央頒行的中學會考制，是民國二十三年才實行的，於此可見四川的會考制，幾乎早過中央頒布的法令十年，這不能不歸功於他了。但中央頒行中學會考制時，同時即取消小學會考，於是成都華陽等六十一縣教育局長，以川省小學會考，頗收成效，聯名協請保留此項制度，奉指令姑准再辦一年。二十四年，四川省政府咨教育部，臚舉理由，請予保留，結果又准再辦一年。到了二十五年，各縣遂一律奉令停止小學會考，也未另辦私塾學生的考試，宗吾不禁慨嘆道：「我在川省教育界遺留的痕跡，就算完全肅清了！」不但如此，到了二十七八年之間，竟有好幾省的省政當局，連他所著的考試制之商榷一書也下令禁止起來，至此，則他主張改革教育制度的苦心，不惟無功，反而有罪了！

8・一次試驗，一種計劃

宗吾在省視學的任內，可說是無時無刻不在為教育上想辦法。上面是說他主張考試制的建立，各學程畢業考試，無論是在校的，不在校的，一律准他們參與考試，由政府委派專員，主持此事。但他並非只知重視畢業考試，而不注重平時。平時的考試，他是更為看重的，因此他作了一篇學業成績考察會之計劃，首先請求在他的故鄉自流井試辦——其實自流井也在他的視學區域之內。他設立的學業成績考察會，是約集地方教育界人士，籌備經費，每月彙合在校學生，及私塾自修學生，按照部定科目，會考一次，及格者從優給獎，鼓勵學生的興會；而貧生得獎，更可以繳納學費，或購置書籍，不至因貧廢學。考試科目，及所用教科書，均先期公布，使私塾自修學生，預為肄習。張榜時注明肄業地點，及校長或塾師的姓名，以資比較，使學校與私塾，互相競爭。這是辦法的大概。

此項辦法，是重在提倡私塾，並藉以警覺正式學校。但是還有困難的地方，因為國文國語等科，私塾教師大半能教，其他各科也有能教的；惟有工用藝術、象形藝術、音樂體育等科，如其要考，則私塾一向無此科目，一定考不及格，學生就會絕迹不來，有失提倡私塾的本旨，如其不考，則公家所辦的學校，就會把這些科目拋棄。於是他主張先把這些科目指定範圍，明白宣示。例如第一次考試象形藝術，通告上規定作四個圖，考試時可擇試一圖；工用藝術，規定作兩種物件，音樂規定兩首歌，體操規定某某段，考試時擇試其一，這樣各私塾也就可以按照學習。第二次又另行規定幾種，過了數次之後，把私塾引上路了，通告上又把這些科目改為某科用某種教科書，私塾就不感困難了。同時，還聘有私塾指導員，巡迴指導。考試算學時，並考試珠算，規定用舊式算盤書，取其私塾教師及學生父兄，多能指導，而且便於實用。考試科目，有必考的，有擇考的，可由主考人臨時酌定，不讓學生事先知道。試場外擺列桌子數張，分派教員數人，專司非筆試的考試，如學生交卷出來，即命他在某處打算盤，某處講故事，某處唱歌等等。試卷用彌封，無論及格與否，批閱後一律發還。榜上註明某某先生評閱某科，所以閱卷的先生，也十分認真。每次以平均滿六十分為及格，後來發現一個弊病，有的學生投考幾次，因見榜上無名，就興味索然，不想來考了。因此，他和與事人商量，把那六十分以下的，再擇些出來，列為副取，也略為發獎。如此用錢不多，取錄一批人，這些人回去，一定要用功，想著下次考入正取。這就好像彩票的對尾，凡是買彩票得了對尾的

人，下次還想再買。

經他如此試辦之後，所有自流井一帶的學校私塾的教師學生，無不興奮起來，教者盡心教，學者也努力學。當時有許多人向他說：「你這個法子真好！我們是外行人，不經這一考試，家中的老師究竟好不好，我們怎能知道？」於是教師學生及家庭的心理，就可窺見一般了。他以為教師與學生，不必用法令強迫他，或是派人去督促他，他們自己是知道著急的；但是把學生的競爭心提倡得過高了，於青年的腦力也有妨害，又當隨時告誡教師，使他們注意，他又向坊間去調查，問他們教科書銷售如何？他們都說一連銷去好幾批了，購者還是絡繹不絕，於是他知道私塾是改良了，從教科書銷數的增加，便是經書雜書減少的明證。

當時自流井的教育經費，是很不充足的，各校教員的待遇，自然也很微薄。他便特許各校的小學教師，自由徵收學費，並可仿照先年議學金的辦法，隨家境的貧富，定出錢的多寡，有人說：「教員收費應加以限制吧，否則他們會任意多收的。」他說：只規定極貧的學生免徵一條就是了。他們有錢之家，是擔負得起的，我們何苦替他們儉省，使教師們餓著肚皮去教他們的子弟呢？但是教師徵收學費，他自己也會酌量情形；如果取多了，學生會往私塾去，他校中無人來學，於他是很不利的。他以為教師越認真，來學的越多，教師的收入就越增加，勞力與報酬成正比例，這是一種天然的獎金。公家給教師獎金，還有考核不公的毛病；惟有這種天然獎金，教師如不能得，只有怪自己，不能怪他人，因此，他主張與其籌款獎勵教師，不如籌款獎勵學生，學生得獎，教師得名，教師有了名譽，天然的獎金，即隨之而至。他所主張的成績考察會，正是公家拿錢獎勵學生的，但學生又拿錢去繳納學費，仔細推尋起來，公家的錢還是入於教師之手，不過由學生方面周轉一次罷了。學生想得獎，非認真用功不可；教師想增加收入，非認真教授不可。其實公家出錢是一樣的，但多此一番周折，效果就截然不同了。

他這種成績考察法，是提倡私塾與學校競爭。學校對於私塾，勝之不武，不勝為笑；如果私塾學生，佔了優勝，學校就沒得面子了。學校的教員，報酬雖是微薄，總是得了公家的錢；私塾未得公家一文，而其成績反在學校之上，相形之下，未免太難為情。所以實行這種辦法，各學校是特別戒嚴的，自然成績就好起來。凡當塾師的，只要他的學生考取了，他就要稱贊現行教科書的好處，表彰他自己的本領，這種塾師，也就變成改進教育的勸學員了。假使私塾發達起來，人人都願送子弟入私塾，就不妨把小學教育，讓給私塾去辦。剩下的學款，可以拿來辦平民讀書處，教授力不能入私塾的學生；或是辦師範學校，儲備私塾教師；或是增加每月考試的獎金；或是添設公共實驗所及公共導師。到了這種地步，就無妨承認私塾是小

學教育的主體，公家只是設法補助私塾的不及就是了。

當時四川各縣私塾的數目，大約十倍於初小學校。全縣私塾的學金，和供給先生的伙食費，合計起來，大約也是十倍於全縣初小學校的經費。他以為興設學校，籌款既很困難，私塾中藏有這樣大的一筆款，就該設法使他發生好的作用。學校與私塾的區別：一是照章教授，一是不照章教授。若是想出方法，誘導各私塾，也肯照章教授，這便是平空添了十倍的學校。私塾中藏有巨款，彷彿山中藏有金銀礦一般；如此每月的考試獎金，也不過是開礦的一點費用罷了。因此，可以說，他所舉辦的那個成績考察會，猶如設立一個大規模的小學校，那些私塾，可認為是他們的分校。分校的校舍校具，薪金火食，都由學生自備；惟有舉行月終考試時，學生來本校試驗一次。他從此著想，實覺得用力少而成功多，也可說是用少數的公錢，收到最大的效果。——這是他在自流井舉行「學業成績考察會」的簡要的敘述。

＊

此外，他對於平民教育，也是計劃周詳，當時中華平民教育促進會四川分會，選舉董事，宗吾被選為董事之一。會中希望他發表意見，他便作了一篇推廣平民教育之計劃。那篇文字，可以說是補「考試制之商榷」及「學業成績考察會之計劃」所未及的。

他看到當時有些地方，學校日益退化，私塾日益發達，許多家庭都甘願出錢把子弟送入私塾，以致學生寥寥，有名無實。依他的意見，各地有名無實的那些初級小學，不妨改為平民學校，內容可取私塾的組織，個別教授，有讀整天的，有讀半天的，有讀一二小時的，有來問字的，均可聽其自便。每逢趕場的日期（場、即四川鄉鎮中交易的處所，每隔幾日，人民前往買賣，名曰趕場），教師並可兼負講演的責任。籌措學款，既是非常艱難，即不妨把平民教育、社會教育、通俗教育、及義務教育等項，合為一起辦理。一般貧民，並非不知讀書的好處，實在是為生活所迫，要謀衣食，不能來讀。若是有這樣的一種平民學校：聽人民來去自由，一面謀衣食，一面來讀書，學者不感困難，自然就容易推行了。初級小學的弊病，在分班教授，按鐘點授課；民間早膳午膳，早晚不一，學生來校，自然先後不齊，又學生常常耽誤時間，缺課甚多，也是補不勝補。各家父兄，見課本中有許多未教，就很不滿意，因之把子弟送入私塾，而私塾的組織，恰能彌補這種缺陷，這也是私塾發達的原因之一。所以他主張初級小學的內容應該改組，平民學校也應該改組。通常的平民學校，大半是夜間授課，因為作工的人，到了夜間才得暇；但情形各有不同，白日也有得暇的。如果平民學校的教師，白日夜間都在校內，來學的人就很感便利了。

他以為平民教育，應該擴大辦理，教育一般民眾，不僅僅教不識字的人。吾國人民，除一字不識者外，有讀過一二年書的，有讀過三四年書的，還有些人讀書雖多，對於時局卻茫然不知，其程度是參差不齊的；兼之有男的，有女的，有老的，有少的，有些是有職業的，有些是無職業的，種種情形，也是萬有不齊。因此供給人民所讀的書籍，也應該萬有不齊，方能與他們相應。民間通行的讀物，都是印板書；唱本戲本一類的，他們尤其喜歡看。主持平民教育的機關，就應該順著這種趨勢辦法，多徵集些著作，或白話的，或淺近文言的，都不必拘定，總以富於趣味為主。通行的唱本戲本，字跡非常惡劣；但因為富於趣味，詞句淺顯，只要讀過一兩年書的人就能看，間有不認識的字，也可以意會。因此編著平民讀物的人，或用教科書的體裁，或用戲本小說的體裁，或用勸世文、三字經、四字經、以及其他各種體裁，當應有盡有。更可把外國壓迫我國的情形，諸弱小民族被侵略的事實，和其他應該知道的常識，分別編入，把字跡刻端正些，發交賣唱本戲本的人，沿街售賣，並派人講演。人民縱有不認識的字，有不了解的意義，但有了問難的地方，他們讀起來，一定很有趣味，輾轉傳播，如此人民的程度，自然就培養起來了。

他主張各街宣講「格言」的人，和在茶館內說「評書」的人，應該由教育局把他們召集起來，傳習改良，授給他們一些新知識，把應該供給民眾的讀物，叫他們拿去傳播，講給眾人聽，這等人的語言態度，與街市上的人是一致的，他們說的話，眾人都肯聽；若是上流社會的人去講，反覺得是異言異服了，所說的話，必不能深入人心，這就好比孔子出遊時所發生的一段故事是一樣：當年孔子出遊，他的馬吃了農人的禾苗，農人把馬牽去，孔子叫子貢去要，子貢百般解說，農人堅不肯還；孔子又叫馬夫去要，馬夫幾句話，說得農人歡歡喜喜，就把馬送還了。因為子貢與農人，知識不相等，說的話是隔閡的；馬夫與農人，知識很接近，一說就投機。所以教導民眾，不可不明白這道理。

他以為現在阻礙文化的，就是教科書有版權一事。我們中國，本來是讀書很自由的；改行學校而後，訂出種種法令，有了許多限制，讀書就不自由了。從前無所謂版權，如今所用的教科書，概有版權，人民不能自由翻印，於是購書也不自由了。外縣購置教科書很難，往往有錢也買不到書。他查學所見：有些初小教師，手寫教科書，拿與學生讀的；又有命大學生幫助小學生抄寫的，這就是「版權」二字生出來的現象。有了這種制度存在，教育怎麼能夠普及？所以他提倡平民教育，首先要自編書籍，放棄版權；促進會再徵集各種讀物，加以審查，認為合格，即刻成木板或鉛印，把著者姓名印上，予以名譽上的報酬；把所有書籍的名目，公布出來，各處要購某種，只要寄函到會，會中僱有工人代印，只取紙本，不取工資版

費；如有願翻印的，那就更好了。其刊版的用費，除募集外，並請求公家籌撥巨款；再則勸人捐資刊板，把捐者姓名，附刊版末。果能照此辦法，則歷年越久，存儲的版片越多，各種書籍都有，就與萬有不齊的程度相適應了。

他以為現行學制，處處都是束縛人的，因主張徹底改革。他認為施行教育，應該有三種方式：一、是正式的學校，即現在的小學中學專科大學；二、是私塾，即是現在有一般人，不願把子弟送入學校，願送入私塾，也應該聽其自便。三、是平民學校，有些人不能入學校，又不能入私塾，就設這種平民學校去容納他們。另外再設一個考試制，立於其上，有來應考的，不管他男女老少，只看他的程度，到了某個地步，就發給他某種畢業文憑。如此辦法，才可以多造就些人才。尤其現在的時代，是民眾的勢力，指導民眾，如得其道，自然有很大的利益，如不得其道，發生出來的弊害也是無窮的。所以他希望熱心救國的人，藉平民教育，為指導民眾的機關，使民眾洞明事理，庶可為國家民族盡人民一份子的天職。

9・別有懷抱

我在前面介紹的可以作宗吾一生思想中心的那篇心理與力學，一直到民國十六年，他才肯拿出來交給成都新四川日刊上連續發表，在以前，大家都知道他是講厚黑學的，知道他是為堅決主張施行考試制度幾乎被學生打死的。他雖是對世界風行的學說頗有研究，對解決社會問題頗有獨見，對改革教育制度尤具苦心，即對自身擔任的省視學一職，也是求著如何做到合理的地步；但是這一切一切，當時的人是不能了解他的。他們所揣想他的，必以為此人是詭計多端，否則也是一位玩世不恭者。他查學所到的地方，無不是盡心盡力，去幫助辦學的人解決困難，或是鼓勵他們熱心教育；但得到的報酬，往往是被呈控，被發攻擊的傳單，第一大罪，就是說他講厚黑學。由此而推演下去，便說，他既是提倡面厚心黑，他自己必首先是面厚心黑，他既是面厚心黑，更何事而不可為呢？於是由第一罪狀，而第二罪狀，……以至於十大罪狀，是不難羅織成的。大概這些可笑的情形，如今四川省府和教育廳還有案可稽吧。但自他的心理與力學發表以後，一般知識界的人士，就對他忽然改

觀了。同時在這一年中，他把歷年來經研究所得寫出的文字，刊印一單行本，叫做「宗吾臆談」，臆談者，只是他自己的一種臆說，不敢說是定理，讓學術界及社會人士給他一種嚴厲的批評；但很少是對他不佩服，不心折，而更有若何訾議的。那本書所收入的文字，除已經差不多算是定本的厚黑學外，更有我對於聖人之懷疑、心理與力學、解決社會問題之我見、考試制度之商榷、學業成績考察會之計劃、推廣平民教育之計劃若干專論。關於前兩種的要點，我已寫入厚黑教主別傳中，不再贅述。以下各篇的要點，就是我在以上各章中業已介紹了的。其中心理與力學、和解決社會問題之我見，後來都加以研究擴充，刊為專書，流傳於世。前者幾經修正，直到他臨死的前一年（三十一年），才算成為定本。後者於修正後，改名為「社會問題之商権」，這書他自己並不十分滿意，所以在他臨死的前二年，更寫了一篇專論改革政治經濟之我見，來替代此書。考試制之商権，後來也略加修正，刊為專書流行。可以說，民國十六年，才是整個李宗吾的社會人士正式揭幕的一年。

這時他已是近五十歲的人了，平日體質又不甚健康，省視學的職務，是終年奔波勞碌的，計他自民國十年再任省視學，算來已六七年了，很可找個機會休息一下，她自問對於教育上的意見，可說是貢獻的已不算少；假使全省的教育界人士，上下調協，採納他貢獻的種種方案，一齊動員起來，文盲的掃除，中小教育的發展，必是不難實現的。就是單照他在自流井試行的學業成績考察辦法，各縣一齊仿行起來，也是很容易做到教育普及的，他肯出而再任省視學的目的，也無非是藉著身在其位，即可以謀其政，庶乎可以把他的教育意見貢獻出來，讓大家由研究而至於實施。尤其主要的，他以為閉門造車，固然是不能合轍；但完全模仿歐美的辦法，也未必適合於國情。因此，他也要藉著這視學的職務，可以到各地去考察現行教育的實際情形，何者宜提倡，何者宜改革，何者立刻即辦，何者逐漸進行，然後再即此時此地的需要，來決定教育上的實施方案。所以我在前面所列舉他的種種主張，種種辦法，既不中，又不西，既不守舊，又不趨新；也可以說是亦中亦西，亦舊亦新；這正可反映中國教育在過渡時期的實際需要來，因為他的主張和辦法，不是由「閉門造車」得來的，也不是由模仿歐美得來的，就憑他在教育上的一些貢獻，一段努力，或竟說是一種功績，也應讓他略資休息了。

適逢他的許多著作，正在他想要倦勤的時候公表於世，突然惹起了各界的重視，於是這方面也要拉他，那方面也要爭他，都被他一概謝絕。可是他的謝絕，並不是自高身價，也不是沽名釣譽；他是看到世事不可為了，自問沒有力量出來擔當大任，甚且在現實政治的漩渦中，即想潔身自好也是很難保持的。他自民國初年，即已絕意政途，如萬不得已，出任政治上的工作，也只有請求擔任低級的職務，這

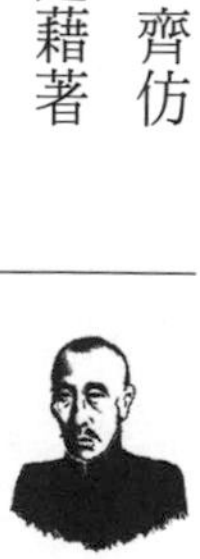

層我在前面已是敘述過了。在這方面說，他的心理，實在和人家不同：人家做官，是願意越做越大；他做官，是願意越做越小。在另一種意義上說，他這種態度，是消極的，不革命的；但是他孤掌難鳴，當年志同道合的朋友，大半都死去了，黑暗勢力越來越大，所以他自忖爝火之光，是不易衝破黑暗的。他早已看慣各省軍閥們的全武行帶打，更看慣四川一省的蠻觸相爭，這些英雄好漢們，看起來是劍拔弩張，有不可一世之概，其實對國家的興建上，是消極而又消極，破壞而又破壞的。至於舉國的政治人物：有的則惟恐天下不亂，藉以朝秦暮楚；有的則托庇在槍桿之下，足以逞快一時；此外則「滔滔者，天下皆是也」。只因他看慣了這些現象，所以才有「厚黑學」的出世。「厚黑學」出世了，他也只有退出局外，冷眼作壁上觀了。但他對於人民大眾，青年學子，依然是不失望的，所以才有十餘年來在教育上的一番努力。他在這種培養國本的事業中，不惜被挨打，被控告，被發傳單，他仍是興致勃勃的幹去，一直到他在教育上的主張和辦法，統統貢獻出來為止。

自民國十六年至二十三年，他先後充任劉文輝劉湘部中的顧問及編纂委員；自二十四年至二十七年，又改任省府的政聞編審委員。我們看他數十年來的作人、為學、以及平日的抱負，他豈是想藉著一時顯赫的軍人有所貪圖嗎？古來的高士，原有隱於朝，隱於市，隱於山林的不同。隱於山林的人，多半是矯俗立異，自高而卑人，還有「身處江湖之上，而心在廊廟之中」的，這等人可說是隱而不隱；隱於市的人，那是願意「和光同塵」，既不矯俗，也不立異，但他過去的一段生平，總不能為眾人所忘，這等人，仍可說是隱而不隱；惟有隱於朝的人，是謂之真隱。

他那時也不願交朋友，只和幾個潔身自愛的熟人，還有來往，經常是獨自一人，坐坐茶館，遊遊公園的，聽當時的成都人談：宗吾在茶館中，往往一坐半天，閉目凝神，似乎在作遐想。也不知他想些什麼。有時在公園中的樹蔭遮蔽處，獨自一人在散步，見有熟人來，則好似不經意的掩藏起來，真是遊魂般的生活。據我所知：他那時似乎有一位好友，就是全國聞名的「姑姑筵」餐館的老闆兼廚師黃敬臨老先生，此人真可說是隱於「庖刀」者，不信，有宗吾為他撰的食譜序為證：

> 我有個六十二歲的老學生黃敬臨，他要求入厚黑廟配享，我業已允許把他寫入厚黑叢話。大家想還記得，他在成都百花潭側，開一「姑姑筵」，備具極精美的殽饌，招徠顧主，大家或許照顧過。昨日我到他公館，見他正在凝神靜氣，楷書資治通鑑，詫異道：「你怎麼幹這等事？」他說：「我自四十八歲以後，即誓志寫書，已手寫十三經一遍，補寫新舊唐書合鈔，李善注文選，相臺禮記，坡門唱和集各一遍；現在打算再寫一部資治通鑑，以完夙願。」我說：「你這種主意就錯了！你從前歷任射洪，巫溪，滎經等縣知事，我遊跡所至，

詢之人民，你的政聲很好，以為你一定在官場努力，幹一番驚人的事業；歸而詢知你退為庖師，自食其力，不禁大讚曰：真吾徒也！特許入厚黑廟配享，不料你在幹這等生活？須知古今幹這一類生活的人，車載斗量，有你插足之地嗎？庖師是你的特別專長，棄其所長而與人爭勝負，何苦乃爾！鄙人所長者是厚黑學，故專講厚黑學；你所長者是庖師，不如把所寫十三經文選與夫資治通鑑等等，一火而焚之，撰一部食譜，倒還是不朽的盛業。」

敬臨聞言，頗以為然，說道：「往年在成都省立女子師範，充任烹飪教師，曾分：薰，蒸，烘，爆，烤，醬，炸，滷，煎，糟十門，教授學生，今打算就此十門，條分縷析，作為一種教科書，但茲事體大，苦無暇晷，奈何！」我說：「你又太拘了，何必一做就想做完善。我為你計，每日高興時，任寫一二段，以隨筆體裁出之，積久成帙，有暇再把他分出門類；如不暇，既有底本，他日也有人替你整理。倘不及早寫出，將來老病侵尋，雖欲寫而力有不能，悔之何及！」敬臨深感余言，乃著手寫去。

敬臨的烹飪學，可稱家學淵源。他的祖父，由江西宦遊到川，精於治饌，為其子聘婦，非精烹飪者不合選。聞陳氏女在室，能製鹹菜三百餘種，乃聘之，這便是敬臨的母親。於是以黃陳兩家烹飪法治為一爐。清末，敬臨宦遊北京，慈禧后賞以四品銜，供職光祿寺三載，復以天廚之味，融合南北之味，敬臨之於烹飪，真可謂集大成者矣。有此絕藝，自己乃不甚重視，不以之公諸世而傳諸後，不亦大可惜乎？敬臨勉乎哉！

古者有功德於民則祀之。我嘗笑：孔廟中七十子之徒，中間一二十人有言行可述者外，其大半則姓名亦在若有若無之間，遑論功德？徒以依附孔子末光，高坐吃冷豬肉，亦可謂僭且濫矣。敬臨撰食譜嘉惠後人，有此功德，自足廟食千秋。生前具美饌以食人，死後人具美饌以祀之，此固報施之至平，正不必依附厚黑教主，而始可不朽也。人貴自立，敬臨勉乎哉！

孔子平日飯蔬飲水，後人以其不講殽饌，至今以冷豬肉祀之，腥臭不可嚮邇。他日厚黑廟中，有敬臨配享，後人不敢不以美饌進。吾可傲於眾曰：吾門有敬臨，冷豬肉可不入於口矣！是為序。

民國二十四年十二月六日李宗吾於成都。

由宗吾這篇文字看來，敬臨非一當代的奇人而何？他曾蒙慈禧太后的賞識，曾歷任各縣的知事，而且政聲很好；忽然由士大夫階級，一退而為廚師，若不是別具懷抱的人，可以斷言他萬萬不能，他作了廚師以後，竟於事務之暇，一連楷書十五

年的古籍，而猶不中輟，這種修養工夫，更不是常人所能及的了。計他所抄各書，如連資治通鑑已抄完的話，當不下數千萬言。

以這樣具有毅力的人物，在過去又有政治上的經驗，倘若出而為國家社會作任何的事業，還怕沒有成績嗎？但他甘心退而開飯館，為廚師，這不能說與時代環境沒有關係吧。宗吾不結交王公大人，不和趨炎附勢的世人為友，獨對敬臨大為賞識，一隱於朝，一隱於市，真可謂無獨有偶了！

宗吾在那幾年中，身子是清閒的，但腦子決不是清閒的。他天天在研究，天天在思考。他繼續研究他的心理與力學，研究社會科學，研究中國學術，研究民主政治等等。當中央定期召開國民大會時，他又研究制定憲法問題；抗戰軍興，他更草擬抗日計劃。他在茶館中閉目凝神，在公園內獨步徘徊，正是思考他研究的種種問題。不知他幾經醞釀，才又寫出了以下的文字：

（一）厚黑叢話，刊為單行本；（二）中國學術之趨勢，刊為單行本；（三）達爾文學說之修正、克魯泡特金學說之修正、經濟政治外交三者應採用合力主義，這三篇是心理與力學一書的補充，合刊單行本；（四）制憲私議、抗日計劃之商榷，合刊單行本，書名為制憲與抗日。這是他在十年清閒的歲月中，另一階段的大收穫。我想在以下的各章中，將他這些作品的內容，扼要的介紹出來。

10．厚黑學變質了

宗吾所講的厚黑學，原分前後兩期。前期的厚黑學，是從暴露人類的罪惡方面立論，是摘奸發伏的一種看法，是官場現形的內在原理，其立論的方式，可說是「反話正說」，不惜自居為厚黑教主，而以己身擔當了天下人的罪惡。後期的厚黑學，是從鼓勵人類的行為向善良方面發展立論，他把「厚」字解釋成「忍辱負重」，把「黑」字解釋成「剛毅果斷」，可說是「借題發揮」，厚黑學到了後期，雖是襲用原來的名詞，但已可說是有些變質了。這種變質的原因，想是他覺得前期的說法，得罪了社會，受到了許多的非議，雖是把面厚心黑的罪惡自己擔當了起來，但是社會人士總不免有些心驚，所以在一般的輿論上，依然是不肯饒恕他的。他受不住輿論的攻擊，於是就與社會妥協了，這當是厚黑學變質的一種原因。其次，他最初是相信「性惡論」的，自從他打破了性善性惡的偏見，發現了「心理變化是循力學規律而行」的，於是便決定一種力量，只看它發展的方向如何，才可以斷定它的價值；厚黑的行為，根於心理的變化，所以厚黑的價值，也全視其發展的

方向而定。當年謝綬青為厚黑學作的跋語說：「厚黑學如利刃然，用以誅叛逆則善，再以屠良民則惡，善與惡何關於刃？」此種看法，到後來他是承認了的，所以他對「厚黑」二字的詮釋，也不能不隨著改變。再則他對於張列五「權術公開」的主張，是深深服膺的；施行厚黑，如果是一種權術，在施行過後，必須能公開出來的，才不是罪過。有此幾種原因，厚黑學的變質，是理所當然的。因此，厚黑學當有三種看法：一是「做得說不得」，一是「說得做不得」，一是「做得也說得」。古今來的大奸巨惡，以及世上一般壞心腸不要臉的人，是實行的第一種；宗吾自發表厚黑學以後，便時時避免做出丟德喪行之事，是實行的第二種；到了後來，他才覺得施行厚黑也不妨，只看你的動機如何，效果如何，這便進入第三種看法了。

於是他很鄭重的說道：『就人格言之，我們可下一公例曰：「用厚黑以圖謀一己之私利，越厚黑，人格越卑污；用厚黑以圖謀眾人之公利，越厚黑，人格越高尚。」就成敗言之，我們可下一公例曰：「用厚黑以圖謀一己之私利，越厚黑，越失敗；用厚黑以圖謀眾人之公利，越厚黑，越成功。」何以故呢？凡人皆以「我」為本位，為我之心，根於天性，用厚黑以圖謀一己之私利，勢必妨害他人之私利，越厚黑則妨害於人者越多，以一人之身，敵千萬人之身，焉得不失敗？人人既以私利為重，我用厚黑以圖謀公利，即是替千萬人圖謀私利，替他們行使厚黑，自然得千萬人之贊助，所以必能成功，我是眾人中的一份子，眾人得利，我當然也得利，不言私利而私利自在其中了。從道德方面說，攘奪他人之私利，以為我有，是為盜竊行為，故越厚樸，人格越卑污。若用厚黑以圖謀眾人之公利，則是犧牲我的臉，犧牲我的心，以救濟世人，視人之餓，猶己之餓，視人之溺，猶己之溺，此即所謂「我不入地獄，誰入地獄。」的精神，故越厚黑，人格越高尚。』

他曾舉胡林翼的故事為例：胡林翼曾說：「只要有利於國，就是頑鈍無恥的事我都幹。」相傳林翼為湖北巡撫時，官文為總督，有一天，是總督夫人的生日，藩台去拜壽，手本已經拿上去了，才知道是如夫人的生日。立將手本索回，折身轉去，其他各官，也隨之而去了。不久，林翼到來，有人告知此事，他聽了，伸出大拇指道：「好藩台！好藩台！」但他說畢，即取出手本遞上去，自己竟紅頂花翎的進去拜壽；眾官聽說巡撫也來拜壽，又紛紛的轉回了。次日，官妾來巡撫衙門回謝，林翼就請他母親好好招待，官妾竟拜胡母為乾娘，林翼為乾哥哥。此後，林翼在軍事上有應該與總督會商的事，就請乾妹妹從中疏通；官文稍有遲疑，其妾便聒耳說道：「你的本事，比胡大哥差得多，你還是依他的話去做就是了。」因此，林翼辦事，非常順手；官胡交歡，關係滿清中興甚大。試想林翼肯幹此等事，他的臉皮真算是厚了；但眾人不惟不說他卑鄙，反引為美談，何以故？心在國家故。

他又舉徐階的故事為例：嚴世蕃是明朝的大奸臣，後來皇帝把他下在獄中。眾臣合擬了一個奏摺，歷數世蕃的罪狀，如殺忠臣楊椒山沈鍊等等，把稿子拿給宰相徐階去看。徐階看了就問道：「你們是想殺他，還是想放他呢？」眾人說：「當然想殺他！」徐階說：「這奏摺一上去，我敢斷定皇上立即把他放出來！何以故呢？世蕃殺這些人，都是巧取上意，使皇上自動的要殺他們；此摺上去，皇上就會說：殺這些人明明是我的意思，怎麼誣在世蕃的身上呢？這樣，豈不立把世蕃放出嗎？」眾人問：「如何辦才好呢？」徐階說：「現在皇上最恨的是倭寇，就說他私通倭寇好了。」於是徐階關著門把摺子改了遞上去。在先，世蕃在獄中探得眾人奏摺的內容，就對親信人說：「你們不必擔憂，不幾天我就出去了。」後來摺子發下，說他私通倭寇，世蕃大驚道：「完了！完了！」果然把他殺死。試想世蕃罪大惡極，誠然該殺，但不曾私通倭寇，可謂死非其罪。徐階設此毒計，他的心腸可說是黑極了；但後人都稱他為有智謀，不說他陰毒，何以故？為國家除害故。

因此他在這時極力提倡「厚黑救國」，尤其當著國際形勢日趨惡化而不講信用不顧正義的時候。他最愛舉的例子，是越王勾踐的故事，他說：『厚黑救國，古有行之者，越王勾踐是也。會稽之敗，勾踐自請身為吳王之臣，妻入吳宮為妾，這是「厚」字訣。後來舉兵破吳，吳王遣人痛哭乞情，甘願身為臣，妻為妾，勾踐毫不鬆手，非把他置之死地不可，這是「黑」字訣。由此知厚黑救國，其程序是先之以厚，繼之以黑，勾踐往事，很可供我們的參考。』除此以外，他更列舉太公的佐周伐殷，管仲的尊王攘夷，蘇秦的合從六國，張良的扶漢滅楚，以及近代國際上的勾心鬥角，無一不是實行厚黑，他都不憚煩瑣的引證說明。於是他不辭以厚黑教主的資格，向四萬萬人宣言道：『勾踐何人也，……予何人也，凡我同志，快快的厚黑起來吧！何者是同志？心思才力，用於抵抗列強者，即是同志。何者是異黨？心思才力，用於傾陷國人者，即是異黨。』因此他大聲疾呼的提倡「團結禦侮」，譬之射箭，精研厚黑學，就是練習射箭。從前是關著門，父子兄弟，你射我，我射你；現在應當以列強——尤其是日本為箭垜子，四萬萬支箭支支都同一的箭垜子射去，才有得救的希望。他所說的「厚黑救國」，便是如此。

他說他把各國外交使，研究了多年，才把列強對外的祕訣，發現出來。其方式不外兩種：一是劫賊式，一是娼妓式。他們時而橫不依理，用武力掠奪，等於劫賊的明火搶劫，是謂劫賊式的外交。時而甜言蜜語，曲結歡心，等於娼妓的媚客；結的盟約，毫不生效，等於娼妓的山盟海誓，是謂娼妓式的外交。

當時有人問他：日本以何者立國？他答道：以厚黑立國。娼妓之面最厚，劫賊之心最黑，大概日本軍閥的舉動，是劫賊式，外交官的言論，是娼妓式。劫賊式之

後，繼以娼妓式，娼妓式之後，繼以劫賊式，二者循環互用，而我國就吃不消了。但娼妓之面固厚，而毀棄盟誓，則是厚中有黑；劫賊之心固黑，而不顧唾罵，則又是黑中有厚。他一面用武力掠奪我們土地，一面又高談中日親善，娼妓與劫賊融合為一，是之謂大和魂。

又問：我國當以何者自救？他答道：當以厚黑自救。即是日本以厚字來，我以黑字應之，日本以黑字來，我以厚字應之。譬如娼妓豔裝而來，我即開門納之，但纏頭費絲毫不出，如果服侍不周，把她衣飾剝了，逐出門去，這便是以黑字破其厚。日本橫不依理，以武力壓迫，我們就用張良的法子來對付，張良圯上受書，老人種種作用，無非教他面皮厚罷了；楚漢戰爭，高祖用張良計策，睢水之戰敗了，整兵又來，滎陽成臯敗了，整兵又來，卒把項羽逼死烏江。若用這個法子對付日本，便是以厚字破其黑。厚黑與救國融合為一，是之謂中國魂。

他在後期大談其厚黑學時，是在九一八以後，見日本侵華益急，吾國岌岌可危：當時所謂國際聯盟者，無非是列強討論分贓的一種機關。他們對於弱小民族，可說是「閻王不嫌鬼瘦」的；況且像中國這樣「弱而不小」的國家，還更足以惹動列強的垂涎呢！國際間的假仁假義，萬不可輕於信賴；只要有國際的存在，厚黑學便是自救自存的至寶，一切國際上好聽的名詞，都是騙死人不償命的。

他把戰國時代國際情勢，和二十世紀的國際情勢，都加以詳細的分析，越法證明了這種道理。請看他拆穿第一次世界大戰後巴黎和會上的一幕吧——

他說，美國參戰之初，威爾遜提出十四條原則，主張「民族自決」，可說是弱小民族的一種福音。當巴黎和會初開時，全世界的弱小民族，把威爾遜當作救世主一般，以為他們的痛苦，可以在和會上解除了；哪知英國的路易喬治，法國的克利滿梭，都是精研厚黑學的人，而克利滿梭，綽號「母老虎」，尤為兇悍。他初聞威爾遜鼎鼎大名，還有些畏懼？及至見面以後，才知黔驢無技，就時時奚落他，甚至說道：「上帝只有十條誡，你今提出十四條，比上帝的還多了四條，只好拿到天國去行使吧！」威爾遜聽了，也只好忍受。後來義大利全權代表下旗歸國，日本全權代表也要下旗歸國，就把威爾遜嚇慌了，於是俯首帖耳，接受了他們的要求，而「民族自決」的問題，遂成泡影。

他說，假使他是威爾遜的話，他就裝癡賣呆，聽憑他們奚落，坐在和會席上，一言不發，直待義大利和日本的代表退席之後，就猝然站起來，大拍桌子道：『你們要這樣幹嗎？我當初提出十四條原則，主張民族自決，經你們認可，我美國才參戰；而今你們竟這樣幹，使我失信於美國人民，失信於全世界弱小民族，那麼我只好領率全世界弱小民族，向你們英法日義決一死戰，才可見諒於天下後世。你「母

老虎」說我這十四條應拿到天國去行使，你看我於短短的時間，要用鮮血染紅這個地球，就從這鮮血中，現出一個天國來，給你母老虎看看！』說畢，立刻退出和會，就用厚黑學中所謂「辦事二妙法」中的「敲鍋法」，把鍋敲破了再說。三十分鐘內，通電全世界，叫所有弱小民族，一致起來，對列強反戈相向，由美國指揮作戰，這樣一來，請問英法敢開戰嗎？因為當時的情勢是這樣的：德國的戰鬥力並未損失，他所感痛苦的，是食糧被列強封鎖了，只要接濟他的食糧，單是一個德國，已夠英法對付。再則大戰之初；英法答應殖民地許多權利，弱小民族才拋棄舊日嫌怨，一致贊助，印度的甘地，還叫他的黨徒，幫助英國，他們如此作為，原想大戰結束，可以抬頭：哪知堂堂的和會席上，列強竟自食其言！弱小民族，正在含血噴天，有了威爾遜這樣的主張，他們在戰地上，還有不立即倒戈的嗎？況且美國是生力軍，國家又富，英法已是精疲力倦，如果實行開戰，可斷定在一星期之內，即把英法打得落花流水。這樣的情勢，試問英法敢打嗎？如果請求不打，除非十四原則，條條實行，並須加點利息，格外再增兩條。何以故呢？因為你英法諸國，素無信義，明明是承認了的條件，還要翻悔，所以十四條之外，非增兩條以資保障不可。威爾遜果肯這樣幹去。難道「民族自決」的主張，還怕不能實現嗎？無奈威爾遜一見義日兩國的代表下旗歸國，手忙腳亂起來，就用「鋸箭法」了事，竟把千載一時的機會失去，豈不可惜！不久，箭頭在裡面陸續發作，我國東北四省，無端失去，阿比西尼亞（衣索比亞），也無端遭受義大利的摧殘，而世界第二次大戰，就不得不爆發了。凡此種種，都是由於威爾遜在和會席上，少了拍桌子之故。

接著他又分析下去：上述的辦法，以威爾遜的學識，難道見不到嗎？就算威爾遜是個書呆子，不懂得厚黑的道理；但同著威爾遜赴會的，有那麼多的專門人才，那麼多的外交家，一個個都是在厚黑場中來來往往的人物，難道這種粗淺的厚黑技術也不懂得嗎？於是他下一判斷說：他們懂是懂得的，只是不肯這樣幹呢！其原因，就是弱小民族是被壓迫者，美國是壓迫者之一，根本上有了這種大矛盾在。日本是精研厚黑學的，他窺破威爾遜有些弱點，就在和會上提出「人種平等」一案，朝著他的弱點攻去，意思是說：「你會唱高調，我唱的高調，比你更高！」這本是厚黑學的妙用，果然把威爾遜制住了。然而威爾遜竟是天賣聰明的人，他是深懂得厚黑哲理的。他明知「民族自決」的主張，為列強所不許，也為本國所不許：但不妨大吹大擂起來，鬧得舉世震驚，這即是厚黑學中所說的「敲鍋法」。先把鍋的裂痕，敲得長長的，乘勢大出風頭；及至義大利和日本的代表，要下旗歸國，他就馬馬虎虎了事，這即是厚黑學中所說的「鋸箭法」。有此一著，威爾遜可以昭告世界曰：「民族自決之主張，其所以不能貫徹者，非我不盡力也，其奈環境不許何！其

奈英法義日之不贊成何！」這就好像外科醫生對人說道：「我之只鋸箭桿，而不取箭頭者，非外科醫生不盡力也，其奈內科醫生袖手旁觀何！」

他繼此而再事追究：威爾遜是個老教書匠出身，是一個書呆子，何以懂得敲鍋法鋸箭法呢？經他多方考察，才知他背後站有一位軍師豪斯大佐，是著名的陰謀家，是威爾遜的靈魂。威爾遜得被選為總統，他出力最多；威爾遜的閣員，大半是由他推薦的。所有美國絕交參戰啦，山東問題啦，都是此公的主張，他專門唱後臺戲，威爾遜不過是登臺的傀儡罷了。但威爾遜之聽信此公，等於劉邦之聽信張良。我們既承認劉邦為厚黑聖人，就呼威爾遜為厚黑聖人亦非過譽。一般人都以為威爾遜在巴黎和會上是失敗了的；殊不知他的失敗，正是他的成功。他當美國第二十八代的總統，試問從前二十七位總統，彰彰在人耳目的，究有幾位？恐怕除了華盛頓林肯二人鼎鼎大名而外，就要推威爾遜了。任人如何批評，他總算是歷史上的有名人物。問其何修而得此？無非是善用敲鍋法鋸箭法罷了。假使他不懂點厚黑學，不過混在從前的二十幾位總統中間，姓名若有若無，威爾遜三字安得赫赫在人耳目？由此知厚黑學的功用：成則建千古不朽的偉業，敗亦可留大名於宇宙的

宗吾對於列強的對策，是主張組織「弱小民族聯盟」的。他說當時的巴黎和會，聚世界厚黑家於一堂，鈎心鬥角，彷彿一群拳術家，在擂臺上較技，我們站在

臺下，已經看得清清楚楚，當用何種拳法才能破他們，但是臺上人反漠然不覺。當初威爾遜提出「民族自決」的主張，大得弱小民族的歡迎，而深為英法日義所不喜，足知「民族自決」四字，可以擊中列強的要害。及至日本提出「人種平等」案，威爾遜就啞口無言，而「民族自決」案，也無形打消，足知「人種平等」四字，又可擊中歐美人的要害。似此，我國如出來提倡「弱小民族聯盟」，把威爾遜的「民族自決」案，和日本的「人種平等」案，合一爐而冶之，豈不更足以擊中他們的要害嗎？

宗吾關於「厚黑救國」的言論，在這裡是說不完的。此外，他更談到思想的獨立，談到「厚黑」的面面觀，談到他作書的文體，談到許多好友的種種情事。這些妙趣橫生的文字，從二十四年八月一日起，在成都華西日報上，每天發表一二段，積若干字即刊印一冊，至次年五月，共刊印三冊，以後又加以增刪，即為合訂本，這便是他有名的厚黑叢話。這叢話，他本想無限止的繼續寫下去，將他的觀察所及，無論是上天下地，物理人情，統統用隨筆式的體裁把他寫出來；不意正在按日發表的時候，四川省政府突然奉到中央的命令：「嚴予禁止，以遏亂萌！」於是厚黑叢話就只得中斷了。但只就發表的部分看來，已是巒峰重重，群壑競秀，五光十色，令人目不暇給的。他在前期發表的厚黑傳習錄，是記載他與眾人的談話；此次的叢話，是把傳習錄的範圍擴大了，內容包括四種：（一）厚黑史觀，（二）厚黑哲理，（三）厚黑學的應用，（四）厚黑學發明史。其立論的方式，完全是自由的，想說什麼，就說什麼，口中如何說，筆下就如何寫。或談古事，或談時局，或談學術，或追述平生瑣事，高興時就寫，不高興就不寫，或長長的寫一篇，或短短的寫幾句，或概括的說，或具體的說，總是隨其興之所至，不願受任何的拘束。他寫這些文字的時候，如引用某事，或某種學說，而案頭適無此書，就用蘇東坡「想當然耳」的辦法，依稀恍惚的寫去，以免打斷興趣。這好比莊子的寓言：是他心中有一種見解，特借鯤鵬野馬，漁父盜跖來立論，只求把胸中所見表達出來；至於鯤鵬野馬是否有此物，漁父盜跖是否有此人，他是一概不問。

他是主張思想獨立的人，所以他說：『宇宙真理，明明是擺在我們的面前，我們自己可以直接去研究，無須請人替我研究。古今的哲學家，乃是我和真理中間的介紹人，他們所介紹的，有無錯誤，不得而知，應該離開他們的說法，直接去研究一番才是。』有一個朋友，曾讀到他叢話中的文字，就對他說：『這些問題，東西洋哲學家，討論的很多，未見你引用；並且學術上的專名詞，你也很少用；可見你平時對於這些學說，還是欠研究的。』哪想他聽了這話，也不答辯，反把平日所作的文字檢出來，凡引有哲學家的名字，及學術上的專名詞，竟盡量刪去。如果名詞不夠用，他就自行杜撰，直抒胸臆，一空依傍。偶爾引有古今人的學說，總是用自己的斗秤，去衡量古今的學說；不是用古今人的斗秤，來衡量自己的學說。換言之，乃是他去審判古今的哲學家，不是古今的哲學家來審判他。因此，他常對人說：『中國從前的讀書人，一開口就是詩云書云，孔子曰，孟子曰；戊戌政變以後，一開口就是達爾文曰，盧梭曰；後來又添些杜威曰，羅素曰，馬克斯曰：純是以他人的思想為思想。究竟宇宙真理是怎樣，自己也不伸頭去窺察一下，未免過於懶惰了！假如駁我的人，引了一句孔子曰或孟子曰，即是以孔子孟子為審判官，以四書五經為新刑律，叫我來案候審；引了一句達爾文諸人曰，即是以達爾文諸人為審判官，以他們的著作為新刑律，叫我來案候審。像這樣的審判，我是絕對不到案的。』有人問他道：『要誰人才能審判你呢？』他說：『你就可以審判我。以你自己的心為審判官，以眼前的事實為新刑律，例如說道：李宗吾，據你這樣說，何以我昨日看見一個人做的事不是這樣？今日看見一隻狗也不是這樣？可見你說的道理不確實吧。如果能夠這樣的判斷，我任是輸到何種地步，都要與你立一個鐵面無私的德政碑。』他這種獨立自由的意思，充滿了他的厚黑叢話中。但他並不是野馬狂奔，卻有他一定的觀點和原理，那便是他本店自造的「厚黑史觀」和「厚黑哲理」。請看他自己的說明吧：

我們用厚黑史觀去看社會，社會就成為透明體，既把社會真相看出，就可想出改良社會的辦法，我對於經濟、政治、外交、與夫學制等等，都有一種主張，而此種主張，皆基於我所謂厚黑哲理。我這部叢話，可說是拉雜極了，彷佛是一座大山，滿山的昆蟲鳥獸，草木土石等等，是極不規則的；惟其不規則，才是天然的狀態。如果把他整理得釐然秩然，極有規則，就成為公園的形式，好固然是好，然而參加了人工，非復此山的本來面目了。我把胸中的見解，好好歹歹，和盤託出，使山的全體顯現，有志斯道者，加以整理，不足者補充之，冗蕪者刪削之，錯誤者改正之。開闢成公園也好；在山上採取木石。另建一處房子也好；抑或提幾個雀兒，採些花草，拿回家中賞玩也好；如能大規模的開採礦物，則更好。再不然，在山上挖點藥去醫病，撿點牛犬糞去肥田，也未嘗不好。我發明厚黑學，猶如瓦特發明蒸汽，後人拿去紡紗織布也好，行駛輪船火車也好，開辦任何工業都好。我講的厚黑哲理，也是無施不可，深者見深，淺者見淺。有能得我之一體，引而伸之，就可獨成一派，孔教分許多派，佛教分許多派，將來我這厚黑教，也要分許多派。

II・滿腹經綸

宗吾本著他所倡的「合力主義」，曾寫了一篇解決社會問題之我見，於十六年刊入宗吾臆談，十八年擴大為單行本，名為社會問題之商榷。二十六年，政府定期於十一月十二日召開國民代表大會，制定憲法，他便寫了一篇制憲私議，從六月二十九日起。逐日在成都華西日報發表。繼此文之後，他正想寫一篇外交私議時，而七七事變突起，他就改寫了一篇抗日計劃之商榷，亦在華西日報連續登載。這兩篇文字，即於是年九月合刊一冊，名為制憲與抗日，關於制憲部分，他特別注重經濟與政治兩項，也可說是他研究社會問題的一種結論。關於抗日部分，除了抗日計劃外，更涉及外交問題和民族問題等等。今先將制憲私議的要點介紹於下：

他以為規畫國家大計，猶如建築一個大房子一般，須有全部計劃，先把圖樣繪出來，然後才可按照圖樣逐步興建，倘若沒有全部計畫，隨便建築幾間來住，人口添多了，又隨便添築幾間，人口再多，就再添築，結果必是雜亂無章，擁擠不堪。要想繼續住下去，無如人口太多，實在擠不下；要想拆除另築，那就費事太大了。

西洋的資十帝國主義，就是犯了這個毛病。因此，我們此次制憲應當仔細斟酌，不能照抄歐美憲法，瞎子跟著瞎子走，一齊跌入陷坑。

規畫國家大計，目光至少要看到五百年以後，斷不能為數十年計，或一二百年計。斯密士著原富一書。缺乏此種目光，行之未及百年，即弊害百出，種下社會革命的禍胎，由資本主義的盛行，釀成世界第一次大戰，跟著又要第二次大戰。假使他的目光，能注意到今日，或許不至倡出那種說法。孔子禮運大同之說，目光注及數千年後，而下手則從小康做起，這即是先把全部房子式樣繪出，一步一步的建築，孔子死了二千多年，他理想的世界，尚未出現，其學說的價值，不惟不因之而損，反愈見其偉大。他懸出一種目標。數千年俱走不到，於是數千年以後的人俱有路可走，不像斯密士、達爾文諸人的學說，行了數十年，百十年，即無路可走，處處碰壁，非打仗不可，而且打了仗還是不能解決。所以我國此次制憲，須有遠大的計劃，即使中間有幾部分一時不能實行；但既垂為憲法，定出了目標，大家望著走去，步法才不至紊亂，才不至彼此相碰。

先談政治方面：他以為要行民主共和制，辦法很簡單，只消把真正君主專制國的辦法，打一個顛倒，就成為真正的民主共和國了。君主專制國，是一個人做皇帝；我們行民主共和制，是四萬萬五千萬人做皇帝，把一個皇帝權，剖成四萬萬五千萬塊，合夥做一個皇帝，現在就要研究這每塊皇帝權如何行使了。

我國從前的皇帝，要想興革一事，就把他的主張，提交軍機處，由軍機大臣議決了，就通飭各省，轉飭各縣，以及各鄉村照辦，其辦法是由上而下的。民主共和國，以鄉村議會，為人民的軍機處，鄉村議員，為人民的軍機大臣，人民對於國家想興革一事，即提交村議會，經村議員議決了，提交區議會，由是而縣議會，而省議會，而國會，經國會議決了，即施行，其辦法是由下而上的，與君主專制國，恰成一反對形式。君主專制時代，軍機大臣的議決案，須奏請皇帝批准，方可施行。民主共和時代，國會的議決案，須經全體人民投票認可，方能施行。小事，由國會議決施行；大點的事，由各省議會議決施行；再大的事，由各縣議會議決施行；頂大的事，才由全體人民投票公決。最困難的，是如何能使四萬萬五千萬人，直接投票，直接發表意見，不致為人操縱舞弊，這就須大費研究。

第一要緊的，是整頓戶籍。每縣分若干區，區之下分若干村，村之下分若干保，每保分若干甲，每甲轄十家。投票不分男女老幼，一人有一投票權，一生下地，即可取得此權，投票時，以家長為代表。例如某甲家有十人，某甲一票，即算十票；某乙家有八人，某乙一票，即算八票，用二聯單，記名投票。甲長親到各家收票，列榜宣示：某甲家十票可決，某乙家八票否決……榜末合計，本甲可決者共

若干票，否決者共若干票。投票之家，持存根前往查對無誤後，甲長送之保長。保長又列榜宣示：第一甲可決者若干票，否決者若干票；第二甲可決者若干票，否決者若干票。將榜送之區長，由是而縣，而省，而中央，層層發榜，最終以多數決定。這是就關於全國的大事而言，關於省市縣的事，當仿此辦理。

我國人民，對於國事，向不過問，要他裁決大政，判定可否，他是茫然不解的，所以必須訓政。訓政的責任，當為村議員。村議員，一方面為軍機大臣，一方面又為太師太傅太保。凡是村議員，其知識當然比農民為高，對於國事自能明瞭。每當裁決大政時，先由村議員公開講演，使眾人了解真相，應投可決票或否決票，由各人自行判斷，歸家書票，等候甲長來取。人民有議案，直接向村議會提出；有不了解之事，亦可向村議員請問。如此辦法，於人民很是便利。

選舉大總統，由四萬萬五千萬人直接投票。投票時，也以家長為代表。每票舉三人，如投票人意中，認為可當大總統者只有一人或二人，則票上即只寫一人或二人。例如某甲票上寫趙一等三人，某甲家有十口，則趙一等即為各得十票；某乙票上寫錢二等二人，某乙家有八口，則錢二等即為各得八票。用二聯單，記名投票。甲長親到各家將票收齊後，即列榜宣示：某甲家舉趙一等三人，某乙家舉錢二等二人……榜末合計，趙一共得若干票，錢二共得若干票……。各家持存根查對無誤後，由甲長將榜送之保長。保長又列榜宣示：第一甲，趙一得若干票，錢二得若干票……；第二甲，孫三得若干票，李四得若干票……合計趙一共得若干票，錢二共得若干票，孫三共得若干票，李四共得若干票。由保而區，而縣，而省，而中央，層層發榜，以最多數之一人為大總統，次多數之二人為副總統。大總統任期四年，如中途病故，或經全國人民總投票撤職，即以副總統代理，以湊滿四年為止。第一任大總統於某年某月某日就職，以後每滿四年，於同月同日，新任大總統必須就職；舊任大總統，得票最多數，可以連任。

人民如欲彈劾大總統，即可向村議會提出彈劾案；經村議會議決，以全村名義向區議會提出；區議會議決，以全區名義，向縣議會提出；由是而省議會，而國會；經國會議決，彈劾案成立，送交大總統，請其自行答辯。然後由國會將彈劾案及答辯書，加具按語，刊印成冊，發布全國，由人民裁決。對於大總統，或留任，或免職，仍用總投票辦法，層層發榜，取決於多數。省長，縣長，以至保長甲長，人民行使選舉權，罷免權，亦參酌此法辦理。

大總統違法，經人民總投票，正式免職後，可以交付審判，處監禁，處槍斃，都是可以的。獨是未經正式免職以前，大總統在職權內所發出的命令，任何人都該絕對服從，有敢違反者，大總統得依法制裁之。

民主共和國，以取法君主專制國為原則，不過把君主的辦法，一一拿在人民的手中去行使罷了。君主時代，知縣有司法權，今後仍當以司法權授予縣長。縣長延請精通法律的人為司法官，司法官對縣長負責，縣長對人民負責，如審判不公，人民彈劾縣長撤換縣長就是了。昔日衙門黑暗，是人所盡知的；但現在的司法機關，也易受人朦蔽。往往事之真相，本地人士，昭然共見；而法庭調查的結果，適得其反。今後當以調查或和解的責任，加之村長和區長。人民有爭執事件，先訴諸村長，村長調查明白，即予以調解，如不服，訴諸區長。村長應將調查所得，及調解經過情形，備文送之區長。區長即當再調查，再調解，如不服，訴諸縣長。區長又備文送之縣長，如仍不服，訴諸省，訴諸中央。村長區長，可依本地習慣法處理；縣長以上，則當按國家法律來解決。

人民對於任何機關，如有疑點，都可自請往查。假如某甲對於國際貿易局或中央銀行，疑其有弊，即可向本村議會提議：「該局或該行，有某點可疑，我要親往徹查。」村議會詢明議決，即向區議會提議：「本村擬派某甲往查某事。」區議會開會議決，即向縣議會提出，由是而省議會，而國會。國會開會議決後，即行知該局或該行，聽候徹查。某甲查出有弊，即依法提出彈劾案；如無弊，即在中央報紙聲明：「我所疑某點，今已查明無弊。」倘不提彈劾案，又不聲明無弊，則某甲應受處分。亦或某甲聲明無弊，經某乙查出有弊，則某甲亦應受處分。其他省市縣所轄的機關及工廠等，亦均仿此。

現在民主主義，和獨裁主義，兩大潮流，互相衝突，非將兩種主義融合為一，衝突是不能免的。中山先生曾說：「美國制憲之初，主張地方分權者，認為人性是善的；主張中央集權者，認為人性不盡是善的。」故知民主主義和獨裁主義的衝突，仍是性善性惡問題的衝突。但人性是渾然的東西，無善無惡，所以制定憲法，應當將地方分權，和中央集權，合而一之。上述的辦法，如能一一做到，則是我國四萬萬五千萬人，有四萬萬五千萬根力線，根根力線，直達中央，成為一個極健全的合眾政府。大總統在職權內所發出的命令，人民當絕對服從，儼然專制國的皇帝一般，是為獨裁主義。大總統的去留，操諸人民之手，國家興革事項，由人民議決，是為民主主義。如此，則兩大潮流，即可融合為一了。

現任的政黨，無不以奪取政權為目的，第一要爭奪的，即是大總統一席，所以應把大總統留在最後來選。先將製定的憲法，拿在一村一區試驗。一村一區行得通，一縣一省一國即行得通。施行憲法，當以村為起點，全國實行為終點：以民選村長為起點，民選大總統為終點。這樣，可使熱心憲政的人，回到鄉村，作實地的工作，民主政治的基礎，才能穩固。於是逐漸發展，而縣，而省，而中央，才不至

躐等。這種組織法一經完成，政黨即歸於天然消滅。即有政黨，也變成一種學術團體，既不能操縱政權，只有把他們的政見，著書立說，希望人民採納；抑或到處演說宣傳，以期人民了解。這便等於孔子墨子著書立說，又親身周流列國，遊說諸侯是一般。

次談經濟方面：他以為要改革經濟制度，首先應將世間的財物，何者應歸公有，何者應歸私有，劃分清楚，公者歸之公，私者歸之私，社會上才能相安無事。

第一項，地球生產力：洪荒之世，地球是禽獸公有物，後來人類出來，把禽獸打敗了，地球就成為人類的公有物。所以地球這個東西，應該全人類公共享受，根本上不能用金銀買賣。資本家買去、招佃收租，固是侵佔了公有物；勞動家買去，自行耕種，也是侵佔了公有物。何以故呢？假令有人僱工在荒山上種樹一日，給以大洋二元，他得了報酬，勞力即算消滅。樹在山上，聽其自然生長，若干年後，出售得價百元或千元。此多得之九十八元或九百九十八元，全是出於地球的生產力。地球既為人類公有物，此多得之九十八元或九百九十八元，即應由全人類平攤。勞動家只能享受勞力相當的代價，而不能享受此項生產力。所以說，資本家買去招佃收租，勞動家買去耕種，同是侵佔了公有物。因此之故，全國土地，應一律收歸公有，由公家招佃收租，其利歸全社會享受，方為合理。

第二項，機器生產力：替人作工一日，得大洋二元；作手工業，每日獲利，也不過此數，這算是勞力的報酬。若改用機器，每日可獲利百元或千元。此多得之九十八元或九百九十八元，乃出於機器的生產力，不是出於工人的勞力。當初發明機器的人，業將發明權放棄，機器便成為人類的公有物。此九十八元或九百九十八元，即應由全人類平攤。舊日歸廠主所有，是侵佔了公有物。所以應該收歸公有，工人作工，給以相當的代價，由機器生出的利益，歸全社會享受，方為合理。

第三項，腦力和體力：世間之物，只有身體是個人私有的。由身體又發出兩種力：一是腦中的思考力，一是手足的運動力。這兩種力，即是個人的私有物。社會上想使用它，就應出以相當代價；並且出售與否，各人有完全自主權，不能任意加以侵犯。

基於上面的看法，即可定出一條原則：「地球生產力，和機器生產力，歸社會公有，腦力和體力，歸個人私有。」依據這個原則，以改革經濟制度，社會與個人，自然相安無事。

斯密士主張營業自由，個人的腦力和體力，可以盡量發展，這層是合理的；但他同時主張有金錢的人，可購土地以收佃租，可購機器以開工廠，就未免奪公有物以歸私了。馬克斯主張土地和工廠，一律收歸公有，這層是合理的；但他同時主張

強迫勞動，認為個人的腦力和體力，是社會的公有物，就未免奪私有物以歸公了。惟有中山先生的民生主義，公者歸之公，私者歸之私，有斯密士馬克斯之長，而無其流弊。故世界經濟學，可分三大派：斯密士為一派，是個人主義；馬克斯為一派，是社會主義；中山先生則融合個人主義和社會主義，而獨成一派。

馬克斯講共產，中山先生也講共產；馬克斯是「共現在」，中山先生是「共將來」：馬克斯是「收歸公有」，中山先生是「購歸公有」。現在可本中山先生的遺意，定出一條原則：「金錢可私有，土地和機器不能私有。」於是將私人所有的土地，和使用機器的工廠，一律購歸公有，就成為「共將來不共現在」了。但是全國的工廠如此之多，土地如此之廣，購買之款，從何而出呢？

於此當首先定出一條法令曰：「銀行由國家設立，私人不得設立。人民有款者，存之銀行。需款者，向銀行貸用。其有私相借貸者，法律上不予保障，因借貸而涉訟者，其款沒收歸公。藏巨款於家而被刦竊者，賊人捕獲時，其款亦予以沒收。有存款於外國銀行者，查明後，取消其國籍，華僑所在地，設立國家銀行，存儲華僑之款，由國家轉存外國銀行，私人不得逕往存儲。」如此，則人民金錢，集中國家銀行，即可供一切應用。至銀行月息多少，視隨時情況而定。如假定存入為月息一分，貸出為一分半或二分，即無異於以金錢放借者，繳所得稅三分之一或二分之一與公家。

首都設中央銀行，各省設省銀行，各縣設縣銀行，縣以下設區銀行和村銀行，銀行法既已確定，則應屬公有的財物，即可著手收買。

（一）私立銀行，一律取消，其股本存入國家銀行，給以月息。

（二）使用機器的工廠，和輪船、火車、礦山、鐵道等，一律收歸公有。私人股本，存入國家銀行；經理及職工等，悉仍其舊，不予變更，只將紅息繳歸國家，手續是很簡單的。

（三）全國土地房屋，一律照價收買。例如，某甲有土地一段，月收租銀一百元，即定為價值一萬元，存入銀行，每月給以息銀一百元。人民需用土地房屋者，向公家承佃。其有土地自耕、房屋自住者，則公共估價，或投標競佃，以確定其租息，原業主有優先承佃權，如此則全國四萬萬五千萬人，無一人不是佃戶，亦即是無一人不是地主，是之謂「平均地權」。

（四）國際貿易歸公，國內貿易歸私。出口貨，由人民售之公家，轉售外國；入口貨，由公家購而售之人民，聽其自由銷售，不再課稅。外人在內地設有工廠者，人民不得與之直接交易。如此則關稅無形取消，外貨以百元購得者，以一百五十元或二百元，售之人民，即無異值百抽五十，或值百抽百。至外貨何者該買，何者不該買，國家自有斟酌，出口入口，兩相平衡，我國與外國，兩得其益。

以上四者辦理完畢後，即可按照全國人口，發給生活費，以能維持最低生活為原則。因為人民既將土地、機器、銀行、和國際貿易的收益，交之國家，國家即應保障人民的生存權。法國革命，是在政治上要求人權；我們改革經濟制度，則注重生存權。中山先生把生活程度分為三級：（一）需要，即生存；（二）安適；（三）奢侈。現在的經濟制度，人民一遇不幸，即會凍死餓死，是以「死」字為立足點，進而求生存，進而求安適和奢侈；發給生活費的辦法，則是以「生」字為立足點，進而求安適，求奢侈。生存為社會重心，人人能生存，重心才能穩定。

改革社會，猶如醫病，有病的部分，應當治療，無病的部分，不可妄動刀針。從舊經濟制度中，將土地、機器、銀行、和國際貿易，收歸國有，這即是有病的部分加以治療；其餘可悉仍其舊，私人生活，非有害於社會者，不加干涉，這即是無病的部分不動刀針。如此辦法，則個人主義和社會主義，兩相調和，則中山先生的民生主義，就可實現了。

中山先生屢次說：「中華民國，是四萬萬人的大公司，我們都是這公司內的股東。」這種說法，再好沒有了！那麼，如今全國四萬萬五千萬人，即是四萬萬五千萬股東，以一個人為一股，國中生了一人，即新添一股，死了一人，即取消一股，其股權是很分明的。發給生活費，是各股東按年所分的紅息；服務社會者，或勞心，或勞力，給予相當代價，即是股東在公司內服務，於分紅息之外，各得相當報酬。像這樣的組織法，不但是取法公司制，並且是從天然界取法來的。說明如下：

（一）取法人身分配血液之法：身體上某部分越勞動，血液的灌注越多，彌補消耗之外，還有餘剩，因之越勞動的部分越發達，這就是人體獎勵勞動的方法；準此，對於國中的勞動者，就應該從優報酬。吾人身上還有許多無用的部分，例如男子之乳，即是無用的東西，但既已生在身上，也不能不給以血液，不過因其不工作，灌注的血液較少，所以男子之乳，漸漸縮小；準此，對於國中的任何人，一律發給生活費，以能維持最低生活為止，不勞動者待以不死就是了。飲食從總口入，便溺從總口出，飲食在腹中如何消化，如何運轉，腦筋全不知道；準此，國際貿易，由政府支配；國內貿易，聽人民自由經營，不必過問。

（二）取法天空分配雨露之法：自然界用日光照曬江海池沼，土地草木，把其中的水蒸汽取出來，變為雨露，又向地上平均灑下，不惟乾枯之地，蒙其澤潤，就是江海池沼，本不需雨露，也一律散給；最妙的，是把草木所含的水分，蒸發出來，又還給他，一轉移間，就蓬蓬勃勃的生長起來了。並且枯枝朽木，也同樣散給，不因其沒有生機，就剝奪了享受雨露之權。灑在地上之水，聽憑草木之根吸取，無所限制，吸多吸少，純是草木自身的關係，自然界固無容心於其間，準此，土地工廠銀行及國際貿易的收入，原是從人民身上取出來的，除公共開支而外，不問貧富老幼，不問勞動與否，一律發給生活費，而國中致富的機會，人人均等，這即是取法雨露的無私。

憲法上如規定土地、工廠、銀行、及國際貿易，一律收歸國有；則徵兵制、徵工制、所得稅、遺產稅四者，即應廢除。當兵者，作工者，俱應給以相當代價，如果徵兵徵工，即是侵犯了體力的私有權。官吏的服務，商人的經營，都是運用腦力的，如果徵收所得稅，即是侵犯了腦力的私有權。以勞心勞力所獲的金錢，遺諸子孫，這是應該的，如果徵收遺產稅，也是侵犯了腦力體力的私有權。

有人慮及遺產制，可以發生資本家，那是不相干的。美國的銀行大王，汽車大王，煤油大王，商業大王諸人，除銀行大王摩爾根外，都是赤貧之子；而摩爾根之致富，並未依賴遺產。他們之所以致富，全靠個人的努力，從事於經營土地、工廠、銀行、及國際貿易而來。憲法上如把四者定為國家公有，私人不得買賣，這些大王，自然無從產生，這才是根本辦法，不在征收遺產稅。

土地、工廠、銀行，及國際貿易四者，收歸公有，大資本家無從產生，是富者削低一級；人人有生活費，不至凍餒而死，是貧者升高一級。兩級中間，為人民活動的餘地。中山先生講民權主義，不主張平頭的平等，而主張立足點平等；因之經濟上的組織，以不應主張平頭的平等，使全國人貧富相等，而應主張立足點平等，使全國人致富的機會相等，欲務農者，向公家承佃土地；欲作工者，向工廠尋覓工作；為官吏，為教員，為商賈，悉任自由，不加限制。因勞動種類的不同，所得的報酬即不同，或貧或富，純視各人努力與否以為斷。如此則可促進人民的向上心，社會才能日益進化。猶如地勢高下不平，水使滔滔汨汨，奔趨於海，若平而不流，就成為死水了。

*

宗吾在制憲私議中，對於政治經濟的主張，大概如上。他說這次國民代表大會，其權限僅屬制憲，故只能談及政治與經濟，不能談及外交，然他又說，三民主義原是互相連貫的，如果捨去外交不管，則制出的憲法，無論如何是不能實行的。即如憲法上規定：土地、工廠、銀行、國際貿易四者，一律歸公；而我國受不平等條約的束縛，外人在我國購有土地，設有工廠銀行，又與我國人民直接貿易，則憲法何能實施呢？所以非同時把外交問題解決不可。換言之，即是政治經濟外交三者，不能分開；也即是三民主義是整個的，民族民權民生三者，不能分開。因此，他於制憲私議草成之後，又想作一篇「外交私議」，以備採擇。

12・也許不盡是紙上談兵吧

宗吾打算寫的「外交私談」，前面已經說過，因七七事變突起，他便改寫成抗日計劃之商榷了。在這篇計劃書中，為配合抗戰的順利，同時也談到了外交——戰時外交。他更談到了中華民族的特性，自數千年來的文化傳統，是「抵抗而不侵略」的民族，也一併將這種態度昭告於世界。他自九一八以後，即大講其「厚黑救國的種種理論，以為世界戰禍，一觸即發。若不思患預防，則事變之來，必有措手不及之勢。因此，他在數年之內，無論是腦中所想的，口中所說的，以及筆下所寫的，都是關於如何救國家救民族的問題。此次日本帝國主義者，無端挑起了侵華的戰爭，立刻便激發他平日胸中所蓄，由空泛的理論，步入了實際的問題。他不再開玩笑了，他嚴肅起來了，他把中日情勢和世界全局，作了一番徹底的觀察，於是而有抗日計劃商榷書的問世。這篇計劃書，據說是隨著七七的第一聲砲響，跟即以筆桿應戰，那時正是揮汗如雨的天氣，但他不顧一切，在數晝夜之中，手不停揮的把數萬言的計劃書一氣呵成了，他把這篇文章和制憲私議合刊的意思，就是認為「制憲」與「抗日」是不能分開的。必須制定憲法之後，才有真正的民主政治；有了真正的民主政治，全國的力量才可以充分的發揮出來，以對抗我們的敵人。這樣，才可以說到抗戰與建國同時進行，而中華民族才可以從抗戰中強壯起來。所以他這篇抗日計劃書，是處處顧到內政與外交的。讀者如欲評判他的得失，即當留意以下數事：第一、我們不可忘記這篇計劃書，是在抗戰的最初期寫成的；第二、我們人人心中，自問當抗戰初起時，究有如何的計劃；第三、政府在當時所表現的，究有如何的抗戰國策；第四、在當時全國的報章雜誌上，更有些何等高見的此類文字。如果把這些情形一一回想一番，然後再來評判這篇抗日計劃的得失，就不至掩沒他的苦心了。那篇計劃書的大意是這樣的：

他說：這次中日戰爭，算是世界第二次大戰的起點。第二次大戰與第一次大戰，意義迴乎不同：第一次大戰，是列強彼此爭殖民地，爭市場，因而發生衝突；第二次大戰，是強國侵略弱國，弱國起而抗禦，並要求解放的戰爭。中山先生講民族主義時，預料第二次世界大戰，是全世界弱小民族，對壓迫者作戰，而今果然開始了，所以我們此次對日作戰，在本國內，則應全民抗戰，在國際上，則應本著中山先生的指示，組織一個弱小民族聯盟，喊出「弱小民族互助」的口號，使前次威爾遜「民族自決」的主張，於此次大戰中實現出來。中山先生又說：「我們今日要用此四萬萬人的力量，為世界上的人打不平，此才是我們四萬萬人的天職。」基於這種訓條，我們又該喊出「人類平等」的口號，把對日作戰的意義擴大，使全世界人知道我們對日作戰，是為人類要求平等而戰，是弱小民族對帝國主義抗戰的開始者，不是兩國間普通的戰爭。我們把此次抗戰的意義弄清楚了，抗戰與外交，雙管齊下，擬具整個計劃，昭告全世界，使參加第二次大戰的民族，循著正當的途徑走去，使一戰之後，世界永久和平，才不至重蹈第一次大戰的覆轍，犧牲了數千萬人的生命，無絲毫代價。

第二次世界大戰的禍胎，於第一次大戰中早已種下。第一次大戰，英法諸國倡言主張公道，打倒德國的強權，許給殖民地以自由，要求助戰；威爾遜又提出十四條原則，主張民族自決：弱小民族信以為真，一致奮力，把德國打倒了。那知巴黎和會列強食言，不惟所許的自由得不到，反增加了許多壓迫，弱小民族才知道是受騙了。如果第二次大戰發生，要想弱小民族再來幫助，這是不可能的，或許還會反戈相向，故英法諸國，提心吊膽的恐怕大戰發生。日本窺破此點，九一八之役，悍然不顧，陰以世界大戰相威脅，國聯只好聽他。阿比西尼亞之役，西班牙之役，義德都是以世界大戰相威脅，國聯也只好諸多遷就，避免大戰發生。正義既不能伸張，於是講強權者，遂愈無忌憚。英法諸國所主張的集體安全制，等於滿載而歸的強盜，勸導初次出馬的強盜，放下刀仗，充當良民，宣乎德義日三國，對於英法等國諸多不滿，主張殖民地重行分割。所以說，第二次大戰的禍胎，是第一次大戰種下來的。是英法諸國，自身有慚德生出來的。因此，若要主張公道的話，從英法諸國口中說出的，就要受法西斯國家的指責；即使勉強說出，也是理不直，氣不壯；必須從中國口中說出，才能理直氣壯，才足以號召世界。

要想世界永久和平，只有把第一次大戰種下的禍胎，連根拔盡，催促威爾遜的十四條原則實現，才能奠定和平的基礎。英法諸國在第一次大戰中，對於弱小民族是失了信的；應由我國出來，把威爾遜的舊事重提，勸導弱小民族起來幫忙，把專講強權的國家抑制下去；一面要求英法諸國履行威爾遜的原約，這本是他們親口允諾的，只因後來食言，以致第二次大戰爆發，岌岌不可終日，英法諸國未必不後悔；所以我們舊事重提，英法諸國亦必樂從，同情於我們的主張。歷史是有連續性的，第二次大戰，是承襲第一次大戰而來，故第一次大戰未完的事件，應於此次大戰中了結清楚。

威爾遜民族自決的主張，其所以不能成功的原因，是由於他本身是美國總統，美國是列強之一，與弱小民族立場相反，對於弱小民族，只能表示一種同情，不能挺身乾幫。弱小民族本身利害，自己不能解決，旁觀者將奈之何？而弱小民族，又

是一盤散沙，沒有負責的領導者，所以威爾遜的理想，是無從實現的。我國在弱小民族中，弱則有之，小則未也，是一個天然的領導者，與全世界的弱小民族，立場相同，利害相同，此次由我國出來，當一個「威爾遜」，必定成功。弱小民族，力量誠然是小的；但聯合起來，力量就大了，就可以解決本身的利害問題。此時英蘇美法德義日七大強國，正在極力的擴張軍備，第二次世界大戰，已成不可避免之事，好比全身毒菌，非潰而成瘡，不能洩出。依進化趨勢看去，此次大戰，當為人類戰爭的總結束。我們組織弱小族聯盟，正是預備辦理結束事宜的。

我們組織弱小民族聯盟，僅僅行威爾遜主義，還不夠，必須加之以孫中山主義，才能使世界永久和平。中山主義，是集中國主義的大成。中國主義，決定於中國的民族性；中國的民族性，又決定於所處的天然環境。世界分溫熱寒三帶，西洋地偏寒帶，印度地偏熱帶，中國地居溫帶。溫之云者，寒熱二者合併而成者也。故中國人性情和平，無論說話作事，都帶一種溫和態度，不走極端。寒帶天然物很少，生於此地之人，不努力奮勉，即不能生活，故時時想征服天然界。熱帶天然豐富，生活的需要，不患不足，故生於此地之人，對於天然界則取放任態度。中國介居二者之間，則另有一種辦法，易曰：「裁成天地之道，輔相天地之宜。」對於天然界，不征服之，而輔相之，不放任之，而裁成之。這種辦法，儼然是融合西洋和印度辦法而成的。至中至正，這即是中國主義。故中國文化，發揚出來，可以把西洋文化，印度文化，融合為一。西洋以征服天然為務，因而產出侵略主義；印度以放任天然為務，因而產出不抵抗主義。中國的主義，則為「抵抗而不侵略」，證之以數千年的歷史，證之以古先聖哲的言論，無不如是，中山主義，更是繼承這種精神，把世界上的各種學說加以融合的。目前政治經濟上的種種問題，用他的學說即可以得到一種總解決。在政治方面，是把獨裁主義，與民主主義，融合為一；在經濟方面，是把個人主義，和社會主義，融合為一。世界各國，只要把中山主義實行做去，一切問題就可得到合理的解決了。

第一次大戰，慢道威爾遜民族自決的主張，不能實現，即使實現了，世界和平，還是不能永久的，這有事實可證明：第一次大戰告終，和議方始，全世界把威爾遜看作救世主一般，歡迎的熱烈，達於極點；而戰勝國的勞工，反暴動起來。美國人民要暴動，威爾遜調兵彈壓，方才平息。義大利戰勝回國的兵士，帶起徽章，橫行都市，因而產出專制魔王莫索里尼。英國的礦丁、鐵路工人、輪船水手，結成三角同盟，布起陣勢，預備隨時和政府決戰，害得首相魯意喬治，乘著飛機，今日回倫敦彈壓，明日赴巴黎開會，一夕數驚，疲於奔命。法國首相克利滿梭，是歐戰中出力量最大的一位角色，巴黎和會，充當主席，為法國增光不少，反遭國人行

刺，幾乎把七十八歲的老命送掉，巴黎市民也曾有一次大大的示威運動。其餘各國大大小小的罷工，差不多每星期總有一兩起。這是什麼原因呢？因為大戰到了第三年，一般勞工都覺悟起來，說道：「我們何苦替資本家拚命呢？」於是一方面在戰場上，兵戎相見；一方面舉出代表，在中立國交換意見，主張言和。及到大戰終了，勞工覺得白白犧牲，未免不值，所以發生暴動。巴黎正在開會，而各國勞工也舉出代表在瑞士的熊城開會，因此之故，和會上才特訂一個「勞工規約」。所以巴黎和約，不僅是對敵人德國議和，並且是對本國中的勞工議和。從此看來，即使威爾遜的計劃成功了，弱小民族實行自決了，列強國中的勞工，對於資本家，還有一番大流血。我們這次組織弱小民族聯盟，是謀世界永久和平的，只要把中山主義宣揚起來，這勞資問題，也就附帶解決了。人世戰爭的禍胎，才算連根拔盡。

我們組織弱小民族聯盟，為推行中山主義的總機關，喊出「人類平等」的口號，把世界被壓迫的民族，和列強國中被壓迫的勞工，集合在一根戰線上，其平等的方式有二：（一）把全世界弱小民族提高來，與列強平等；（二）把列強國中的資本家降下去，與他本國中的人民平等。所謂與本國中人民平等者，即制憲私議中所說致富的機會相等，不是那種平頭的平等。我們把憲法公布出來，使日本人知道我們是對日本的軍閥和資本家作戰，不是對日本的平民和勞工作戰，中日戰爭才容易解決。其他資本主義國家，知道了中山主義的好處，自然會跟著我們的主義走來，至少也可同情我們。我們這部憲法，就成了世界公共適用的憲法。把憲法制好了，懸出一定的目標，在第二次世界大戰中，我國同世界弱小民族，就依此目標作戰，使一戰之後，永久和平，人類相互間，不至再發生戰事，這部憲法，又成了第二次大戰預定的和約。像這樣的作戰，才算是有計劃，有主義。回憶第一次世界大戰，殖民地的人民，和列強國中的勞工，一齊奔集在帝國主義的旗幟之下，互相廝殺，真不知所為何事！所以我國此時，應將所謂對日抗戰啦，宣傳中山主義啦，制定憲法啦，組織弱小民族聯盟啦，四者同時並進，合一爐而冶之，才是正當辦法。

國際上的情形，是變化莫測的。我們先把自己腳跟立定，再看國際情勢如何變，就如何應。以此時情形而論，中蘇二國的關係，恰是三國時蜀吳二國的關係，為對付共同的敵人，實有聯合的必要。我國主張聯合弱小民族，蘇聯也主張聯合弱小民族，但我們並不與蘇聯爭取領導權。蘇聯與我國，雖說手段不同，而對於打倒帝國主義，則目的相同。弱小民族，任便加入那個集團，都是可以的。

世界上英蘇美法德義日，成了兩個集團：德義日三國，成為一個法西斯集團；英蘇美法四國，成為一個集體安全集團。我國同弱小民族，另成一個三民主義集團。把世界剖為三個集團，這又是魏蜀吳三國的形勢。法西斯集團主張侵略是我們的敵人；集體安全集團主張維持世界和平是我們的友人。在這種情形下，我們這個集團，與英蘇美法集團，等於蜀吳二國，有聯合的必要。我們把中國主義宣佈出來，世界弱小民族，信從中國主義的，加入中國集團；信從西洋主義的，加入英蘇美法集團。這兩個集團，同向法西斯集團進攻，不言互助，而互助自在其中。

就現在的局勢看來，德義日三國，彷彿擺下了一個「長蛇陣」，擊首則尾應，擊尾則首應。擊西方的德義，則東方的日本應之，擊東方的日本，則西方的德義應之。他們把這種長蛇陣擺下了，就可掠奪中蘇兩國的地方，就可掠奪英法等國的屬地，這是他們的陰謀。這種陰謀一揭開，世界大戰就爆發了。到了那時，我們三民主義集團，圍攻日本，英法那個集團，圍攻德義，使他首尾不能相救，蘇聯東西兼顧，美國為後方糧臺，那條長蛇，一擊就斃。須知國際上的或離或合，純以利害為轉移，利害相同則合，利害相反則離。現在國際局勢已明白擺起了，我們無須同蘇聯定約，無須同英法美諸國商量，也無須強拉弱小民族加入我們這個集團；只消把中國主義昭告世界。就全國總動員，同日本抗戰到底，弱小民族自然會參加我們這個集團，英蘇美法自然會朝著我們預定的路線走去，這是決然無疑的。而且人貴自立，即使無人與我國聯合，我國單獨對日作戰，不過犧牲較大，時間較長，最終的勝利，決然屬於我國，是之謂自力更生，是之謂自主外交。

國際上的情形，任他如何變化，我們總是抱著一定的國策做去——抱定中國主義做去。此時英美諸國，彷彿是同情我國；然而他們同日本，都是資本帝國主義的國家，將來同日本妥協，阻礙我們收復東北四省，不是不可能的事；抑或把我國某某等處，劃為國際共管；甚或列強聯合起來，向弱小民族進攻，都是不可知的事。我們總是埋頭去幹弱小民族聯盟的工作。英美諸國能主張公道，抑制專講強權的國家，我們這個「弱聯」，就同他們聯合，一致行動；如或列強聯為一氣，壓迫弱小民族，那麼，全世界就明明白白劃為兩根戰線，我們就依著中山先生指示的途徑，糾合全世界被壓迫的弱小民族，向壓迫者的列強進攻，成為第二次世界大戰。

組織「弱聯」是我國唯一的出路，無論如何困難，都應該做去；再困難，總沒有中山先生在滿清時組織同盟會那樣困難。以中山先生在滿清革命的精神，用以革列強之命，哪有不成功的道理呢？我們現在所以受日本欺凌者，全是失去此種精神之故。所謂「依賴列強」，不啻是「畏懼日本」的代名詞，這種心理，就是胸中早已為「強權」二字所懾伏了。中山先生敢於革滿清之命，正是胸中只有「正義」二字，沒有「強權」二字，這即是孟子書上所說：「自反而縮（直也）雖千萬人吾往矣。」是之謂中國主義。如果英美等國，贊成我國抵抗日本，我們就抵抗日本，不贊成抵抗，就不抵抗，他們藉口調停，阻止我們收復東北四省，我們就接受其調

停，抑或主張某某地方由國際共管，我們就交出共管，那麼，不惟是中山主義的叛徒，並且是中國主義的罪人。

有人問：抵抗而不侵略，既是我國的一貫主張，為什麼日本侵略起來，我國毫無抵抗能力呢？此種主義，以何因緣，消失淨盡？他說：這可用力學公例來說明，依物理學的說法，凡是鐵條，皆有磁力，通常的鐵條發不出磁力，是由於內部分子凌亂，南極北極相消之故，只消把磁石在鐵條上引導一下，南北極分子排順，立即發出磁力來。我國四萬萬五千萬人本有極大的抵抗力，只因連年內戰，分子凌亂，所以抵抗力發不出來。而今內部統一了，懸出日本為目標，四萬萬五千萬人，有四萬萬五千萬根力線，根根力線，直射日本，第於四萬萬五千萬支箭，向同一的箭垛射去，成了方向相同的合力線，內部自然莫得紛爭，對外自然有極大的抵抗力。

大凡列國紛爭之際，弱國唯一的辦法，是聯合眾弱國，以攻打強國，已經成了歷史上的鐵則。像春秋時的管仲，戰國時的蘇秦，楚漢時的張良酈食其，三國時的諸葛孔明，都是這種主張。齊桓公漢高祖，是成功了的；六國聯合，最終為秦所滅，是失敗了的；吳蜀二國，最終為魏方的司馬氏所滅，也是失敗了的。因此，又可得出一條公例；「凡聯盟集團中，有負責的首領就成功，無負責的首領就失敗。」齊桓公和漢高祖，是集團中負責的首領，戰爭的責任，一肩擔起，對敵人作正面的攻擊，其餘聯盟的人，從旁協助，故能成功。至若齊楚燕趙韓魏六國，則地位平等，沒有負責的首領，所以有「連雞不能俱棲」之說。吳蜀二國亦然。蛇無頭而不行，致遭敵方各個擊破。現在若組織弱小民族聯盟，我國是天然的首領，等於齊桓公漢高祖一般。戰爭的責任，由我們一肩擔起，對日本為正面的攻擊，其他聯盟者，從旁協助，是為有頭之蛇，日本不敗何待？

有人問：我們可以組織弱小民族聯盟，難道日本不能組織強國聯盟，與德義聯盟；且或進而與其他列強聯合，一致向弱小民族壓迫嗎？他說：日本想是這樣想，其他強國，也未嘗不這樣想；但是這種聯盟，即使組織起來，也斷難持久。何以故呢？列強聯盟，恰犯了當時六國聯盟「連雞不能俱棲」之弊。兼之列強與列強有矛盾，列強與自己的殖民地又有矛盾。而「弱聯」方面，以我國為首領，只要堅持到底，抗戰到底，他們那個聯盟，自然會破裂。為列強計，反是與弱小民族聯合，還少些矛盾，而於他們有種種利益。我們須知，第一次世界大戰，是強國對強國作戰，弱小民族牽入漩渦，而居於被動地位；第二次世界大戰，是弱小民族對侵略的國家抗戰，其他強國牽入漩渦，而居於被動地位。這是第二次世界大戰，與第一次大戰，截然不同的地方。這種趨勢，英美諸國是看得清清楚楚的，所以蘆溝橋戰事發生，他們很想從中調停，就是生怕牽入漩渦之故；然而大勢所趨，他們欲不入漩

渦而不能。何以故呢？請問日本能自動退出東北四省嗎？既不退出，請問我國能甘心，戰爭能倖免嗎？戰爭既不能免，他們能逃出漩渦嗎？他們倒是眼光放遠點，與我們的「弱聯」，取一致行動，和平的曙光，或可早點出現。

他以為對日抗戰，當應用三種戰爭：全民抗戰，是為武力戰爭；組織弱小民族聯盟，施以經濟制裁，是為經濟戰爭；將中國主義，在國際上盡量宣傳，是為心理戰爭。這三種戰爭，必須同時發動，才可戰勝日本。講到武力戰爭，又可分為三部分：一是戰鬥的精神，一是戰鬥的經驗，一是戰鬥的器械。前二者，我國俱佔優勢；惟有器械一項，不如日本。因此當避其所短，用其所長，換句話說，就是「鬥智不鬥力」。必須一面採取持久戰，把陣地戰和游擊戰，交互運用；一面必須組織「弱聯」，宣傳中國主義，把中國主義，把心理戰爭，經濟戰爭，同時發動起來，才能把日本在國際上的矛盾，本國中的矛盾，完全暴露，相持越久，日本的敗著越多。最終就成了垓下的項羽，七十二戰，戰無不利，忽聞楚歌，一敗塗地。

他在制憲私議上所說事項，多與國際戰爭有關係，因為政治經濟外交三者，原是一貫之事。那篇文內主張：「銀行由國家設立，私人不得設立，每村各設銀行，全村糧稅若干，責成村長收繳。」這種主張，如果見諸施行，在長期抗戰中，即可把各村銀行之款提作戰費，而以該村糧稅為擔保，於全國有大益，於私人亦無傷。

他在制憲私議上，主張：「工廠由國家設立，工廠以供給需要為目的，不以賺錢為目的，多設小工廠，分布鄉間，便於人民作工。」此項辦法，在戰爭中極有利。外國工廠，是大規模的組織，多設都市，一遭轟炸，所損實多：我們的小工廠，分設鄉間，依山臨水，飛機轟炸不易，即遭轟炸，損失不大。

再則長期抵抗，全國各處，都有被轟炸的可能。此項戰爭，目的在求國際上的自由平等，是為全國人謀利益，為子子孫孫謀利益，不能使一部分人獨蒙犧牲。應由國家設置戰時保險公司，由人民納資保險，一遭轟炸，驗明後立予賠償。但國家哪裡有錢來賠呢？其辦法，由銀行登記某人存款若干就是了，等於替全國人和子子孫孫借一筆債款，犧牲就平均了。國家可收入一宗保險費，以作戰費，較之勸募救國公債，更必踴躍輸將。私人資財保了險。就是實行焦土抗戰，人民也無不樂從。我們即可用俄人在莫斯科困拿破崙的法子，將重要的市鎮，於適當時自行炸毀，使敵人攻佔後無地可居，如此於人民無損，於國家極有利。

他在制憲私議上，主張行募兵制，不行徵兵制，理由是募兵制較徵兵制為進步。他以為兵制可分三個時期：我國古代行徵兵制，後來進化為募兵制，將來再進化，則徵兵制與募兵制，合而為一。平時以軍事訓練全國人民，需兵時中央酌派各省出兵若干，各省酌派各縣出兵若干，此之謂徵兵制。各縣分區招募，以志願當兵

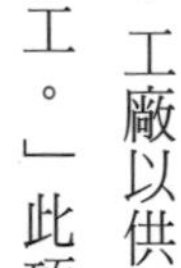

者充之，此之謂募兵制。鼓之以熱誠，獎之以厚賞，自不患應募無人。此等兵，出諸情願，勇氣自必百倍。戰事畢，遣回原籍安插，編遣也不困難。我國辛亥而後，內戰二十餘年，死人數百萬，幾等於以軍事訓練全國，編餘的軍官士兵，遍地皆是。此時對日作戰，只須厚給薪餉，招募曾充兵役者，略加部勒，即可作戰。將來戰事延長，再按照徵兵募兵合而為一的原則做去，方與情事相合。

對日本長期抗戰，當有一種長期計劃。勾踐沼吳，十年生聚，十年教訓；我們抗日，則當定為若干年建設。古者寓兵於農，我們則寓抗戰於建設之中。軍事是變化無定的，我們如能一氣收復失地，固然很好；萬一戰事延長，而又歸於沈寂，即當乘此大舉募兵，用以築路開墾等等，處處以兵法部勤，隨時可用以攻擊敵人，而又不積極作戰，成為一種「盤馬彎弓故不發」的姿態，使敵人不得不多調些兵來防堵。這樣的相持若干年，敵人自然鬧得民窮財盡，自身矛盾百出。機會到了，即突起猛攻，一舉而收復東北四省，進而收復臺灣，把敵人在各地的一切建設，及所投之資，概行沒收，以補從前的損失。

他在制憲私議上規定：「國際貿易，由國家經營。」這也是一種戰略。我們在抗戰時期，列強中贊助我們的，我們可多購他些貨物，多賣給一些原料；其贊助日本的，我們就不買他的貨物，不賣給他原料，使列強不得不贊助我國。我們把東北四省臺灣收復之後，如高麗琉球尚未獨立，我們仍與日本經濟絕交。因為此二國，先年是我們的屬國，我們不能保護他，致為日本所滅，這是我國的慚德，所以必須扶助他們獨立，才算盡了我國的責任。

現在國際上，只講利害，不講正義。我國與弱小民族，利害相同；列強與弱小民族，利害相反。例如威爾遜高呼「民族自決」，似乎是主張正義了，其實不然，美國的國家，完全為銀行大王煤油大王等幾個大資本家所操縱，總統是他們的傀儡。第一次大戰之初，美國的資本家，借債與協約國，後來眼見協約國要敗了，深恐債款無著，才慫恿政府出來參戰。所以威爾遜高唱人道主義，表面上很好聽，骨子裡是替幾個資本家收賬的。此次中日戰爭發動了，日本是美國的大債主，如果打敗了，債款必歸無著，所以美國雖同情我國，也不願日本打大敗仗。並且日本一敗，東北四省被我國收回，高麗琉球也會獨立，其他委任統治的地方也保不住，日本就有退回三島，變成小國的危險。英國情形，大與日本相類，如果此例一開，英國屬地，紛紛獨立，最終也只剩有英倫三島，這種事勢的演變，是很有可能的，英國人士早見及此，所以處處袒日。總之，世界列強，與弱小民族，是立於利害相反的地位，這種情形，我們不能不看清楚。

中山先生革命，分出軍政、訓政、憲政三個時期，現在國難當前，應三者同時

並進。對日全民抗戰，是為軍政；在抗戰期中，制定憲法，從鄉村施行起，是為憲政；鄉村議員訓練人民之責，是為訓政。鄉村的憲政辦好了，擴大為區，再擴大為縣，為省，為國。等到擴大為國時，大約中日戰爭已告結束，憲政就算完成。將來再擴大於全世界，就算大同了。

最後他說：孔子主張，「以天下為一家，以中國為一人。」所以中國主義，即是大同主義。西人呼中國為「睡獅」，生怕牠醒了，這未免以小人之心度君子，獅子是吃人之物，我國豈幹此等事？我國乃「臥麟」，而非「睡獅」。麟是不踐生蟲不履生草的仁獸，因牠閉目高臥，於是豺狼出沒，狐兔縱橫，鬧得不成樣子；只要他一醒了，昂首闊步，百怪潛形，就頓成祥和的世界，從前西狩獲麟，孔子見了，泣下沾襟，曾作一首獲麟歌曰：「唐虞世兮，麟鳳遊兮；今非其身，來何求兮？麟兮麟兮，我心憂兮！」想孔子在天之靈，無時不盼望世界大同。果能由此次大戰，得到「民族自決」，得到「人類平等」，實現了「天下為一家，中國為一人。」的大同社會，則我們每年孔子廟中的春秋二祭，可高唱一首祥麟歌，其詞曰：

大同世兮，祥麟遊兮；
今已大同，又何求兮？
麟兮麟兮，永無憂兮！

13・華族至上，想入非非

二十七年五月，四川省政府改組，政聞編審委員會裁撤，另成立一編譯室。該室的編制，僅有編譯五人，宗吾亦為其中之一。不久，因為緊縮編制，改為編譯三人，於是宗吾便被人擠下臺了。此事，新近得到一位當年與宗吾同事的徐慶堅君來函有云：

> 當時緊縮編制改為三人，某君乘機設法改調，某君乘機兼任新檢所主任。編譙室主任某君，則兼一機關報社長；愚則兼另一機關報總編輯。名為五員，實僅存四。此四者中，宗吾先生臉厚不如某主任，心黑不如某新檢所主任；愚則所謂因緣時會，靠土著飯碗團體幫忙不能走者；宗吾先生，遂不得不掛冠而去矣。

至此，前章所謂宗吾隱於朝者，又須痛痛快快的隱於山林了。

二十八年國曆三月三日，宗吾滿六十歲，他曾發表了那篇梯突滑稽的「厚黑教主六旬晉一徵文啟」（見前文我與厚黑教主的一段因緣中）。四月，他便由省垣回到自流井故鄉去了。我開始讀他的幾種著作，並冒昧給他寫信，就在他回家數月以後的當兒；可是一直到次年春季，才將他從不給生人寫信的舊例打破了，竟蒙他回覆了我。接著我們來往的信件，便一天一天的多起來，由彼此爭論，到彼此諒解，以至於彼此會晤，結為好友。據他自己說，他晚年的家居生活，除從事於研究著述外，大半的時間都消磨在和我的通信中，他那時正在研究「中國民族性」的問題，和進一步研究「心理與力學」的問題。

他對於中國民族性的看法，仍不外以上所說的「抵抗而不侵略」的大原則。他的出發點，自然是著重於天然環境，即強調他的地理氣候之說。更想從古今的歷史中，尋獲翔實的例證，從古先聖哲的著述裡，援引充分的理據，打算寫成一部巨著。不過這部書終未寫成，我所見到的僅是一篇數千字的論文，題為「中國民族性之研究」。在那篇文章裡，他特別舉出由中國民族性所形成的中國主義，約有六大特色：

第一，他說中國主義，是抵抗而不侵略的；如果不明白這一層，讀古人之書，就覺得矛盾百出。例如，孟子說：「善戰者服上刑。」孔子說：「我戰則克。」這不是明明矛盾嗎？要知道：孔子的說法，是就抵抗而言；孟子的說法，是就侵略而言；則孔孟的學說，自然就無衝突了。中國古人倡出「抵抗而不侵略」的學說，經過數千年之久，養成一種民族性，所以中國的人民，任便發出的議論，作出的詩歌，無在不合乎此種主義。例如：漢棄珠崖，論者稱其合於王道，為其不侵略也；秦檜議和，成為千古罪人，為其不抵抗也。秦皇漢武開邊，意在侵略，是中國民族的變態，所以很受歷史家的譏評。唐人詩中亦云：「年年戰骨埋荒外，空見葡萄入漢家。」「勸君莫話封侯事，一將成功萬骨枯。」「邊庭流血成海水，武皇開邊猶未已。」「可憐無定河邊骨，猶是春閨夢裡人。」……這些沈痛的呼聲，正是為侵略者痛下針砭。及至受人侵略，則詩人的態度又改變了。南宋受金人侵略，陸放翁臨死示兒詩云：「王師北定中原日，家祭無忘告乃翁。」則又力主用武。明胡宗憲督討倭寇時，幕客沈明臣作鐃歌十章，中有句云：「狹巷短兵相接處，殺人如草不聞聲。」宗憲起捋其鬚說：「何物沈生，雄快乃爾！」這更是歌頌戰鬥的精神。像這種「抵抗而不侵略」的主義，是中國主義的第一特色。

第二，他說中國主義，是內剛而外柔的。易經一書，是中國哲學的總綱，全書以內剛外柔為美德。例如：「泰卦」是內陽而外陰，「明夷」是內文明而外柔順，「謙卦」則山在地下，「既濟」則水在火上，無一不是內剛外柔的表現。孔老為中

國的兩大教主，其立教主旨，一一與易理相合，老子則被褐懷玉，孔子則衣錦尚絅。老子說：「天下莫柔弱於水，而攻堅強者莫之能勝。」孔子則說：「三軍可奪帥也，匹夫不可奪志也。」在在都是外柔內剛的精神。我國數千年以此立教，自然養成一種民族性，所以中國人態度溫和，謙讓有禮，這便是外柔的表現；一旦正義所在，勇氣奮發，不顧身命，這便是內剛的表現。我國民族性既然如此，所以五胡也，金人也，蒙古也，滿清也，初與中國接觸，無一不侵入，終則無一不被驅除。故我國對日抗戰，最後勝利是決然無疑的。這種外柔內剛的精神。是中國主義的第二特色。

第三，他說中國主義，是人己兩利的，西人主張天演競爭，知有己而不知有人，這純是利己主義；印度教義，以捨身救世為主，知有人而不知有己，這純是利人主義。中國主義則不然：純乎利己、孳孳為利者，是孟子所深斥；純乎利人、從井救人者，亦為孔子所不許。儒家的主張，是「己欲立而立人，己欲達而達人。」這種人己兩利的主張，是中國主義的第三特色。

第四，他說中國主義，是修齊治平一以貫之的。印度學者所講的，是出世法，西洋學者所講的，是世間法；中國學者所講的，也是世間法。但西洋近代流行的個人主義，國家主義，社會主義，三者互相衝突，紛爭不已，成為互不相容的三件物事。而中國則修身、齊家、治國、平天下，一以貫之。於是個人也，國家也，社會也，就毫不衝突。其言曰：「以天下為一家，中國為一人。」儼然將人己物我成為一個渾然的整體。這種兼容並包的精神，是中國主義的第四特色。

第五，他說中國主義，是仁義與功利融合為一的。印度教徒，滿腔子是慈悲，絕口不言功利；西洋科學家，滿腔子是功利，幾不知仁義為何物，而中國學說，則能將仁義與功利，融合一致；欲求功利，當從仁義著手。孟子全書，即是發明此旨。如說：「諸侯有行文王之政者……必為政於天下矣。」行文王之政，就是行仁義；為政於天下，就是尚功利。歐人主張武力統一，是用一個「殺」字統一世界。孟子則說：「不嗜殺人者能一之。」是用一個「生」字統一世界。其說絕精，細讀自知。這種仁義與功利融合的精神，是中國主義的第五特色。

第六，他說中國主義，是物質生活與道德生活並重的。印度教徒，乞食為生，不事貨財；歐美富豪，好貨貪財，驕奢淫逸。倫敦也，巴黎也，紐約也，以及日本之東京也，可說是拿弱小民族的血肉建成的。而我國孟子則說：「老者衣帛食肉，黎民不飢不寒。」又說「養生喪死無憾，王道之始也。」達爾文生存競爭之說，孟子復生，亦不能否認；但孟子的學說，一達到生存點，即截然而止。而達爾文則盛倡優勝劣敗，成為無界域的競爭。世界列強，一得到達氏之說，就像瘋狂一般，向

弱小民族掠奪，勢不至列強脹死，弱小民族餓死不止。我國古人，早見及此，所以說：「衣食足而禮義興。」一達到不飢不寒，即教之以禮義。故信從印度主義，不免飢寒；信從西洋主義，蔑棄禮義；這兩者的偏陂極端，中國學說最能折衷起來，是為中國主義的第六特色。

以上的六大特色，據他說，是由於中國的民族性自然形成的。而民族性的形成，又是因為中國地處溫帶，故與熱帶寒帶的人迥乎不同。因而中國主義，也就與印度主義，西洋主義，迥乎不同。溫帶上氣候適中，故其主義也適中。因此，他說中國主義，具有融化印度主義和西洋主義的能力。例如：大學一書，所講的是格致誠心修齊治平的道理。從前印度學說，傳入中國，與這種固有的學說發生衝突；經過周程陸王諸人出來，從格致誠正上用功，就把中國學說和印度學說，融合為一了。這是學術史上的大工作。近今西人的個人主義、國家主義、社會主義，傳入中國，又發生衝突。我們應該努力工作，把古人所講的修齊治平，與之融會貫通，如能完成此種工作，則中西印三方面文化，就能融合為一；而世界大同的基礎，也就算確定了。

他更說：從前印度佛學，傳入中國，我國的人士盡量採用它，修改它，發揮它，於是所有禪宗、淨土宗、天臺宗、華嚴宗等等，一一中國化。大得一般人的歡迎。今之西洋主義傳入中國，往往扞格不通，流弊百出，就是因為未經過「中國化」的原故。所以今後採納西洋文化，應當用採納印度文化的方法，使斯密士達爾文諸人的學說，一一中國化，如用藥之有炮炙法，把那有毒的一部份除去，單留下有益的這一部分。達爾文講進化不錯，錯在因競爭而妨害他人的生存。斯密士發展個性不錯，錯在因發展個性而妨害社會。若去其害，存其利，就對了。其他如馬克斯、克魯泡特金諸人的學說，也一一用此法炮炙，則西洋學說，也就一一中國化了。既已中國化，即可通行於世界。何以故？因為溫帶上的學說，固足以救熱帶上寒帶上學說之偏哪！

*

宗吾的另一研究對象，更是「性靈與磁電」的問題。這個問題，仍是他對於「心理與力學」研究的繼續，也可說是他思想發展的極致。他自從傾向「性惡論」，大膽的提出「面厚心黑」之說，仍是在「人性論」上作繼續不斷的研究，在研究的過程中，他不僅否認了「性善說」，亦同時否認了「性惡說」；至於「性善惡混說」，「性有善有惡說」，以及「性有三品說」，他也完全否認了。以後他發現人的心性，無所謂善，亦無所謂惡，但是卻有一種「力」。此「力」能推能引，與物理的現象並無不同，於是而有「心理與力學」一書之作。時至今日，他更創一假設：「人的性靈，從地球的磁電轉變而來。」如果這一假設，將來得到確切的證明，則可有科學與玄學之爭，唯物與唯心之爭，就成為徒然多事了。但他為學力與年齡所限，不能把這一假設，予以確切的證明，這是他無可奈何的事。他曾親自對我說過，他只能用「想當然耳」的說法，寫成性靈與磁電一文，讓今後的學者或推翻或證成好了。那篇文章的概要如下——

他以為物質不滅，能力不滅，是科學上的定律。依此理。吾人一死，身體即化為地球上的泥土，同時性靈亦當化為地球中的磁電。如此則肉體性靈，生有自來，死有所去，而物質不滅，能力不滅之說，就可以講得通了。世言人能成仙成佛，或許是用一種修養力，能將磁電凝聚不散的原故。又有說「寃魂不散」者，當是一種嗔恨心，能將磁電凝住；及至寃仇已報，嗔恨心消失，磁電無從凝聚，其鬼即歸消滅。

有了「性靈由磁電轉變而來」這條假設，則靈魂存滅問題，也就可以解答了。吾人一死，身上的物質，退還地球，靈性化為磁電，則靈魂即算消滅；但是吾身雖死，而物質尚存，磁電尚存，亦可說是靈魂尚存了。莊子所說：「天地與我並生，萬物與我為一。」或許是這種道理。

禪家最重「了了常知」四字。吾人靜中，此心明明白白。及至事務紛乘，此明明白白之心，即消歸烏有。學力深者，事務紛乘，此心仍可明明白白，是謂「動靜如一」。但是白晝雖明明白白，晚間夢寐中則復昏迷。學力更深者，夢寐中亦明明白白，是謂「寤寐如一」。學力極深者，死了亦明明白白，是謂「死生如一」。到了死後亦明明白白，則即說是靈魂永存，亦未始不可。

楞嚴經說：「如來從胸卍字，湧出寶光，其光昱昱，有千百色，十方微塵，普佛世界，一時周徧。」這種寶光，當即是電光。阿難白佛言：「我見如來，三十二相，勝妙殊絕，形體映徹，猶如琉璃。嘗自思維。此相非是欲愛所生。何以故？欲氣麤濁，腥臊交遘，膿血雜亂，不能發生勝淨妙明，紫金光聚。」這是說釋迦修養功深，已將血肉之軀，變而為磁電的凝聚體了，故能發出寶光，徧達十方世界。佛氏有天眼通天耳通之說。現在無線電發明，已可證明這種道理。釋迦本身，即是一具無線電臺，將來電學進步，或可證明佛經所說，一一不虛，這「性靈由磁電轉變而來」的假設，或亦可以證實了。

老子言道，屢以水為喻；佛氏說法，亦常以水為喻。我們不妨以空氣為喻，所謂不生不滅，不垢不淨，不增不減，無古今，無邊際，無內外，種種現相，空氣是具備了的。倘再進一步，以中和磁電為喻，尤為確切。若更進一

步，假定「人的性靈，由磁電轉變而來」，用以讀佛老之書，覺得處處迎刃而解。

吾人自以為高出萬物，這不過人類自己誇大的話，實則人與物，同是從地球生出來的，身體的原素，無一非地球中的物質。自地球看來，人與物並無區別，彷彿父母生二子，長子曰「人」，次子曰「物」，不過長子聰明，次子患癱病而又聾啞罷了。人身的物質，和地球的物質，都是電子構成的。吾人有靈魂，地球亦有靈魂；地球的靈魂，就是磁電。通常所說的地心吸力，即是磁電吸力的表現。地球的物質變為植物，同時地球的磁電即變為植物的生機。吾人食植物，物質變為吾身的毛髮骨肉，同時磁電即變為吾人的性靈。由泥土沙石，變而為植物。變而為毛髮骨肉，愈變愈高等；同時由地球的磁電，變而為植物的生機，變而為吾人的性靈，也是愈變愈高等。雖經屢變，而本來的性質仍在，所以吾身的原素與地球的原素相同，心理的感應與磁電的感應相同。惟是既經屢變，吾身的毛髮骨肉，與地球的泥土沙石不能無異；吾人的性靈，與地球的磁電不能無異。何以故？在地球為死物，在吾身則為活物。所以用力學規律來考察人事，就當活用，不能死用。

老子說：「有物混成，先天地生，寂兮寥兮，獨立而不改，周行而不殆，可以為天下母，吾不知其名，字之曰道，強為之名曰大。」老子所說的「道」，即釋氏所說的「真如」。釋氏說：「山河大地，日月星辰，內身外器，都是由真如不守自性，變現出來的。」其說與老子正同。真如者，空無所有也——實則非空非不空；老子所說的道，也是如此。忽然真如不守自性，變現為中和磁電，由是而變現為氣體，回旋於太空之中，幾經轉變，而山河大地，日月星辰，就依次出生了。由是而生植物，生動物，生人類。佛氏所說「阿賴耶識」的狀態，與中和磁電的狀態最相似。此二者都是沖漠無朕，萬象森然，也即是寂然不動，感而遂通。我們可以說：真如變現出來，在物為中和磁電，在人為阿賴耶識；猶之同一物質，在地球為泥土沙石，在人則為毛髮骨肉。今人每謂人之性靈，與磁電迥不相同；猶之無科學知識的人，見了毛髮骨肉，即說與泥土沙石迥不相同是一樣。中和磁電，是真如最初變現出來的，真如不可得見，我們讀佛老之書，姑以中和磁電，模擬「道」與「真如」的狀態，也可得其彷彿了。

我們假定：「人的性靈，由磁電轉變而來。」則佛的諸多說法，與夫宋儒所謂：「如魚在水，外面水便是肚裡水，鱖魚肚裡水，與鯉魚肚裡水只是一樣。」明儒所謂：「盈天地皆心也，」等等說法，都可不費煩言而解。中庸說：「喜怒哀樂之未發，謂之中。」六祖說：「不思善，不思惡，正恁麼時，那個是明上座本來面目。」廣成子說：「至道之精，窈窈冥冥，至道之極，昏昏默默。」莊子說：「心不憂樂，德之至也，一而不變，靜之至也。這都是阿賴耶識的現相，也即是磁電中和的現相。中和磁電發動出來。呈相推相引的作用，而紛紛紜紜的事物就起來了。所以要研究人世事變，當首先造一臆說曰：「人的性靈，由磁電轉變而來。」但研究磁電，又離不得力學，於是更造一臆說曰：「心理依力學規律而變化。」有了這兩個臆說，紛紛紜紜的事物，才有軌道可尋；而世界紛歧的學說，也可以匯歸為一。

以上便是他那篇文章的大意。後來即作為心理與力學的第一章。他所以如此這般窮索冥究，是想為他的「心理與力學」建立本體，必須有此造詣，則「心理依力學規律而變化」的說法，才不算無根之言。所以我說。這是他思想發展的極致。但他的才華，他的精力，到此地步，已可說是發洩盡了。

14・蓋棺尚待論定

自三十年十二月初旬。我與宗吾在青木關相會，以直到三十二年九月二十八日，他逝世為止，中間的那段生活，我已把它寫入「我與厚黑教主的一段因緣」的篇章了，此處不再贅及。我今只將遺漏的地方，補述一二，以作本傳的結束。

記得我們第一次相會的時候，他對於抗建大業，具著充分的「抗戰必勝，建國必成。」的信念，把他若干年的消沈歲月，又鼓舞煥發起來。他自己竟然忘卻了年邁體弱，及其他種種條件，曾對我說：『我此次外出，暫時不擬返里，打算自費到美國去，宣傳我們的「中國主義」，讓彼邦人士明瞭我們中華民族數千年來立國的精神，或者藉此喚起他們的同情，來幫助我們這次神聖的抗戰，也算盡了所謂國民外交的一份子的責任，你看以為如何？』我當時不便打斷他的興致，只好漫然應之。其實他當時的壯志，是為愛國的熱情所激，完全不顧事實的話。第一，他僅是小康之家，怎能擔負起遊美的用費？第二，政府正在討厭他妄言惑眾，一再禁止他的著作流行，又怎能發給他的出國護照？第三，他不通英語，他的經濟條件未必即

能攜帶翻譯，究竟憑著什麼去作宣傳或講學？但是他一切不管，他迭二連三的徵求我的意見，後來我用委婉的言詞，才把他的意念暫時打消了。

我知道他在重慶時，曾和吳稚暉先生數度來往，並曾討論過「知難行易」和「知易行難」的問題。從兩位老人來往的信件中，他們似乎已深深的默契了。他也曾與幾個重慶區的大學教授，攀談過學術問題，但彼此似乎有些隔膜。此中的原因：是大學教授的學問，多半是從書卷中來的；而他的一套理論，則是憑著想像所及而別有發現的。人家的學問，多半是有師承家法的；而他的學說，可說是本店自造的。因此，他僅可稱之為思想家，不得稱之為學術家或是學者。思想家所見到的，有時為稍後的學者所證成，有時亦為稍後的學者所推翻。思想家與學者，往往不是同時代的人物。勿怪乎他與一般教授攀談，他儘管言之諄諄，而聽者就未必不茫然了。由於這種情形，所以他到重慶約有半年之後，就漸漸的感到了一種說不出的寂寞，冷落，孤獨。忽然他感到自己的學力不夠，讀書太少，不能與當代學者並肩齊驅。他這種自卑的情意，往往流露在他致我的書信中。當時有人見到他這樣信件的，就笑著說：「厚黑教主垮臺了！」但我對他的看法，則以為這是他的進步，是他能虛心研究的美德。假若他能多活若干年，他或者把過去大膽所假設的，予以證成或推翻，而有更精深的著作出來。

他於三十二年春季，回到北碚來，我們又重相聚了。這次我們相處的時日較多，幾乎無所不談。他還是一　的自謙，說自己讀書太少，見聞不廣，而又嘆時不再來，所謂「老大徒傷悲」了！我當時對他說：『我們中國近代的讀書人，像老先生的成就已很不小了；尤其是戛戛獨造的精神，試問海內究有幾人？就憑你所提出的若干假設，將來有人為你證成一二，也就足以不朽了。宇宙真理的發現，何必由老先生一身獨擔呢？』他聽了這話，仍是苦笑著搖搖頭，嘆息不已。

有一次，我問他：『你對於政治、文化、學術，有什麼究極的看法嗎？』他說：『我在社會問題之商榷一書中，最末的一章，差不多可以答覆這個問題，雖然是十年前的一種見解，但直到如今，我的看法還是依然如故。這莫非是我不能進步的表現嗎？哈哈哈！』

好了，現在我把那一章撮錄於下，以作他自己思想的總介紹吧——

現在世界上紛紛擾擾，衝突不已，我窮源竟委的考察，實在由於互相反對的學說生出來的。孟子之性善說，荀子之性惡說，是互相反對的；宗教家之利人主義，進化論派之利己主義，是互相反對的；個人主義之經濟學，社會主義之經濟學，是互相反對的。凡此種種互相反對之學說，均流行於同一社會之

中，從未折衷一是，思想上既不一致，行為上當然不能一致，衝突之事，就在所不免了。真理只有一個，猶如大山一般，東西南北看去，形狀不同，遊山者各見山之一部分，所說山之形狀，就各不相同了。我們研究事理，如果尋出了本源，任是互相反對之說，都可調和為一。性善與性惡，可以調和為一；利人與利己，可以調和為一；個人主義與社會主義，可以調和為一。……著者把所有互相反對的學說，加以研究，覺得無不可以調和，茲舉兩例於下：

（甲）馬克斯說：「人的意志為物質所支配。」又有人說：「物質為人的意思所支配。」這兩說是可以調和為一的。茲用比喻來說明：假如我們租佃了一座房子，遷移進去，某處作臥房，某處作廚房，某處作會客室，器具如何陳設，字畫如何懸掛，一一要審度屋宇之形勢而為之。我們的思想，受了屋宇之支配，即是意志受了物質之支配；但是我們如果嫌屋宇不好，也可以把他另行改造，屋宇就受我們的支配，即是物質受意志的支配。歐洲機器發明而後，工業大興，人民的生活情形，隨之而變，固然是物質支配了人的意志；但機器是人類發明的，發明家費盡腦力，機器才能出現，工業才能發達，這又是人的意志支配了物質。這種說法，與「英雄造時勢，時勢造英雄。」是一樣的。單看一面，未嘗說不下去，但必須兩面合攏來，理論方才圓滿，有了物理數學等科，才能產出牛頓；有了牛頓，物理數學等科，又生大變化。有了咸同的時局，才造出曾左諸人；有了曾左諸人，又造出一個時局。就如雞生蛋，蛋生雞一般，表面看去，是輾轉相生，其實是前進不已的，後之蛋非前之蛋，後之雞非前之雞，物質支配人的意志，人的意志又支配物質，英雄造時勢，時勢又造英雄，而世界就日益進化了。倘若在進化歷程中，割取半截以立論，任你引出若干證據，終是一偏之見。我們細加考究，即知雞與蛋原是一個東西，心與物也是一個東西，雞之外無蛋，蛋之外無雞，心之外無物，物之外無心，唯心論，唯物論，原可合而為一的。

（乙）古人說：「非知之艱，行之為艱。」孫中山說：「知難行易。」這兩說也可以合而為一的。古人因為世人只知坐而研究，不去實行，就對他說道：知是很容易的，行是很艱難的，你們總是重趨實行就是了，孫中山研究出來的學理，黨人不肯實行，就對他們說道：知是很艱難的，行是很容易的，我已經把艱難的工作做了，你們趕快實行就是了。古人和孫中山，都是注重在實行，意思是一樣的，並無衝突。「非知之艱，行之維艱」二語，出在尚書，是傅說對武丁所說的。傅說原是勉勵武丁實行，並沒有說事情難了，叫武丁莫行。原書具在，可以覆按。我們從此著想，就可以把傳說「知易行難」之說，

和孫中山知難行易之說，調和為一。至於「難易」二字，乃是兩相比較的形容詞，與長短大小等字相類，行文說話時，往往用這類比較字眼，抑揚高下，以助文氣或語氣，於實際的道理上，並無何種關係。我們如果不明此理，認真在「知行」二字上，搜尋難易，要批評傳說和孫中山的是非，這就像聽見三歲小兒說我們的身又長又大，巨無霸（東漢時的巨人）說我們的身體又短又小，我們就疑惑起來。究竟我們的身體，是長是短，是大是小，聚些人來研究，以定比較，就可生出長短大小之差；只要有二事可以作比較，即可生出易難之差。三歲小兒和巨無霸之是非，這就未免太無謂了。宇宙之內，只要有二物可以作比較的事物，可以隨意取捨，無有一定，因之長短大小難易之分，也無有一定。天下事，無所謂難，無所謂易：尋件難事，與之比較，就成易事；尋件易事，與之比較，就成難事。發明輪船火車的人，費了無限心力，方才成功，發明之後，技師照樣製造，是很容易的，這是「知難行易」。初入工廠的學生，技師把製造輪船火車的方法傳授他，學生聽了，心中很了然，做起來卻很艱難，這是「知易行難」。這類說法，都是從比較上生出來的。拿發明家和技師比較，則發明家難而技師易；拿技師和學生比較，則技師易而學生難。同是「知」字，孫中山是指發明家發見真理而言，傳說是指學生聽講時心中了解而言。同是「行」字，孫中山是指技師的工作而言，傅說是指學生的工作而言，我們試取孫文學說讀之，他舉出的證據，是飲食作文用錢等十事，修理水管一事，與夫他日已革命的事實，凡此種種，都是屬乎發明方面的事。我們從這個地方研究，就可把孫中山和傅說的異同尋出來。孫中山拿發明家之「知」，和技師之「行」比較，故說「知難行易」；傅說拿講堂上聽講之「知」，和工場中實地工作之「行」比較，故說「知易行難」。孫中山是革命界的先知先覺，他訓誡黨員，是發明家對技師說話，故說「知難行易」；傅說身居師保之位，他訓誡武丁，是技師對學生說話，故說「知易行難」。二說俱是勉人實行的。故知易行難，和知難行易，可以調和為一。世間的事，可分兩種，有知難行易者，有知易行難者，合二者而言之，理論就圓滿了。

著者把性善性惡，利人利己，個人主義，社會主義，唯心唯物，知難行易，知易行難，種種互相反對之學說，加以研究之後，乃下一結論曰：「無論古今中外，凡有互相反對之二說，雙方俱持之有故，言之成理，經過長時間之爭辯，仍對峙不下者，此二說一定可以並存，一定是各得真理之一半。我們把兩說合而為一，理論就圓滿了。」

宇宙事物，原是孳生不已的，由最初之一個，孳生出無數個，越孳生，越

紛繁。自其相同之點觀之，無在其不同；自其相異之點觀之，無在其不異。古今講學的人，儘管分門別戶，互相排斥，其實越講越相合。即如宋儒排斥佛學，他們的學說中，參得有禪理，任何人都不能否認，孟子排斥告子，王陽明是崇拜孟子之人，他說：「無善無惡心之體」，其語又絕類告子。諸如此類，不勝枚舉。因為宇宙真理，同出一源，只要能夠探求，就會同歸於一。猶如山中生出草草木木一般，從他相異之點看去，草與木不同，此木與彼木不同。同是一木，發生出來的千花萬葉，用顯微鏡看之，無一朵相同之花，無一片相同之葉，可說是不同之極了。我們倘能會觀其通，從他相同之點看去，則花花相同，葉葉相同，花與葉相同，此木與彼木相同，木與草相同。再進之，草木和禽獸相同。精而察之，草木禽獸，泥土沙石，由分子，而原子，而電子，也就無所謂不同了。我們明白此理，即知世間種種爭端，無不可以調和的。有人問我道：你說心理變化，循力學公例而行；請問各種學說，由同而異，又由異而同，是屬乎力學公例之哪一種？我說：水之變化，即是力之變化，同出一源之水，可分為數支，來源不同之水，可匯為一流，千派萬別，無不同歸於海。任他如何變化，卻無一不是循力學公例而行。宇宙事物，凡是可以用水來作比喻的，都可說是與力學公例符合。

中國人研究學問，往往能見其全體，而不能見其細微，古聖賢一開口即是天地萬物，總括全體而言之，好像遠遠望見一山，於山之全體是看見了的，只是山中之草草木木的真相，就說得依稀恍惚了。西人分科研究，把山上之一草一木，看得非常清楚，至於山之全體，卻不十分了然。將來中西學說，終必有融合之一日，學說匯歸於一，即是思想一致，思想既趨一致，即是世界大同的動機。現在世界紛爭不已，純是學說紛歧釀出來的。我們要想免除這種紛爭。其下手之方法，就在力求學說之一致。所謂一致者，不在勉強拉合，而在深索本源，只要把他本源尋出來，就自然歸於一致了。所以我們批評各家學說，務於不同之中，尋出相同之點，應事接物，務於不調和之中，尋覓調和的方法，才不至違反進化之趨勢。不是我們強為調和，因為他根本上，原自調和的。我看現在國中之人，往往把相同的議論，故意要尋他不同之點。本來可以調和的事，偏要從不調和方面做去，互相攻擊，互相排擠，無一事不從衝突著手，大亂紛紛，未知何日方止！

現在各黨各派，紛爭不已，除挾有成見，意氣用事者外，其他一切紛爭，實由於學說衝突醞釀出來的。要調和這種紛爭，依我想，最好是各人把各人崇拜的學說，徹底研究。又把自己所反對的學說，平心觀察。尋覓二者異同之

點，果然反覆推求，一定能把真正的道理搜尋出來，彼此之紛爭，立歸消滅。因為世間的真理，只有一個，只要研究得徹底，所得的結果，必定相同。假使有兩個人所得的結果不同，其中必有一人研究不徹底，或是二人俱不徹底。如果徹底了，斷無結果不同之理。大家的思想既趨於一致，自然就沒紛爭了。

在我個人的主張，可把各種主義，公開研究，聽人盡量的懷疑和批評，然後才能把真理研究得出來，全國思想才能統一。有人駁我道：現在是訓政時期，如果孫中山的三民主義也聽人懷疑批評，則是對於孫中山失了信仰，即是失去全國重心，中國怎能立國？我說：理論和事實，本可分開的，懷疑批評，乃是理論上之事，未即捨之實行。現在全國隸屬於三民主義之下，政治上一切設施，當然照著孫中山的辦法做去，不能任意變更。至於學理上之討論，儘可聽人自由。到了討論終結，全國人都認為孫中山主義不適宜，一致請求變更，我們又何不可變更之有？未達到全國人請求變更的時候，當然遵循孫中山主義進行，如有違反三民主義，作政治上之行動者，當然嚴予制裁。據我的觀察，現在各種主義，如不由於公開研究之一途，思想之紛亂，是無有窮期的，而國內之爭端，和人民所受之痛苦，也就無有底止了。……世間虛偽的學說，才怕人懷疑和批評。關聖帝君的覺世真經說：「不信吾教，請試吾刀！」註太上感應篇的人說：「有人毀謗此書，定遭冥譴。」因為這兩種書所說的道理，經不得研究，生怕人懷疑和批評，無可奈何，才出於威嚇之一途。至於牛頓和愛因斯坦諸人的學說則不然，任人懷疑，任人批評，信從與否，聽人自便，結果反無人不信，無人不從。其所以然之理，也就可以深長思了。世間的道理，愈懷疑則研究愈深，愈批評則真理愈出。孫中山的學說，是不怕人懷疑的，是不怕人批評的，經一番攻擊，增一番鮮明。我們尊崇孫中山，當以事牛頓和愛因斯坦之禮事之；不當以事關聖帝君和太上老君之禮事之。如果說他的學說，不許人懷疑，不許人批評，無異於說三民主義一書，所含的真理，與覺世真經和太上感應篇相等，名為尊崇孫中山，實則污衊孫中山了。我們不如坦坦白白的把三民主義拿出來，請共產主義者嚴加批評。我們對於共產主義的學理，也不客氣的嚴加批評。理無兩是，討論終結，如果孫中山的學說是虛偽的，我們又何必死守著這種虛偽，就改從馬克斯，有何不可？如果討論終結，馬克斯主義是不合理的，我想共產黨人，也不至堅守不合理的學說，自誤誤人。

主義是相對的，不是絕對的。有了三民主義，就有非三民主義。有了共產主義，就有非共產主義。各種主義，紛然並立，彷彿世界各國紛然並立一樣。有了國界，此國與彼國，即起爭端。有了主義，此黨與彼黨，即起爭端。世人

只知愛國主義是狹小的，殊不知崇奉一種主義，也是狹小的。將來世界各國，終必混合為一而後止；各種主義，也是融合為一而後止。無所謂國，無所謂主義，國界與主義，同歸消滅，這就是大同世界了。作者主張聯合世界弱小民族，攻打列強，可說是順著大同軌道走的。主張各種主義，公開研究，也可說是順著大同走的。

至於學術思想，我是絕對主張獨立自由的，這已可從我上面的話看出來。中國政治界的君主，和學術界的聖人，所走的軌道是一樣的。春秋戰國時，列國紛爭不已，後來產生了皇帝，列強就消滅了。同時諸子百家也紛爭不已，後來推孔子為聖人，諸子百家也就消滅了。皇帝任下一道命令，人民都要服從，如不服從，就是大逆不道。聖人任發一種議論，學者都要信從，如不信從，也是大逆不道。皇帝在朝廷上盤踞起，聖上在各人心坎上盤踞起。皇帝蹂躪民意，聖人蹂躪思想。中間有點區別者，皇帝的專橫，是皇帝自己做出來的，應由皇帝負責。聖人的專橫，是後人借孔子招牌做出來的，孔子不能負責。後來皇帝之威權剝奪了，英法德俄美日諸國就闖進來，執行皇帝的任務，成了變相的皇帝，一般人就以事皇帝之禮事之。同時孔子之威權也剝奪了，盧騷、達爾文、馬克斯、杜威、羅素諸人闖進來，執行孔子之任務，成了變形的孔子，一般人就以事孔子之禮事之。大清皇帝倒了過後，把一個大皇帝之權，剖為無數小塊，分給國中赫赫有權的軍人，成為許多小皇帝。至聖孔子倒了過後，把一個大聖人之權，剖為無數小塊，分給國中赫赫有名的學者，成了許多小聖人。軍閥蹂躪民意，學閥蹂躪思想。軍閥背後，有外國的帝國主義；學閥背後，有外國的哲學家。小皇帝之命令，是絕對威權，不許違抗，如有人違抗了，他就要把你重懲。小聖人之議論，自認為絕對之是，不許人匡補，不許反對者有討論之餘地，如果有人懷疑了，他就在報章雜誌把你痛罵。政治界一切現象，與學術界完全相同。這種現象，可分為三個時期：第一個時期，是大皇帝大聖人專權時期，這是過去；第二個時期，是小皇帝小聖人專權時期，這是現在；將來到了第三個時期，才是普通人民和普通學者，自由發表意見的時期。我嘗說：君主之命該革，聖人之命尤其該革；民族該獨立，思想更該獨立。

這一篇大議論，便是這一顆思想界的慧星所放射的光芒。可惜這光芒，慢慢的黯淡了，慢慢的消滅了！如果這慧星是有週期性的，也許經過若干時日，還有重光的時候？如今這位不厚不黑的厚黑教主，是與世長辭了；但是他慧星般的思想，於人事物理諸方面，未必無啟示的作用吧！歷史家常說的話：「蓋棺即可論定。」我對於這位厚黑教主——李宗吾先生，則以為「蓋棺尚待論定」。

第三部

厚黑教主外傳

我大清早起，
站在人家屋角上啞啞的啼。
人家討嫌我，
說我不吉利；
我不能呢呢喃喃的討人家的歡喜。

——胡適：烏鴉

這首詩，是幾乎三十年前作者自行編入「嘗試集」裡的。在當時，胡博士顯然是借這不討人喜歡的「烏鴉」以自喻；時至今日，作這首詩的人與其留以自喻，倒不如拿來移贈厚黑教主更為適當。因為厚黑教主的一生言論，的確是不討人喜歡的。上自聖賢豪傑，下至市井小人，他都毫無容赦的去揭穿他們的面皮，洞照他們的心跡，使人世間的魑魅魍魎一齊現形。他如此這般的啞啞而啼，真把人叫得冒火，叫得心焦。所以說，他才是真真的一隻烏鴉！我現在還想送他這樣的一首詩：

咕咕喵，
咕咕喵，
哈哈哈哈……！
咕咕喵，

咕咕喵，

哈哈哈哈……！

要問這又是什麼詩？這就是「貓頭鷹詩」。咕咕喵，是貓頭鷹在叫；哈哈哈哈……，是貓頭鷹在笑。我們故鄉人說：「不怕貓頭鷹叫，就怕貓頭鷹笑！」一傳說：貓頭鷹叫，固然是不甚吉利，卻還沒有什麼；而貓頭鷹笑，就非死人不可，或是預示著極大的凶兆。厚黑教主一生的冷笑，每每使人毛骨悚然戒懼不安，好像聽見貓頭鷹的叫與笑是一樣的。所以說，他不僅是一隻烏鴉，更是一隻貓頭鷹！

再就他是「一顆思想界的慧星」來說，他也是應該受到天怒人怨的。慧星俗名掃帚星，它一出現，就預示著天變人禍。不但愚夫愚婦怕它，王公大人怕它；就是精研學的天文家們，也都警覺起來注視它的行動；假使其他星球上也有人類的話，他們惶恐驚怪的程度，想也不亞於斯世。因為它在自然界，不肯遵循自然律的軌道，拖著一條長長的尾巴，橫衝直撞，所以人事界對它也無從作如理的測度，是以可怕。思想界的慧星，在新舊思想界所起的作用，亦復如是。厚黑教主的思想，不遵傳統，不安故常，也不信從中外時人的意見，無論對於天道人事，他只是一意孤行，提出他自己的看法和解釋，像這樣的叛逆思想，不是一顆慧星是什麼？宜乎招惹得天怒人怨，被社會認為是不祥之物了。

我既為這位「不祥之物」，一再的寫成正傳與別傳；現在仍想把一些棄之可惜的材料，再來找補一番，寫成「厚黑教主外傳」，作為本書的附錄。

*

厚黑教主生平好寫滑稽文字，或用雜文體，或用小說體，無一篇不是嬉笑怒罵，語含諷刺。有人說：厚黑教主的在世，是天地間一大諷刺，我亦云然。他不獨諷刺世人，有時也諷刺自己。不過當他諷刺自己的時候，更是惡毒的諷刺世人，這是他一貫的伎倆。例如他倡厚黑學，明明是藉以痛罵世人的；但他偏偏一身獨當，自居為厚黑教主，而有厚黑經，厚黑傳習錄的寫作。如果有人質問他：「你為什麼罵人呢？」他必然回答道：「我怎敢罵人？我是罵我自己。」試問你對他又有什麼辦法呢？本篇首先要介紹的是他所著的「怕老婆的哲學」一文，仍是襲取的這種故智。他著此文的動機，想是鑒於吾國的倫常，日趨乖舛，所謂五倫，幾乎是破壞殆盡的，社會上無非是些「好貨財私妻子」的東西；但他卻不像道學家們的一貫作風，說什麼「世風不古，江河日下」的慨嘆之詞。他竟喊出「怕老婆」的口號，加以提倡，而且著為專論，名之曰哲學，末附「怕經」，以比儒家的「孝經」，這種諷刺，真可說是惡毒極了！他自己怕不怕老婆，我們不甚知道；但他曾極力主張當約些男士同志，設立「怕學研究會」，共相研討，儼然以怕學研究會的會長自居，

這不又是一種現身說法嗎？

他那篇自稱哲學的文章，大意是說：大凡一國的建立，必有一定的重心，我國號稱禮教之邦，首重的就是五倫。古之聖人，於五倫中特別提出一個「孝」字，以為百行之本。所以說：「事君不忠非孝也，朋友不信非孝也，戰陣無勇非孝也。」全國重心，建立在一個「孝」字上，因而產出種種文明，我國雄視東亞數千年，並不是無因的。自從歐風東漸，一般學者，大呼「禮教吃人」，首先打倒的就是「孝」字，全國失去重心，於是謀國就不忠了，朋友就不信了，戰陣就無勇了。有了這種現象，國家焉得不衰落，外患焉得不侵凌？因此必須另尋一個字，作為立國的重心，以替代古之「孝」字，這個字仍當在五倫中去尋。我們知道：五倫中君臣是革了命的，父子是平了權的，兄弟朋友更是早已拋棄了的；所幸五倫中尚有夫婦一倫存在，我們應當把一切文化，建立在這一倫上。天下的兒童，無不知愛其親也，積愛成孝，所以古時的文化，建立在「孝」字上；世間的丈夫，無不知愛其妻也，積愛成怕，所以今後的文化，應當建立在「怕」字上。於是怕老婆的「怕」字，便不得不成為全國的重心了。

他說怕學中的先進，應該是首推四川。宋朝的陳季常，就是鼎鼎有名的怕界巨擘，河東獅吼的故事，已傳為怕界的佳話了。所以蘇東坡讚以詩曰：「忽聞河東獅子吼，柱杖落手心茫然。」這是形容他當時怕老婆的狀態，真是魂靈無主，六神出竅的。但陳季常並非卑微鄙賤之徒，他是有名的高人逸士。高人逸士，都如此的怕老婆，可見怕老婆一事，應當視為天經地義的。東坡又稱述他道：「環堵蕭然，而妻子奴婢，皆有自得之意。」這是證明了陳季常肯在「怕」字上做工夫，所以家庭中才收到這種良好的效果。時代更早的，還有一位久居四川的劉先生，他對於怕學一門，可說是以發明家而兼實行家。他新婚之夜，就向孫夫人下跪，後來因處東吳，每遇著不了的事，就守著老婆痛哭，而且常常下跪，無不逢凶化吉，遇難成祥。他發明這種技術，真可說是渡盡無邊苦海中的男子。凡遇著河東獅吼的人，可把劉先生的法寶取出來，包管閨房中頓呈祥和之氣，其樂也融融，其樂也洩洩。

他更從史事來證明：東晉而後，南北對峙，歷宋齊梁陳，直到隋文帝出來，才把南北統一，而隋文帝就是最怕老婆的人。有一天，獨孤皇后發了怒，文帝怕極了，跑在山中，躲了兩天，經大臣楊素諸人把皇后勸好了，才敢回來。怕經曰：「見妻如鼠，見敵如虎。」隋文帝之統一天下，誰曰不宜？

隋末天下大亂，唐太宗出來，掃滅群雄，平一海內，他用的謀臣是房玄齡。玄齡也是一位最怕老婆的人，他因為常受夫人的壓迫，無計可施，忽然想道：太宗是當今天子，當然可以制伏她。於是就向太宗訴苦，太宗說：「你喊她來，等我處置

她。」哪知房太太幾句話就說得太宗啞口無言，便私下對玄齡道：「你這位太太，我見了都怕她，此後好好的服從她的命令就是了。」太宗見了臣子的老婆都害怕，真不愧為開國明君！我國歷史上，不但要怕老婆的人，才能統一全國；就是偏安一隅，也非有怕老婆的人，不能支持危局，從前東晉偏安，全靠王導、謝安，出來支持；而他們兩人，就都是怕學界的先進。王導身為宰相，兼充清談會的主席，有天手持麈尾，坐在主席位上，談得正起興時，忽然報道：「夫人來了！」他連忙跳上犢車就跑，弄得狼狽不堪。但他在朝廷中的功勞最大，竟獲得天子的九錫之寵。推根尋源，全是得力於怕字訣。苻堅以百萬之師伐晉，謝安圍其別墅，不動聲色，把符堅殺得大敗，也是得力於怕字訣。因為大家知道的：謝安的太太，把周公制定的禮改了，拿來約束她的丈夫，謝安在他夫人的名下，受過嚴格的訓練，養成泰山崩於前而色不變的習慣，符堅怎是他的敵手？

他如此主張怕老婆的重要，自不免啟人之疑。所以有人問他道：外患這樣嚴重，如果再提倡怕學，養成怕的習慣，敵人一來，以怕老婆的心理怕之，豈不要亡國嗎？他說：這卻不然，從前有位大將，很怕老婆，有天憤然道：「我怕她做甚？」傳下將令，點集大小三軍，令人喊他夫人出來，打算以軍法從事。他夫人出來，厲聲問：「喊我何事？」他惶恐伏地道：「請夫人出來閱兵。」此事經他多方考證，才知道是明朝戚繼光的事。但他並不覺得奇怪，繼光雖然行軍極嚴，他兒子犯了軍令，就把他斬首；可是夫人尋他大鬧，他自知理屈，不敢聲辯，就養成怕老婆的習慣；誰知這一怕反把膽子嚇大了，以後日本兵來，他都不怕，就成為抗日的英雄。因為日本雖可怕，總不及老婆的可怕，所以他敢於出戰。

凡讀過希臘史的人，想都知道斯巴達每逢男子出征，妻子就對他說：「你不戰勝歸來，不許見我之面！」一個個奮勇殺敵，斯巴達以一蕞爾小國，遂崛起稱雄；倘平日沒有養成怕老婆的習慣，怎能收此效果呢？

他不但由歷史上證明了應當怕老婆的至理名言，而且他更從當代政治舞臺上的人物去考察，得出的結論，是官級越高的，怕老婆的程度越深，官級和怕的程度，幾乎成為正比例。於是由古今的事實，又歸納出精當的定理，而特著「怕經」若干條，垂範後世。

教主曰：夫怕，天之經也，地之義也，民之行也。五刑之屬三千，而罪莫大於不怕。

教主曰：其為人也怕妻，而敢於在外為非者鮮矣。人人不敢為非，而謂國之不興者，未之有也。君子務本，本立而道生，怕妻也者，其復興中國之本歟！

教主曰：惟大人為能有怕妻之心，一怕妻而國本定矣。

教主曰：怕學之道，在止於至善，為人妻止於嚴，為人夫止於怕，家人有嚴君焉，妻子之謂也。妻發令於內，夫奔走於外，天地之大義也。

教主曰：大哉妻之為道也！巍巍乎惟天為大，惟妻則之，蕩蕩乎無能名焉！不識不知，順妻之則。

教主曰：行之而不著焉，習矣而不察焉，終身怕妻，而不自知為怕者眾矣。

教主曰：君子見妻之怒也，食旨不甘，聞樂不樂，居處不安，必誠必敬，勿之有觸焉耳矣。

教主曰：妻子有過，下氣怡色柔聲以諫，諫若不入，起敬起畏；三諫不聽，則號泣而隨之；妻子怒不悅，撻之流血，不教疾怨，起敬起畏。

教主曰：為人夫者，朝出而不歸，則妻倚門而望；暮出而不歸，則妻倚閭而望。是以妻子在，不遠遊，遊必有方。

教主曰：君子之事妻也，視於無形，聽於無聲。入閨門，鞠躬如也。不命之坐，不敢坐；不命之退，不敢退。妻憂亦憂，妻喜亦喜。

教主曰：謀國不忠非怕也，朋友不信非怕也，戰陣無勇非怕也。一舉足而不敢忘妻子，一出言而不敢忘妻子。將為善，思貽妻子令名，必果；將為不善，思貽妻子羞辱，必不果。

教主曰：妻子者，丈夫所託而終身者也。身體髮膚，屬諸妻子，不敢毀傷，怕之始也；立身行道，揚名於後世，以顯妻子，怕之終也。

右經十二章，據他說：「為怕學入道之門，其味無窮。為夫者，玩索而有得焉，則終身用之，有不能盡者矣。」最後，他對於今後的歷史家，尚有此建議：舊禮教注重「忠孝」二字，新禮教注重「怕」字，我們如說某人怕老婆，無異譽之為忠臣孝子，是很光榮的。孝親者為「孝子」，忠君者為「忠臣」，怕妻者當名「怕夫」。舊日史書，有「忠臣傳」，有「孝子傳」；將來民國的史書，一定要立「怕夫傳」。

*

許多人讀了他的「怕老婆哲學」和「厚黑學」，還覺得有些趣味；惟前者附有「怕經」，後者附有「厚黑經」，只知套用些四書和孝經的文句，未免令人感得無聊。這話被他聽見了，他立時予以答辯道：

『昔人說，世間哪得有古文？無非換字法、減字法罷了。譬如有人請你做壽序或墓誌，你就信筆寫出一篇文字，然後把文中的俚俗字，換為典雅字，再將閒冗長句盡量刪短，就成了一篇簡雅的古文。我們也可以說，世間哪得有真革命？所謂革命，就是革名詞，不革實質，無非是挖字法、嵌字法罷了。清末以後，革命黨拋卻千千萬萬頭顱，考其實效，也不過把皇帝革成大總統，總督巡撫革成督軍省長，其他種種名詞，改變一下，革命即算成功，實質則依然如故。世間許多書，都是名詞變，實質不變。即如我李宗吾是個八股先生，這是實質。假如滿清時，有人舉發說：「李宗吾是革命黨」，上峰委員查辦，查辦員覆稱：「查得李宗吾品行端方，學術純正，斷不會革命。」到了民國，又有人舉發說：「李宗吾反革命，」上峰委員查辦，查辦員覆稱：「查得李宗吾品行端方，學術純正，斷不會反革命。」品行端方，學術純正，實質全沒有變，在滿清時不革命，在民國就會革命，豈非奇事？世上又有一種人，品行實在不端方，學術實在不純正，在滿清則為忠君愛國的正人君子，在民國則為三民主義的忠實信徒，豈不更奇？究其實，無非是表面名詞變、裡面實質不變罷了。只要悟得此理，包管你受用不盡。例如，你當了官吏，有人冒犯了你，你就捉他來，痛打一頓，這本是專制時代的野蠻辦法，而你口中不妨說道：「而今是民主時代了，你這種擾亂秩序的人，君主時代容得過，民主時代斷斷容不過！」這無非把「君主」二字挖下，嵌入「民主」二字罷了；聞者必稱讚你深諳法治，有民主時代的精神。所以說，挖字法、嵌字法，是革命家的祕訣。我把這種祕訣，應用到著作上，「怕經」十二章是如此，「厚黑經」全部也是如此，是之謂「革命式的文字」，又有何人敢說「革命」是無聊呢？』

其次要介紹的，是他著的孔子辦學記。這是一篇小說體裁，藉孔子的辦學，來諷刺現在人的辦學。我想他是鑒於全國的各大都市中，有許多的冒牌教育家，專意投機取巧，想借創辦學校的名義，以圖發財，或是另有其他作用，以彙緣富貴，於是他禁不住要笑罵了。

那篇小說，開首是敘述孔子周遊列國，官運很不亨通，不惟枉送盤費，並且遇著匡人桓魋，幾乎性命不保。一般老腐敗，如長沮、桀溺、荷蕢、微生畝諸人，還對他冷嘲熱罵。心想：「做官一事，與我無緣，不如回家休息，消遣餘年。」於是收拾行李，回到山東曲阜原籍去了。哪知回到家來，滿目淒涼，兒子伯魚死了，媳婦改嫁了，丟下小孫兒，乳名「伋娃子」，時時尋娘覓乳，哭得他老人家心肝俱碎。孔大先生孟皮，年紀已老，兼有腳疾，不惟不能掙錢養家，還要消耗些醫藥費。兼之姪女兒，許嫁南宮适，自己的女兒，許嫁公冶長，一切妝奩，也得他去設法，試想如何擔負得起呢？他雖做過中都縣知事，無如讀書人初次做官，不懂弄錢的方法。後來升任魯司寇，政費無著，只靠賣些狀紙費，來維持伙食。所以他回到家來，真是宦囊如洗，兩手空空。他老人家偌大年紀，按常理論，已經是「非肉不飽、非帛不暖」；而今說不得了，只有吃些蔬食菜羹，聊以充飢；茶葉買不起，茶

爐燒不起，口渴了，只有喝點白水：這就是讀書人的下場！

好在他是「時中之聖」，慣會看風使帆，忽聽朝廷施行新政，興設學堂，許多人都是辦學興家的，他於是買本欽定章程一看，恍然道：「原來是這麼一回事！」接著就照章立案，設立一個「孔氏私立學校」，招生廣告貼出來，內有規則若干條，最末一條說：「自行束脩以上，吾未嘗無誨焉。」這是繳了費，就可入校聽講，並不受入學試驗，魯國一般青年聽了，不勝驚喜道：「他老先生也要辦學校了，他曾周遊列國，與列國之君，都有交情，魯君與季康子諸人，也常來請教，若是在他的學校中畢了業，向他求封荐書，還愁沒得事幹嗎？」於是爭先恐後，前來報名，陸陸續續報了三千多人，孔子自然是來者不拒，全行收容。照例應該延聘教員，分科講授。孔子心想：而今教員難聘，第一怕他謀篡校長的位置，第二薪水一項也難得講，不如即照學界通例，任用私人罷。於是把自己的舊學生，全行位置下去，憑各人的專長，擔任應授的科目，而孔氏私立學校便正式開學了。

自開學之日起，直至學校辦倒止，學校的行政，課程的講授，無不笑話百出；校長與教員，教員與教員，學生與師長，學生與學生，直同一齣大鬧劇。現在學校中的怪狀，孔氏學校，也無一不有。其中的材料，純是取自論語。作者係採用八股文中「截搭題」的手法，任意拉扯，任意傅會，字義訛串也不管，時代錯誤也不管，可謂極盡梯突滑稽之能事。現在且把學校將要倒閉的幾段照寫下來：

孔子創辦學校之初，學科的分配：修身，是顏淵，閔子騫，冉伯牛，仲弓；語言，是宰我，子貢；法制經濟，是冉有，子路；國文，是子游，子貢；格致，是曾子；數學，是冉有兼任；體操，是子路兼任；歷史音樂，是孔子自任。後來各科教員，死的死，走的走。好在孔子這個校長，是萬能校長，教員一缺，就由校長代授。如今除語言一科外，其餘各科，盡是孔子兼授，校中只剩半個教員。怎麼教員會有半個呢？全校教員，只有宰予一人，他每日晝寢，到了上課時間，還要校長到寢室去喊他起來。每點鐘至多不過講三十分，就下堂睡覺，故名之曰「半個教員」。校中學課，既不認真，自然也就鬆懈起來。學生終日美酒佳肴，猜拳行令，而對校長，感情甚好，「有酒食，先生饌」。隨時邀請孔子，孔子也很客氣，「有盛饌，必變色而坐。」師徒之間，相忘無形。不時又邀孔子下棋打牌，初時還是學生來約校長，久之，孔子覺得有趣，每日早膳後，就向學生說道：「飽食終日，無所用心，難矣哉！」吃飽了飯，莫得事幹，這個日子，真難得過！「不有博奕者乎？」未必你們箱篋中，圍棋象棋，麻將撲克，都沒得嗎？「為之」，拿出來玩一下，「猶覽乎已」，總比

鬧著莫事要好些。像這樣幹下去，校中自然相安無事，不料校外呰議蜂起，甚且還有編些歌謠罵他們的。……

孔子因校中普教鬆懈，怕學生鬧事，為轉移目標起見，就提倡愛國運動。其時俄國革命成功，共產主義風靡世界，孔子就叫學生宣傳赤化。請問：孔子為什麼會走入赤化一途呢？原來他是時中之聖，思想隨著時代進化，最初本是鄉曲老儒，一變而為立憲黨，再變而為革命黨，三變而為共產黨。常常自誇道：「君子有三變。」今且把三變的原委說一下：

孔子當初本是專心辦學，不講什麼主義，他對於各種學科，無一不通，惟經濟一門，缺少研究，才聘曾子講授，他是「敏而好學，不恥下問」的人，曾子授課，他不時也去聽講。有一天曾子在黑板上寫道：「十目所視，十手所指，其嚴乎！」因用教鞭指著說道：「嚴者，侯官嚴復也，他譯了一部原富，名滿海內，全國學人，目有視，視嚴復，手有指，指嚴復，直算經濟學泰斗！」孔子聽了心中想道：嚴復精研經濟學，譯了一部原富，我曾當高等法院院長（魯司寇），深通法制，何妨專講憲法，著書問世？因此著了一部憲法書，名曰「原憲」，又恐讀者不了解，復著憲法問答若干條，所以孔氏叢書中，至今還載有：憲問第十四，凡四十七章。孔子生平第一個知己，是季康子，彼此相遇，即說道：「東海有聖人，西海有聖人，此心同，此理同，南海北海，莫不皆然。」於是孔子稱孔聖人，季康子就稱康聖人。孔聖人稱孔北海，康聖人稱康南海。孔聖人飯蔬飲水，三月不知肉味；康聖人更一進步，終身不茹葷，像一個吃長素的和尚，一般人延呼之為「康長素」。孔子問禮於老子，老子專講無為；康聖人極力反對，專講有為，因此自名曰康有為。有一天孔子同季康子談及國事，康誥曰：「作新民」。康聖人告訴他，不如辦一個「新民報」，因此就開一個報館，名曰「新民叢報」，鼓吹君主立憲，就成為立憲黨的中堅份子，此第一變也。

其時孫中山先生，正講革命，孔子聽見，便罵道：「天之將喪斯文也！」這個孫文，無父無君，是該遭天譴的！就著了一部春秋，講明君臣大義，說：「亂臣賊子，人人得而誅之。」及至孫中山先生革命成功，他知道：革命是應時勢之需要的，就改著一部易經，說道：「湯武革命，應乎天而順乎人。」武字影射「文」字，詩經上有「於赫湯孫」之語，故用湯字影射「孫」字，即是說：「孫文革命，應乎天而順乎人。」這種影射法，是老人家讀兒女英雄傳，見用「紀獻唐」三字，影射「年羹堯」三字，摹仿他的筆意，才有這種妙文。因此他又自稱孫文信徒，常常借著孫文的招牌，到處會朋友，故曾子修孔子年譜，大書曰：「君子以文會友。」所以孔子又成為革命黨的中堅份子，此第二變也。

到了蘇俄革命成功之日，也正是孔子學校風雨飄搖之日，孔子為適應環境起見，一面派遣學生留學蘇俄，一面命學生宣傳赤化。逢人即說道：「某在斯，某在斯。」即是說我的學生，某人在俄羅斯，某人在俄羅斯。一見在校學生，就問道：「赤爾何如？」你的赤化工作何如？孔子又成為共產黨的中堅份子，此第三變也。

其時子路在校外「與朋友共」，與朋友研究共產學理，孔子聞知，說道：「從我者，其由與！」就喊子路來，去作農運動。子路因為自己岳丈是個農民，就望著他家而來，走近屋側，「遇丈人，以杖荷蓧」。子路見了，連忙上前說道：「子見夫子乎？」你何不去見見我們夫子呢？丈人大罵道：「四體不動，五穀不分，孰為夫子！」你們這類人，四肢懶惰，不知稼穡艱難，什麼夫子夠得上我去見：子路聽了，儼然共產黨口吻，懂得勞動神聖的意義，暫且不語。丈人「植其杖而芸」丟下女婿不管，竟自去芸他的草。「子路拱而立」，站在旁邊，慢慢宣傳共產主義，丈人大喜，「止子路宿，殺雞為黍而食之。」比平常待女婿，更加殷勤。「見其二子焉」，叫他兩個兒子，也來加入共產

> 黨。明日，子路告辭，丈人又把他的朋友長沮桀溺，介紹給子路，叫他去會。子路見了二人，就大加宣傳，並且說：經報紙雜誌鼓吹，業已造成一種輿論了。長沮問道：「夫執輿者為誰？」主持輿論者是何人？子路說：「是孔丘。」長沮問：「是魯孔丘與？」子路對：「是也。」長沮道：「是知津矣。」既是他老人家，不消說是知道共產黨祕密的，我聞充黨員者，每月都有津貼，你們給我津貼若干？子路大失所望，他一人也就「耰而不輟」，各自耕他的田，不睬子路了。子路心想：這樣農民，怎麼靠得住？不如去運動小官吏，連夜跑至石門關，去運動充當晨門的官吏。晨門問子路：「從哪個地方來？」子路答：「從孔氏私立學校來。」晨門又問：「是知其不可而為之者與？」你們的孔子，是讀書明理的人，難道不知這種事幹不得嗎？何必要這樣幹呢？子路見話不投機，心想：官場中人奴性太深，不如再去運動綠林豪傑罷。……

夠了，夠了，我不照原文引下去了。孔氏學校如此胡鬧，也離「關門大吉」不遠了。孔子又派子路到處宣傳共產主義，但子路一再碰壁，後來衛靈公死了，蒯聵回國，其子出公輒興兵抗拒，子路竟矯傳孔子的命令，任命出公輒為殺父團團長，任命南子為公妻會會長——結果蒯聵之兵殺人，捉住子路，剁為肉醬，裝一罐為孔子送來，「子於是日哭，則不歌」，孔子大哭終日，從此不唱赤化高調了。但自從子路在衛國闖出亂子，社會上對孔氏學校又謠言紛起；「叔孫武叔毀仲尼」，他竟在朝廷之上，昌言孔氏學校是亂黨的大本營。孔子見風聲緊急，就趕快提前放假，也不明示學生何時開學；學生問他：「你這個假，要放好久呢？」孔子說：「假我數年」意思是說：我這個假要放數年。孔子私立學校於是告終，至今尚未開學。

＊

此外，他還想寫一篇小說，題目是「孔告大戰軼聞」，可是並未完成。我所見的，僅是全篇的第一回，材料是取自論語及孟子，仍是一味的胡扯亂道，看不出什麼寓意，但據他說，當年的八股文——尤其是八股能手，就是用的這等伎倆。那麼，這篇小說，也可以說是諷刺八股文及慣好傅會的文章作者了。「孔告大戰軼聞」，是這樣引起的：

記得滿清末年，重慶廣益叢報，載有一篇「瞽瞍控舜的呈文」，歷數舜的十大罪狀，俱是證據確鑿，有書可考。事隔多年，只約略記得點影子。說舜串通四岳，竊奪帝堯之位，這種大罪，是無待言的。最妙的，是說：舜欺我年老，將我的眼珠子挖，嵌入他的眼中，所以我成了瞎子，他成了雙目重瞳，大罪一。娥皇女英，是舜的祖姑，有族譜可考，他霸佔為妻，大罪二。堯之時，天下共是十二州，故堯典曰：肇十有二州。舜使益掌火，燒滅了三州，故禹貢上只有九州，大罪三。……」全文妙趣橫生，可惜記不清楚了。其時，某報還做了一篇小說，說唐三藏偕同徒弟孫悟空，豬八戒，沙和尚，往外國留學，如何如何。又有人做一篇小說，說孟子往東天取經，途中遇著告子，手執「杞柳」，口吐「湍水」，孟子殺他不過，求救於曾子；曾子手執「慎終鎚」，身騎「民德龜」，（曾子曰：慎終追遠，民德歸厚矣。），也戰告子不過，求救於孔子；孔子手執「傷人壺」，身騎「不問馬」（傷人乎，不問馬。），也被告子殺得大敗。忽然半空中飛來一人，身騎「猶病豬」，大呼道：「我乃性堯名舜是也！」（堯舜其猶病諸）遂將告子降服。我想：孔子是我國的大教主，豈能輕易戰敗？當日必有一番惡戰，乃補做這篇「孔告大戰軼聞」，特筆錄出來，藉博一粲。

小說的正文，係從孔子接得曾子的告急文書開始，於是連忙點集三千人馬，七十二員大將，浩浩蕩蕩，殺奔告子大營而來。告子聽得孔家人馬到了，立即引兵應戰，雙方使用的武器，車馬，和披掛穿戴，以及戰事上的種種名詞，都是截取論語孟子的成語，而作諧音的應用。今寫出戰事緊張時的一段來看：

孔子大怒，忙在身旁取出一道靈符，名曰「傷人符」，向空中一展，大呼道：「六丁六甲何在？」只見半空飛來一人，身騎「不問馬」，大呼道，「我乃廄焚子是也。」（廄焚，子退朝，曰，傷人乎，不問馬）只見廄焚子，驅著火龍，火馬，火鴉，火鼠，向告子大營，放火燒來，告子見了，連忙口吐湍水（告子曰性猶湍水也），將火撲滅。只見那湍水流出來，滔滔不已，剎時之間，「可使過顙」，「可使在山」，將孔家人馬，淹困水中。孔子見了，說道：「不要緊，待為師念動避水真言，顏淵，你可領著人馬，從水中鑽出。」於是孔子口中，唸唸有詞：「呀呀呸！水哉水哉！何取於水也？」顏淵正埋頭一鑽，被告子看見，大聲道：「往哪裡走！」用手一指，那水忽然變成銅牆鐵壁一般。砰的一聲，顏淵跌在地下，抬頭一看，那水已有千百丈高，顏淵喟然嘆曰：「這水呀！仰之彌高，鑽之彌堅，吾其死矣！」孔子到了此時，也無計可施。子路正負傷臥在地下，大聲叫道：「我有馮河的本領，無奈身受重傷，不能為力。夫子！你有乘桴浮海的法術，何不拿出來行使呢？」一言把孔子提醒，乃率領眾弟子，浮出水面而走，又命冉有子貢斷後。告子領著人馬從後趕來，冉有子貢舉起大刀，做著要砍下的姿勢，連做兩遍；告子見了惶然大恐，乃抱頭鼠竄而逃。家弟兄見了，莫名其妙，圍著冉有子貢問：「師兄，我們尼山學道，一十八般武藝，件件學全，從未見這種殺法，你們究從何處學來？」二人笑道：「此在兵法中，特諸君不悟耳！兵法不云乎：冉有子貢，侃侃如也。」閒話休提，孔子回到營中，見人馬折去大半，十分悲傷。……傳下將令，叫宰予前來吩咐：「全營將士。疲困已極，今夜應該讓他們好好安息，明日再行大戰。最可慮的，是告子乘夜劫營。你是睡白天的（宰予晝寢），今即派你巡夜去吧。孔子吩咐已畢，就低下頭「曲肱而枕之」，呼呼睡去……

厚黑教主的生性，本是很樸訥的，幼時不言不語，呆頭呆腦，對於同學，也是以謙讓為本。所以他的父親呼他為「迂夫子」，同事之間，就稱他為「老好人」。自從他在私塾中，受了建侯老師好開玩笑的影響，他才慢慢的詼諧起來。最初，還只是開玩笑的性質，繼而於開玩笑中帶有諷刺，終則嬉笑怒罵一發而不可遏止了。他這種作風，不但表現在語言文字中，就是他的行動，也往往充滿了這種氣氛。

他幼年時，本是終日不離藥罐的。除了哮喘症外，四肢也不甚靈動，有時穿衣

服都要人幫忙，登樓不能上梯，大便不能蹲下。每次洗澡，母親見他瘦骨如柴，就不禁放聲大哭起來。當他在炳文書院讀書時，同學們都說他活不長久。雷鐵崖、雷民心弟兄，就主張活祭他。但他卻並不悲觀，仍是優遊自得。他因為鄉間庸醫替他治不好病，就想自行研究醫書，自行治療。於是買了些陳修園、徐靈胎、喻嘉言諸人的醫書來看，哪知越看越不懂。心想：「我這樣的用心研究，都弄不清楚；市上的醫生，連字都認不得好多，怎麼能讀過醫書？我之不為庸醫殺死，真是萬幸！」於是廢然思返，把醫書丟了，自然不再吃藥，而身體反慢慢健壯起來。從此以後，得了病，照例不吃藥。他的主張，是寧死於病，不死於藥。中間只有一次幾乎破例：他在高等學堂時，腿上生一瘡，好像是疔瘡，學堂內種有菊花，他把菊花葉嚼來帖敷。同學陸逵九懂得醫學，見他面有病容，就叫伸出舌頭來看，驚道：「你的舌苔都黑了，還不趕急醫治？」說得他毛骨悚然，就請為他開方。他在校是向不請假的，這時也只得請假調養。在寢室睡了一會，心想：「我哪裡會有病？何致舌苔會黑？」於是恍然大悟，尋著陸逵九說道：「我除了腿上生瘡以外，自覺毫無病狀；我的舌苔發黑，是不是因為嚼菊花葉的原故？」陸逵九叫他伸舌一看，連說：「不錯！不錯！」二人相視而笑，但並非莫逆於心。這是他用行動來諷刺國醫的。

四川講靜功的派別甚多，如同善社、如劉門、如關龍派、如吳譙子派等等，他都曾拜門稱弟子。其中有講靜功的一書，名為「樂育堂語錄」，是豐城黃元吉來川講道時所著，各派講靜功的人都奉為天書，自然他也仔細的拜讀過。他初以為講靜功，總比服藥好得多；但他試驗的結果如何呢？據他說，從未坐過三十分鐘之久，越想靜坐，心思越亂，強自鎮靜，則如受苦刑。哪一派的方法，他都試驗過；哪一派的方法，他都試驗無效。這是他用行動來諷刺靜功的。

他學國醫不成，學靜功不成，於是又想練拳術。他先學拳術家的氣功，繼而又學太極拳。他於二者所得的經驗：氣功一門，他認為無非裝模作樣，是違反自然的動作。太極拳一門，動作不甚激烈，似乎比較相宜；但他只學習不久就棄去了，因為其中仍有一定的規律，他是不耐拘束的。最後他自己發明了一種拳術，名之曰「無極拳」。據說，他是把氣功和太極拳融合為一，隨意動作，師其意而不泥其迹，略略參入些黃帝內視法，天隱子存想法，並會通莊子所說「真人之息以踵」的道理，而成此拳法。他說這種拳法，睡時，坐時，讀書作文時，與人談話時，均可行之。他說將來如把這種拳術傳出來，不但為厚黑教主，並可稱為無極祖師。及至我們會面時，我問他無極拳的詳情，他笑著說：「既名無極拳，還有什麼說的呢？無非是恍兮惚兮，玄之又玄而已。」他這段學拳的歷史，不知又是諷刺自己的無恆呢？還是諷刺堂堂的國術呢？

第四部

厚黑教主自傳

去年（二十八年）國曆三月三日，我滿六十，在成都新新新聞上，發表一文，題曰：「厚黑教主六旬晉一徵文啟」，下署曰：「李宗吾」，讀者無不大笑。今年（二十九年）三月三日，在自流井，接得張君默生由重慶來函，叫我寫一篇我的「自傳」，惹動了我的高興，又提筆寫文，然而寫「自傳」我卻不敢。

二十七年八月九日，重慶「新蜀夜報」有云：「近月來，本報發表李宗吾先生的作品，『孔告大戰』，和『孔子辦學記』，實已轟動了一般社會，因此『李宗吾先生究為何許人？』乃成了本報讀者，紛紛函詢的問題。……」友人讀了，向我說道：「既是讀者紛紛函詢，你何妨仿當今學者的辦法，寫一篇『自傳』。」我說：這個，我何敢呢？必定要是學者，才能寫自傳，我是個八股學校修業生，也公然寫起自傳來了，萬一被國中學者驅出，豈非自討莫趣？

我之不寫自傳者，固然是不敢高攀，同時也是不屑俯就。以整個學術界言之，我是八股學校修業生，不敢濫竽學者之林；若在厚黑界言之，我是厚黑教主，厚黑聖人，其位置與儒教的孔子，道教的老子相等。你們的孔子，沒有寫自傳，吾家聃大公，也沒有寫自傳。我如果妄自菲薄，寫起自傳來了，捨去教主不當，降而與學者同列，豈不為孔老竊笑？我這種主張，曾在成渝報紙上聲明了的。

張君與我，素不相講，來信云：「讀其書即願識其人，先生可否於頤養之餘，寫一詳細的自傳，以示範於後學。」盛意殷殷，本不敢卻，然而因為要「示範於後學」，我反轉不敢寫了。我的祖父，種小菜賣，我的父親，挑牛草賣，我自小兒曾幹過牽牛餵水這類生活，如果照實寫出，鄉間牧牛兒見了，知道厚黑教主，是這麼一回事，一齊工作起來，豈不成了遍地是教主？我這位教主，還值錢嗎？並且我是八股先生出身，倘被「後學」知道了，捨去洋八股不研究，轉而研究中國八股，豈不更是笑話？所以我提起筆，不敢往下寫。我之成為教主者，受師友影響者少，受我父親影響者多。讀者以為我父是飽學先生嗎？則又不然。我父讀的書，很少很少，我從有知識起，至二十五歲我父死止，常見他有暇即看書。六十九歲，臨死起病之日，還在看書，然而所看之書，終身只得三本，有時還涉獵一本，其他之書絕未看一本，我得了新異的書，與他送去，他也不看。我生平從未見他老人家寫過一個字，記得七八歲時，發生一件急事，叫我拿筆墨來，他要寫信，等我拿到了，他又停筆不寫，大約是寫不起字的人，然而我的奇怪思想，是發源於我父，讀書的方式，也取法我父。說起來話長，只好不說了，抑或得便時再說。

我的祖父，兄弟，俱務農，我則朝日拿著一本書，我父呼我為「迂夫子」，在私塾中，一般同學，呼我為「老好人」，一日，我父上街，有人談及我的綽號，回家對我母言之，則拍掌大笑。我當日對於這兩名稱，深惡痛絕，而今才知「迂夫子」和「老好人」，是最好的稱呼，無奈一般人不這樣喊了，於是自作一聯曰：

皇考錫嘉名曰迂夫子，

良友贈徽號為老好人。

與朋友寫信，自稱「迂老」，生以為號，死以為謚，故此次所寫文字，題曰：「迂老隨筆」。

前年同鄉華相如之姪熟之，鄭雲沛之子北星，來成都云：「父叔輩曾言：昔年在私塾中，我們呼李宗吾為老好人。」我於是請一桌客，請兩君當眾聲明，見得我的話，是信而有徵。今年我在自流井，華熟之請春酒，其叔相如在座，我當眾請相如證明。跟著鄭北星又請，其父雲沛在座，我又當眾請雲沛證明。我在座上高談闊論，雲沛詫異道：「你先年沉默寡言，怎麼現在這麼多說法？」孔子曰：「我非生而知之者，好古敏以求之者也。」我這個厚黑教主，也非生而知之的，是加了點學力的。有志斯道者，尚其勉之。

綽號之最佳者，第一是聖人，第二是老好人，第三是迂夫子，第四是瘋子，我的朋友廖緒初，人呼為大聖人，楊澤溥為老好人，我則四種名而俱有，不過聖人之上，冠有「厚黑」二字罷了。有人呼我為李厚黑，尤為乾脆。自覺「李厚黑」三字，較之王文成，曾文正，彭剛直等等名稱光榮多了。

有人問我道：你是個厚黑先生，怎敢妄竊迂夫子和老好人之名？我說道：我發明了厚黑秘訣，不敢自私，公開講說，此其所以為迂也，此其所以為老好也。

老子曰：「夫禮者，忠信之薄，而亂之首也。」他主張絕聖棄智，絕仁棄義，是個破壞禮教的急先鋒，而孔子乃從之問禮，真是怪事。我們讀禮記「曾子問」一篇，據孔子所述，老子又是一個規矩守禮的人，更是怪事。這算是我國學術史上的重要公案。百年後有人編纂厚黑學案，查出了厚黑教主，是迂夫子，是老好人，恐怕又會成重要公案。

諸葛孔明，隱居南陽，人稱臥龍，後來出師伐魏，司馬懿畏之如虎，一輩子龍爭虎鬥，我不知他真實本領安在，後見史書上載：桓溫伐蜀，諸葛孔明小吏猶存，時年一百七十歲，溫問之曰：「諸葛公有何過人處？吏對曰：亦未有過人處，溫便有自矜之色。吏良久曰：但自諸葛公以後，便未見有妥當如公者。溫乃慚服。孔明出師表曰：「先帝知臣謹慎，故臨崩寄臣以大事」，由此知稱龍爭虎鬥之立足點，無非是妥當而已，謹慎而已。我這個厚黑教主，亦未有過人處，無非是「迂」而已，「老好」而已。

鄙人是八股學校出身，會做截搭題，枯窘題。我寫的「孔告大戰」，和「孔子辦學記」，是做截搭題的手筆，諸君也許也見過。我生於光緒己卯年正月十三日，去年滿六十，我自己做一篇徵文啟，切著正月十三日立論，此文正月十二日用不著，十四用不著，其他各月生更用不著。並且定要光緒己卯年才用得著。而且正月十三日，非產生一個教主不可，這是鄙人做枯窘題的手筆。諸君要我寫自傳，我特出題考一下，只要諸君能夠這樣的替我作一篇徵文啟，我即遵命詳詳細細的寫一篇自傳，如其不然，我只把那篇文字寫出來就是了，自傳是不能寫的。

鄙人受過八股的嚴格教育，每讀古人書，即見其罅漏百出。孔子的文章，以八股義法繩之，都有點欠通。例如：孔子曰：「君子有三戒，少之時血氣未定，戒之在色。……及其老也，血氣既衰，戒之在得。」年老人血氣衰了，不可虧損，應該說：「及其老也，戒之在色。」今之青年，斂起錢來，遠為老宦場所不及，舉凡舊日貪官污吏所不敢為者，他都敢於為之。應該說：「少之時，戒之在得。」像這樣修改一下，文章就通了。

孟子本是八股界的泰斗，如果今日復生進場考試，包管他終生不第。何以故？文章不通故。他作的文章：「王之臣，有託其妻子於其友，而之楚遊者，比其反也，則凍餒其妻子。」這位朋友，若非迂夫子，定是老好人，如果落在今日，遠遊者歸來，尋覓他的妻子，一定是偕同受託者，進餐館，入戲園，鮮衣美食，絕不會凍餒的。所以說：孟子的八股，也有點欠通。

世間的事，真是無奇不有，鄙人發明厚黑學，居然有人與我爭發明權。前年友人某君對我說：有一次在讌會席上，談及李宗吾發明厚黑學，忽有人說道：我當小孩時，已聽見厚黑學三字，哪裡是李宗吾發明的。某君問他：你今年若干歲了？答曰：三十歲。某君曰：李宗吾的厚黑學，民國元年，已在成都報紙披露，今為民國二十七年，你那時當然是小孩子。

往年在重慶，遇著新聞記者游某，說道：我讀你的作品，以為是個青年，誰知才是個老頭子。我說：怪了！厚黑學，只有你們青年人才講得，我們老頭子就講不得。我在成都，住在侯克明公館內，侯君介紹一個姓彭的來會，是江蘇人，說道：往年在南京，讀上海發行的「論語」，載有「厚黑學」，我同朋友揣想：作者年齡，大約不過三十上下，哪知已這樣的年齡。我聽了大為不平，我輩老年人，連講厚黑學的權利，都被人剝奪了，奈何！奈何！

周秦諸子，如老子，孔子，莊，孟子等等，外國學者，如斯密士，馬克斯，達爾文，克魯泡特金等等，他們所說的道理，或是或非，或純或駁，姑且不論，但是任你如何質問，他都有答覆，答覆的話，始終一貫，自己不會衝突，是之謂一家之言。我這個厚黑教主，也有這種本事，我可上講堂，寫黑板講，任隨學生，在四書五經，諸子百家，和廿五史中，提出問題來問，我都有圓滿的答覆。如果答覆不出，我立即宣布，我這個厚黑教主不當。並且說：你是厚黑教主的老師，叫我的學生，來與你拜門。

孔門的書，如論語，孝經，詩，書，易，禮，春秋等等，看是五花八門，仔細讀之，實是一貫。鄙人所有作品，看是五花八門，仔細讀之，也是一貫。道家者流，出於史官，儒家者流，出於司徒之官，厚黑學，則出於八股之官。

有某君者，同我辯論許久，理屈詞窮，說道：「我遇著你，硬把你沒法。」我說道：「你當然把我沒法，從前顏淵遇孔子，喟然嘆曰：『仰之彌高，鑽之彌堅，瞻之在前，忽焉在後，雖欲從之，末由也已。』也是把孔子沒法。你之聰明才智，不過如顏淵罷了，當然把我沒法。」某君聽了大笑，我說道：「厚黑經曰：『上士聞道，勤而行之，中士聞道，若存若亡，下士聞道，則大笑，下下士聞道則大罵。』你不大罵而大笑，我把你提升上來，官封下士之職。」

一般人都說：要復興中國，非保存國粹不可，這誠然不錯，我所不解者，八股是中國之國粹，為甚捨去中國八股不研究，反朝朝日日研究西洋八股？如此而欲復興中國，豈非南轅北轍？一般人又說：現在這個時局，非有曾國藩，胡林翼，這類人出來，不能收拾，這也不錯；獨不思：曾胡二人，都是八股秀才出身，而今全國人不知八股為何物，曾胡二人，從何出現？此鄙人所以慨然興嘆，毅然以提倡八股為己任，無奈舊日八股老同志，凋零殆盡，後生小子，全不知八股義法，鄙人特擬作兩篇，（一）孔告大戰，（二）孔子辦學記，據重慶新蜀夜報說：「實已轟動了一般社會」，這都是一般人喜愛國粹之表現。厚黑學者，八股之結晶體也，故鄙人特意與諸君談談厚黑學，談談八股。

滿清末年，洋八股傳入中國，清廷明令，廢書院，興學堂，我高興極了，把家中經史文集，與夫自己所作的窗稿，用籮筐裝起，在山上挖一大坑，用火燒之，那些東西，有些是自己批點過的，有些是手自抄寫，而苦心揣摩，有些是自己心血嘔成的，臨燒時未免依依有情，坐在土坑邊，一面翻開讀，一面丟在火內燒，一連燒了幾次，而今真是悔之不及。所以我雖毅然以提倡八股為己任，實則根柢很淺薄，只好自稱八股學校修業生，不敢言畢業。

幼年時老師在「江漢炳靈集」上，選了一篇「後生可畏」全章的八股與我讀，至今還記得幾句：「某也……某也……而我也樵牧以外無交遊，鄉里之中誇學問……否則有官階而無建白，後人讀史，尚無暇記宰相之名，所以一卷可傳，夭札亦神明之壽，百年空過，衣冠等枯骨之餘。」這話真是不錯，一部廿四史中，帝王姓名，試問讀者，記得若干？當日我讀這幾句文章，往往淒然泣下，今日偶一誦及，亦惻惻心動，自亦不知何為而然，所以發憤而著「厚黑學」一卷，在四川一隅之內，誇誇學問。八股塾鈔上，張玉書八股有云：「不受朝廷不甚愛惜之官，亦不受鄉黨無足輕重之譽」，所以許多人罵「李宗吾是壞人」，我也不管。

「江漢炳靈集」，是張文襄督兩湖時，把科歲考秀才們作的八股，命樊樊山選集而成。往年在成都，尹仲錫對我說：他在陝西做府官時，曾問樊樊山：「聽說江漢炳靈的文章，全是你作的？」樊曰：「非也，我不過修改而已，但改得很多，所以改約四分之三。」這是八股界的掌故，附記於此。

鄙人寫文字，純用八股義法，幼年老師教我作八股，有兩句秘訣：「寬題走窄路，窄題走寬路」，例如：厚黑教主，六十徵文，這種題目，可以任意發揮，是謂寬題，而鄙人則把一般人應說的話，掃去不說，專從己卯年正月十三日著筆，是謂寬題走窄路。己卯年正月十三，是枯窘小題，而行文可上下古今寫去，是謂窄題走寬路。現在八股老同志，尚不乏人，請看此篇文字，合八股義法否？如果科舉復興，進場考試，還能取得一名秀才否？茲把原文，錄之如下：

鄙人今年（二十八年）已滿六十歲了，即使此刻壽終正寢，抑或為日本飛機炸死，祭文上也要寫享年六十有一上壽了。生期那一天，並無一人知道，過後我遍告眾人，聞者都說與我補祝，我說：這也無須。他們又說：教主六旬聖誕，是普天同慶的事，我們應該發出啟事，徵求詩文，歌頌功德。我說：這更無勞費心，許多做官的人，德政碑，是自己立的，萬民傘是自己送的，甚至生祠也是自己修的，這個徵文啟事，不必勞煩親友，等我自己幹好了。

大凡徵求壽文，例應鋪敘本人道德文章功業，最要者，尤在寫出其人特點，其他俱可從略。鄙人以一介匹夫，崛起而為厚黑聖人，於儒釋道三教之外特創一教，這可算真正的特點，然而其事為眾人所共知，其學已家喻戶曉，並且許多人都已身體力行，這種特點，也無須贅述。茲所欲說者，不過表明鄙人所負責任之重大，此後不可不深自勉勵而已。

鄙人生於光緒五年己卯，正月十三日，次日始立春，算命先生所謂：己卯生人，戊寅算命，所以己卯年生的人，是我的老庚，戊寅年生的人，也是我的老庚。光緒己卯年，是西曆一千八百七十九年，愛因斯坦，生於是年三月十九日，比我要小點，算是我的庚弟，他的相對論，震動全球，而鄙人的厚黑學，僅僅充滿四川，我對於這位庚弟未免有愧。此後只有把我發明的學問，努力宣傳才不虛生此世。

正月十三日，曆書上載明：是楊公忌日，諸事不宜。孔子生於八月二十七日，也是楊公忌日，所以鄙人一生際遇，與孔子相同，官運之不亨通一也，其被稱為教主一也。天生鄙人，冥冥中以孔子相待，我何敢妄自菲薄？

楊公忌日的算法，是以正月十三日為起點，以後每月退二日，二月十一，三月初九……到了八月，忽然發生變例，以二十七日為起點，又每月退二日，九月二十五，十月二十三……到了正月又忽然發生變例，以十三日為起點，諸君試翻曆書一看，即知鄙言不謬。大凡教主都是應運而生，孔子生日，既為八月二十七日，所以鄙人生日，非正月十三不可。這是楊公在千年前早已註定了的。

孔子生日，定為陰曆八月二十七日，考據家頗有異詞，民國以來，改為陽曆八月二十七日，一般人更莫名其妙。千秋萬歲後，我的信徒，飲水思源，當然與我建個厚黑廟，每年聖誕致祭，要查看陰陽曆對照表，未免麻煩，好在本年（二十八年）正月十三日，是陽曆三月三日，茲由本教主欽定陽曆三月三日，為厚黑教主聖誕，將來每年陰曆重九日登高，陽曆重三日，入厚黑廟致祭，豈不很好？

四川自漢朝文翁興學而後，文化比諸齊魯，歷晉唐以迄有明，蜀學之盛，足與江浙諸省相埒，明季獻賊躪蜀，殺戮之慘，亙古未有，秀傑之士，起而習武，蔚為風氣，有清一代，名將輩出，公侯伯子男，五等封爵，無一不有。嘉道時，全國提鎮，川籍佔十之七八，於是四川武功特盛，而文學則蹶焉不振。六十年前，張文襄建立尊經書院，延聘湘潭王壬秋先生，來川講學，及門弟子，井研廖季平，富順宋芸子，名滿天下，其他著作等身者，指不勝屈，樸學大興，文風復盛。考「湘綺樓日記」，己卯年正月十二日，王先生接受尊經書院聘書，次日鄙人即誕生，明日即

立春，萬象咸新，這其間實見造物運用之妙。

帝王之興也，必先有為之驅除者，教主之興也，亦必先有為之驅除者，四時之序，成功者去。孔教之興，已二千餘年，例應退休，皇矣上帝，乃眷西顧，擇定四川為新教主誕生之所，使東魯聖人，西蜀聖人，遙遙對峙，無如川人尚武，已成風氣，特先遣王壬秋入川為之驅除，此所以王先生一受聘書而鄙人即嵩生嶽降也。

民國元年，共和肇造，為政治上開一新紀元，同時鄙人的「厚黑學」，揭登成都日報，為學術上開一新紀元，故民國元年，亦可稱厚黑元年，今為民國二十八年，也即是厚黑紀元二十八年。所以四川之進化，可分三個時期，蠶叢魚鳧，開國茫然，無庸深論，秦代通蜀而後，由漢司馬相如，以至明楊慎，川人以文學見長，是為第一時期，此則文翁之功也。有清一代，川人以武功見長，是為第二時期，此則張獻忠之功也。民國以來，川人以厚黑見長，是為第三時期，此則鄙人之功也。

民元而後，我的及門弟子和私淑弟子，努力工作，把四川造成一個厚黑國，於是國中高瞻遠矚之士，大聲疾呼：「四川是民族復興根據地。」你想：要想復興民族，捨這種學問還有什麼法子？所以鄙人於「厚黑叢話」內，喊出「厚黑救國」的口號，舉出越王勾踐為模範人物。其初也，勾踐入吳，身為臣，妻為妾，是之謂厚。其繼也，沼吳之役，夫差請照樣的身為臣，妻為妾，勾踐不許，必置之死地而後已，是之謂黑。天下興亡，匹夫有責，余豈好講厚黑哉，余不得已也。

鄙人發明厚黑學，是千古不傳之秘，而今而後，當努力宣傳，死而後已，鄙人對於社會，既有這種空前的貢獻，社會人士，即該予以褒揚，我的及門弟子，和私淑弟子，當茲教主六旬聖誕，應該作些詩文，歌頌功德。自鄙人的目光看來，「舉世非之」，與「舉世譽之」，有同等的價值。除弟子而外，如有志同道合的蘧伯玉，或有走入異端的原壤，甚或有反對黨，如楚狂沮溺，苛蕢，微生畝諸人，都可盡量的作些文字，無論為歌頌，為笑罵，鄙人都一一敬謹拜受，將來彙刊一冊，題曰：「厚黑教主生榮錄」，你們的孔子，其生也榮，其死也哀，鄙人則只有生榮，並無死哀，千秋萬歲後，厚黑學炳焉如皎日中天，可謂其生也榮，其死也榮。中華民國萬萬歲，厚黑學萬萬歲。厚黑紀元二十八年，三月十八日，李宗吾謹啟。是日也，即我庚弟愛因斯坦，六旬晉一之前一日也。

我把徵文啟發出後，收得詩文很多，佳作如林，惟有昔年在自流井東新寺炳文書院與我同學的宜賓李小亭，送我一首七古云：「玄之又玄玄乃黑，含德之厚厚不測，老子手寫厚黑經，世俗強名為道德……」三四兩句，真是妙極了，諸君試取鄙人所著「厚黑叢話」合訂本一五三頁讀之，即知此語之妙。諸君如果高興，不妨作些詩文，與鄙人補祝，交由重慶青木關溫泉寺張君默生轉。

我在厚黑叢話中，曾說：我在四川高等學堂肄業四年，是厚黑學孕育時期，記得有天我與同班張列五謝綬青兩人談天，我說：古今英雄分四等：第一是項羽，成則稱王稱帝，敗則把腦殼交出來，慢說在劉邦駕下稱臣，就叫他渡過烏江，捲土重來，也有所不屑。此頭等英雄也。第二是李世民，群雄並起之日，凡與他交過戰的人，落在他手裡，莫得一個活命，哥哥反對我，殺哥哥，弟弟反對我，殺弟弟，父親祖護哥哥弟弟，就叫他把天下讓與我，請他當太上皇。此第二等英雄也。第三是虯髯公，本打算在中原血戰數年，奪取帝業，及見了李世民，自知不是敵手，默然心死，不惟不阻撓李世民之進行，反把自己的兵法，傳授李靖，儲積的軍款，送與李靖，叫他輔助世民，平定天下。自己跑到海外扶餘國，披荊斬棘，獨立稱王。此第三等英雄也。第四是錢鏐竇融，自己能力薄弱，也就不與群雄鬥爭，只是保境安民，修理內政，到了中原有主，納土歸順，這可說是第四等英雄。

我在學堂內，發明了四等英雄的原則，辛亥革命而後，出了無數偉人，我與他們評評等級：許多擁兵自衛的人，一敗塗地之後，草間偷活，叫他學項羽，把腦殼交出來，他不幹，頭等英雄，當然夠不上。打了勝仗，第一要務，就是保護敵人的生命財產，甚或跑在敵人家中，去問老伯父老伯母受驚否？對於李世民真要羞死，第二等英雄，更夠不上。既莫得掃盪群雄，和駕馭群雄的能力，就該學虯髯公海外稱尊，或學錢鏐竇融，保境安民，他偏要問鼎中原，鬧個不休，第三等英雄，第四等英雄，也莫得他的位置。只好與他下八個字的批評：「既不能令，又不受命」，連一個齊景公都夠不上，是為不及格的英雄。此民國廿餘年，所以紛紛擾擾，大亂不止也。

我在學堂內，高談四等英雄的時候，列五猝然問我道：「你將來當哪等英雄？」我說：「當頭等英雄，我不肯，當第二等英雄我不能，無已，其第三等英雄，第四等英雄耳。」我還問列五：「你當哪等英雄？」他笑而不答。綬青則抱膝搖頭，口中唸道：「科頭箕踞長松下，冷眼看他世上人。」當日情事，宛然在目。後來我的話，是實行了的，我在政治上，是第四等英雄，在學問上是第三等英雄。反正後，我幹的是省立中學校長，和省視學這類事，他們打他們的仗，我辦我的學，查我的學，有時甲乙兩方，血戰不已，兩方的學務，我都去視察，並且兩方都受歡迎，這是走的錢鏐竇融途徑，是為第四等英雄。後來綬青縱酒而死，終身過的是「冷眼看世上人」的生活。列五笑而不答，大約是以頭等英雄自命。民國四年，在北平殉義，臨刑時的態度，比垓下的項羽，還要從容些，真不愧頭等英雄。（二人事蹟，詳見拙著厚黑叢話）

列五殉義，是民國四年三月四日，往年經中央議決撫恤五千，常年恤金六百

元，並令四川公葬，同時殉義者，有西陽鄒汗青，資中魏榮權，二人也是高等學堂同學，恤典未之及，高等學堂曾開同學會，議決請省黨部致函西陽資中黨部徵取二人事蹟，為之請恤褒揚，將來當可准行。

與列五同日槍斃者，共是四人，鄒魏之外，還有某君，此君也是黨人，姓名籍貫，為隱去，名之曰某甲，我且把事由始末來說一下，不然某甲家屬，也援鄒魏之例，出而請恤褒揚，就未免滑天下之大稽了。

列五匿居天津，織襪為業，在袁政府看來，以都督民生政長解職下來，一定腰纏百萬，還幹此等事，一定有何種作用，不知列五是個舊式書生，哪裡曉得拏錢，解職下來，兩袖清風，其開織襪廠，實為謀生活起見，許多學生及同鄉，尋著他覓事，只好留在廠中，供其食宿，想把襪廠擴張大點，自己又無資本，袁政府偵探李某，託名商人，先認識某甲，進而認識汗青與列五，自稱願出貲合夥，往還了許久，一日約在租界外餐館，訂立合夥契約，臨上火車，李某出一捲紙，交與列五道：「這是我擬的章程，你暫且拏著，我去買點紙煙來。」列五也未開看，順手遞與汗青，汗青插入衣袋中，李某久不至，火車開了，一到車站，兵已佈滿，齊被逮捕，搜出紙捲，才知是血光團章程，送交北平審訊，久無口供，偵探對某甲說道：「全案中人，業已無救，你能如何如何說，不惟保全生命，且可作官」，某甲遂反口誣陷，而案就定了。

黃蕭方曾對我說：他同時也拘在軍政執法處，看見有人與某甲送被條等物進去，且優待之，即知事情有變。覆審時汗青因某甲反供，在法庭上與之大鬧，列五見同黨的人都這樣幹，也就默無一語，所以列五始終無口供。向例：執行死刑時，在監外高呼犯人姓名，呼及汗青，汗青在蕭方背後一室，高聲應道：「有」，一跳就出去，氣急了，大鬧，列五在法庭上負手旁立，微笑不語，同時把某甲也宣佈死刑，某甲大罵：「當初曾許老子的官，而今還要槍斃老子嗎？」列五呼其字曰：「某甲，不要說了，今日之事，你還在夢中！」列五的襟懷，真是海闊天空，落在別人，縱不唾某甲之面，也要奚落他幾句。赴刑場時，汗青車子在列五之後，列五還帶點開玩笑的態度回頭說道：「汗青，今天的事，有帶老火哦！」其他詳情，見拙著「厚黑叢話合訂本」茲不贅述。列五真是把死之一字，當如兒戲，凡人到了死生關頭，才見真實本事，一部廿四史中，慷慨就死者何可勝數，嵇生琴夏侯色，獨傳千古者，無非態度從容耳。張飛怒斬嚴顏，嚴神色不變曰：「斬頭便斬頭，何為怒耶！」威猛如飛，為之氣折，可稱神勇，列五較嚴，有過之無不及。其致廖緒初信有云：「不肖秉性雖麤，略識莊生安時處順，哀樂不入之道……深信大地自有史以來，皆作如是觀，因此之故，任外界形形色色，糾錯相紛，而素志固猶　然也。」他平日有這樣的修養，臨死才有那樣的從容，然而列五之出身，則是一個八股秀才，豈非奇事！臨死神色夷然的神勇，乃出諸莊生一派學說，更是奇事！我深望讀者諸君，於研究洋八股之暇，不妨研究一下中國八股。

列五致友人信，及家書數十通，昨經其女鍾芸，印出贈人，其真蹟擬將來影印懸諸紀念堂，諸君讀之，其人格之高，憂國之切，可以畢見，文筆之佳，猶餘事耳。然而致死之根，即可於書中得之，我與他下四個字的批評：「不學無術」。學者，厚黑學也。吾嘗曰：「如有列五之才之美，使厚且黑，某某偉人，不足觀也已。」向仙喬曾對我說：「某年川省名流，在某處讌諸黨國名人，席罷，大家謂：『列五之言論豐采，不在諸名人之下，乃竟中道摧折。』為之嘆息不已。」死者長已矣，甚望讀者諸君，快快研究鄙人的學說，毋為親厚者所痛悼。

十年前有某軍人，著一「薄白學」，在成都報紙上發表，滿口的道德話，對於我的學說，大加攻擊。並且說道：「李宗吾，趕急把你的厚黑學收回。」我置之不理，許多人勸我著文駁之，我說：「這又何必呢？世間的學問，各人講各人的，信不信，聽憑眾人，譬如果糧食果木的種子，我說我的好，你說你的好，彼此無須爭執，只是拏在土中種之，將來看哪個的收穫好就是了。」聞者道：「你不答辯，可見你的學說，被他打倒，我如今不奉你為師，去與某君拜門，學薄白學。」我說：

「你去拜門，是很可以的。但是我要忠告你幾句：厚黑經曰：『厚黑之人，能得千乘之國，苟不厚黑，以簞食豆羹不可得。』將來你討口餓飯，不要怪我。」後來這位薄白學發明家的腦殼，截下來，掛在成都必成公園紀念碑上示眾，此事成都一般人，都還記得。從這場公案看來，讀者諸君，可以恍悟了。

古人云：「為善最樂」，殊不知為惡也最樂，你看梁山上那些殺人放火的同志，大碗吃肉，小碗吃酒，何等快樂，世界最苦的，莫過於不善不惡的庸人，然庸人能自甘於庸，安分守己，過他庸人之生活，則苦之中未嘗無樂。惟庸人不甘於庸，妄欲為善，妄欲為惡，此真天下之大苦也。鄙人深悟此理，所以安分守己，談談厚黑學，過我庸人之生活，方寸中蓋有至樂焉。

世間最樂的事，莫過於行吾心之所安，張列五押赴刑場槍斃，薄白學發明家梟首示眾，二人反對厚黑學一也，其不得壽終正寢一也。然而列五之心則最樂，某發明家則最苦。何也？列五蓋行其心所安也，焉得不樂？某君則斷非心之所安，焉得不苦？假令今日有人把我這個厚黑教主，綁赴刑場槍斃，我將視為耶穌之上十字架，而吾道就大行了。

世間的事真怪，孔門的學說，最注重的，是君臣父子之倫，孔融對於父母問題，略略懷疑，曹操便把他殺了，嵇康非薄湯武，司馬昭也把他殺了。孔子學說，

所以萬古不磨者，曹操司馬昭這類人的功勞，真是不小。這位薄白學發明家，可算孔門的信徒，為名教中的功臣，理應請入文廟配享。至於列五，將來我的門弟子，與我立厚黑廟，只好請他進來配享。

大凡一種新學說出現，必要受一番大打擊，你說的孔子，當他學說出現之時，就受了沮溺丈人，楚狂，微生畝諸人，冷嘲熱罵，遇著匡人桓魋，幾乎性命不保，惟其然也，才掙到萬世師表的位置。程朱學說出現之時，也是聞者譁然，痛詆之，嚴禁之，伊川死了，門人連喪都不敢弔，惟其然也，才掙得孔門嫡派的招牌。而今只聽得有人大罵：「李宗吾是壞人。」尚未把我綁赴刑場，像這樣的下去，我這一教，將來的位置，不過與程朱的宋學相等罷了，再不然，與孔子的儒教相等罷了，要求如耶教之風靡世界，恐怕遙遙無期，嗚呼！吾道其終窮矣！

鄙人講厚黑學，有一條公例：「做得說不得。」某名士，得了翰林，到處打秋風，友人寫信規之，覆曰：「天生空子，以養豪傑。」此信披露出來，聞者大譁，因而少收了若干銀子，這即是違反公例之故。然而某名士之言，固絕世名言也。昔人云：「一將功成萬骨枯，」一將者，豪傑也，萬骨者，空子也。非獨成功為然也，「長平一坑四十萬」，趙括之名，因以流傳千古，則趙括亦豪傑也，彼四十萬人，真空子也。當山寨大王，必有許多搖旗吶喊的嘍囉，高坐山寨者，豪傑也，搖旗吶喊者，空子也。鄙人不當豪傑，也不當空子，在整個世界中，特闢一個厚黑界，獨自一人，稱教主，稱聖人，不在別人駕下當嘍囉，也不要別人與我當嘍囉。

楊朱之言曰：「智之所貴，存我為貴，力之所賤，侵物為賤。」這即是不當空子，也不當豪傑的說法。又曰：「人人不損一毫，人人不利天下。」這即是不當嘍囉，也不當大王的說法。鄙人寫「厚黑叢話」，曾說：老子一部「道德經」，純是厚黑哲理。楊朱是老子的弟子，所以倡出來的學說，能與鄙人暗合。孟子曰：「楊氏為我，是無君也。」你想：全世界尋不出一個嘍囉，哪裡還有山大王出現？所以道家一派學說，為儒家所深斥，而鄙人的厚黑學，就成為世界上最精粹的學說了。

鄙人改字「宗吾」而後，朝朝日日，用以自警者「思想獨立」而已。一部厚黑叢話，千言萬語，無非教人「思想獨立」而已。思想能夠獨立，行為才能夠獨立。夫然後，學術方面，才不為古人之奴，政治方面，才不為豪傑之奴，不獨立即為奴隸，並無中立餘地。我國一般人，思想不能獨立，以致眼前擺著的大道理，看不見，說不出。行為不能獨立，以致擁有四萬萬五千萬民眾，還受帝國主義之侵凌。讀者諸君，負有指導群眾之責，鄙人謹百拜稽首，以「思想獨立」四字奉贈。

劉後主降於鄧艾，晉李特入蜀，周覽山川形勢嘆曰：「劉禪有如此江山，而降於人，可謂庸才。」劉琮降於曹操，操曰：「生子當如孫仲謀，劉景升諸子豚犬

耳。」讀者諸君，努力！努力！如其不然，你我的子孫，翻看歷史一看，必喟然嘆曰：「中國有如此江山，而受制於強鄰，我的曾祖父，高祖父，可謂庸才。」抑或曰：「有祖當如孫仲謀，吾祖豚犬耳。」諸君！諸君！努力！努力！

從前阿柴有子二十人，臨終命各持一箭來，取一箭命折之立斷，命以十九箭合折之，則不能斷。諭之曰：「分則易折，合則難摧。」這是歷史上有名的故事，但須善於體會，二十箭合作一束，固然不能折斷，請問廿箭合作一束，能不能射死敵人？箭之功用，全在射人，今怕他折斷，把他綑作一起，豈不失了射人的功用，又何貴乎有箭？今當抗戰建國期中，許多志士，奔走呼號，大都奉阿柴學說，為天經地義，專幹綑箭的工作，忘卻射箭的工作，致使枝枝箭的能力，鬱而不伸，鄙人所為如　在喉，不得不一吐為快也。

我輩主持國家大計，應當如射箭一般，懸出一個箭垛，四萬萬五千萬枝箭，向同一之箭垛射去。然而今日不能也，其病根有三：（一）專幹綑箭的工作，忘卻射箭的工作，致使許多志士的能力，鬱而不伸。（二）各持一箭，任意亂射，不知箭垛安在。（三）見人手持一箭，即惶然大嚇道：「你這枝箭，怕不是射敵人的，一定是射我的，快快放下，等我一人射好了。」以上三者，就是我國失敗最大病根，知道病根所在，即有治療之方法了。（一）指出箭垛，（二）教他射箭之法，

（三）大著膽子，不要怕別人射我，然而別人一定是射敵人，決不會射我。我們須知：所謂師法古人者，是師其意不師其迹，善學柳下惠者，莫如魯男子，我們能實行上述三法，即可謂之善學阿柴。所以我力勸讀者諸君，快快的研究我的厚黑學。

韓非子是懂得厚黑學的人。其言曰：「上君盡人之智，中君盡人之力，下君盡己之能。」所謂盡人之智，盡人之力者，即是枝枝箭的能力都表現出來。致於盡己之能的下君，即是說：「你眾人不必射，等我一人來射。」漢高祖是厚黑名家，能使張良陳平諸人盡其智，黥布彭越諸人盡其力，上君中君，一身兼之，故能統一天下。項羽有一范增而不能用，雖曰「百戰百勝」，無非盡己之能罷了。遇著漢高祖，只好烏江自刎。

戰國策是古代厚黑學教科書，郭隗謂燕昭王曰：「帝者與師處，王者與友處，霸者與臣處，亡國與役處。——憑几據杖，眄視指使，則廝役之人至，恣睢奮擊，呴藉叱咄，則徒隸之人至。」現在是民國時代，無所謂君，即無所謂臣，有志用世者，只能於師也，友也，廝役也，徒隸也，四者之中，擇一位置。擇用人之柄者，亦只能於四者之中，擇一以位置之。師與友挺然獨立者也。廝役與徒隸，無挺然獨立的能力，不得不因人俯仰，供人指揮者也。大凡大功業之告成，廝役與徒隸，亦是不可少之人；然使左右前後，都是這類人佈滿了，無所謂師與友，那就應了郭隗

之言，只好亡國了。無如今日之赫赫巨公，固皆眄視指使者，固皆响藉叱咄者，奈何！奈何！

周秦諸子，徹始徹終，是研究厚黑學理，不過沒有發明厚黑這個名詞。老子一書，闡明厚黑原理者也（其說具見厚黑叢話）。孫吳管商諸人，厚黑學之實行家也。劉先主臨終，囑後主讀六韜商君書，謂其益人益智，可見他對於厚黑學，是有研究的。所以他三顧茅廬，絕不敢現出「眄視指使，响藉叱咄」的態度。如果不懂厚黑學，對於孔明必不能紆尊降禮，致敬盡禮。

諸葛孔明，是法家一派，手寫申韓以教後主，也是精研厚黑學的人，所以當了丞相，能夠俯納群言，集眾思，廣忠益，這即是使枝枝箭的能力，都表現出來，故出師北伐，司馬懿不得不畏之如虎。

鄙人是八股學校修業生，記得壬寅年四川補行鄉試，出的題目，有「集眾思廣忠益論」，方鶴齋擬墨有云：「相無才天下之才皆其才，相無智天下之智皆其智。」鄙人當日讀了這兩句，低徊往復，諷誦不已，只覺得他說得好，亦不知好處安在。而今始知：鄙人天性中含有厚黑學理，故不知不覺，深與契合。方鶴齋這兩句話，即是四萬萬五千萬支箭的能力，一齊表現出來的說法，是深合申韓學理的。申子之書不傳，我且把韓非之書，引兩段出來，證明方鶴齋的說法，與法家學說相合。見得諸葛武侯，學有本原，其稱為三代下一人，良非無因。

韓非云：「有智而不以慮，使萬物知其處，有賢而不以行，觀臣下之所因，有勇而不以怒，使群臣盡其武。是故去智而有明，去賢而有功，去勇而有強。」這種說法，豈不是「相無才天下之才皆其才，相無智天下之智皆其智」的說法嗎？

韓非又云：「鄭子產晨出，過東匠之門，聞婦人之哭，撫其御之手而聽之，遣吏執而問之，則手絞其夫者也。異日，其御問曰『夫子何以知之？』子產曰：『其聲懼。凡人於其親愛也，始病而憂，臨死而懼，已死而哀，今哭已死，不哀而懼，是以知其有姦也。』子產之智，不亦多事乎？姦必待耳目之所及而後知之，則鄭國之得姦者寡矣。……故宋人語曰：一雀過羿，羿必得之，則羿誣矣。以天下為之羅，則雀不失矣。夫知姦亦有大術，不失其一而已矣，不修其理，而以己之胸察，為之弓矢，則子產誣矣。」韓非這篇議論，也即是「相無才天下之才皆其才，相無智天下之智皆其智」的說法。韓非能夠以天下為大羅，雀不失一，我國今日，如有韓非這類人，出而執政，一定能使四萬萬五千萬枝箭的能力，一齊表現出來，所以我甚望讀者諸君，把鄙人的厚黑學，細細研究一番，然後去讀韓非諸人之書，自然頭頭是道，出而應世，包管你成為諸葛武侯第二。

世間的道理，只要研究得徹底，彼此所見，都是一樣。儒家與法家，表面看

去，似乎冰炭不相容，其實不然，四書五經，是儒門經典，秦誓曰：「若有一個臣，斷斷兮無他技，其心休休焉，其如有容焉，人之有技，若己有人，人之彥聖，其心好之，不啻若自其口出。」這種說法，也即是「相無才天下之才皆其才，相無智天下之智皆其智」的說法。與韓非的主張，有何差別？我們把韓非之書，細讀一遍，又把諸葛亮本傳，細讀一遍，即知孔明乃法家一派之醇乎其醇者也。他自比管樂，手寫申韓，生平宗仰，已可概見。治蜀嚴而無赦，更與儒家主旨不類。然而今之孔廟中，則大書曰：「先儒諸葛亮之位」，此其故可深長思矣。

大凡當首領的人，如果自矜其能，把自己的才智表現出來，即會把眾人的才智壓抑下去；就會成為獨夫。殷紂王材力過人，手格猛獸，智足以拒諫，言足以飾非，矜人臣以能，謂天下皆出己下，卒至身死國滅，首懸太白之旗。故韓非警告人主曰：「去智而有明，去賢而有功，去勇而有強。」又曰：「矜而好能，下之所欺。」這些道理，西洋科學家，如達爾文這類人懂不得，要我輩八股家才懂得。於何徵之呢？四川壬寅鄉墨有曰：「相無才天下之才皆其才，相無智天下之智皆其智。」厚黑學者，八股之結晶體也。諸君不懂八股，請讀鄙人的厚黑學。

孔明手寫申韓，對於厚黑學，有深切的研究，你看他高臥隆中，抱膝長吟，自比管樂，是何等自負？徐元直等曰：「卿等三人，仕進可至刺史郡守。」三人問其所至，笑而不言，這種態度，真是目無餘子。然而一當了丞相，立即謙虛起來，下教曰：「初交州平，屢聞過失，後交元直，勤見啟誨。」又自稱：「資性鄙暗，不能悉納。」以視南陽隱居時代，先後如出兩人。這是什麼道理呢？因為在野的名流，與在朝的政治家，地位不同，態度也就不同。當名士無妨吹吹牛，無妨目空一切，一執了政，這種態度，就斷乎來不得。王安石不懂這個道理，拏書生的態度去做宰相，所以終歸失敗。安石的政策本是對的，他說：「天變不足畏，人言不足恤，祖宗不足法。」道理也很精確，只是態度來得太嚴厲了，執拗不近人情，把海內公認的賢人君子，如司馬光、歐陽修、程明道、蘇東坡一類人，都壓抑下去了，就不得不歸於失敗。諸君有志用世，請把王安石和諸葛武侯的態度予細研究一下。

政治家帶不得名士氣，帶不得書生氣。王夷甫、殷深源，名士也，不幸而執政，身敗名裂。程伊川，朱元晦，書生也，幸而未執政，至今尚高坐孔廟中吃冷豬肉。程朱連蘇東坡這類人，都容不過，豈可在政界中來往？鄙人非名士，也非書生，是一個八股學校修業生，故於人無所不容。薄白學發明家，是反對厚黑學的，我還稱他為名教功臣，請他入文廟。張列五首先呼我為瘋子，也是反對厚黑學的，我將來建厚黑廟，還許他進來配享。一般人只知佛門廣大，殊不知厚黑之門，更為廣大。君子曰：「李宗吾之稱教主也，宜哉！」

宇宙事事物物，以平為歸，物不平則鳴，人不平則爭。人類本是平等的，君相的地位，已經比眾人高了，如果態度再加高亢，是為高而又高，不平孰甚？故須謙恭下士，才能躋於平，才不失敗。匹夫的地位，已經比王侯低了，如果再卑以自處，是為低而又低，不平益甚。田子方曰：「貧賤驕人」，顏斶曰：「生王之頭，不若死士之壟。」必須有這種態度，才能調劑之以歸於平。故我們說田顏二人有氣節，稱之譽之。萬一君相有了這種態度，我們就名之曰驕盈，訾之議之。這是什麼道理呢？此由吾人胸中藏有一個平字，為衡量萬物之準，而自己每不之覺也，劉先主三顧茅廬，以匹夫而對帝室之胄，故態度至為高亢。及當了丞相，對僚屬下教令，就不得不謙虛，始終是循著平字公例而行。鄙人著「心理與力學」一書，已揭出此旨，此處算是引的例證。

政治界有帝王，學術界有聖賢，其情形是相類的。戰國策曰：「帝者與師處，王者與友處。」在學術界，則聖賢也是與師處，與友處。他是以古人為友，以今人為師。於何徵之呢？孟子曰：「以友天下之善士為未足，又尚論古之人……是尚友也。」這即是以古人為友的明證。孔子曰：「三人行必有我師焉，擇其善者而從之，其不善者而改之。」這即是以今人為師的明證。古人有千千萬萬，今人有千千萬萬，你們的孔夫子，孟夫子，師與友，有這樣的多，所以就成為千古有一無二的人物。

孟子與友處，成為賢人，孔子與師處，成為聖人。鄙人是厚黑界的聖人，故民國元年著成的厚黑經有曰：「三人行必有我師焉，擇其厚黑者而從之，其不厚黑者而改之。」諸君想都讀過，這即是鄙人以今人為師的明證。我歷觀當代名人，及朝夕往來的朋輩，常常歡喜讚嘆曰：「吾師乎！吾師乎！」鄙人用了這種困知勉行的工夫，遂崛起而為厚黑聖人，東魯有聖人，西蜀有聖人，此心同，此理同也。

常常有人向我說道：「某人欽慕你的厚黑學，想來見你一下，請我介紹。」我說：你轉告他，不必見我，我傳授他一個簡便法子，每遇著巖巖道貌的先生，高談理學的時候，抑或有人向你握手出肺肝相示，指天日涕泣的時候，你就閉目默念：「南無李宗吾先生」三遍，睜眼一看，就儼然李教主在面前說法一般。諸君能夠這樣用功，將來操得的學問，一定與鄙人相等，或許還勝過鄙人，何以故？因為同以今人為師故，我與諸君，是同門學友故。

鄙人是懂教授法的，我教授學生，絕不教他如何厚，如何黑，只把他天性中具備的良知良能，誘導出來，他自然曉得厚，曉得黑。猶如礦師一樣，只把礦之所在，指示出來，叫他自己去挖就是了。所以師不必賢於弟子，弟子也不必不如師。昔者子夏問於孔子曰：「顏回之為人奚若？」曰：「回之信賢於丘。」曰：「子貢

之為人奚若？」曰：「賜之敏賢於丘。」曰：「子路之為人奚若？」子曰：「由之勇賢於丘。」曰：「子張之為人奚若？」曰：「師之莊賢於丘。」子夏曰：「然則四子何為事先生？」子曰：「回能信而不能反，賜能敏而不能詘，由能勇而不能怯，師能莊而不能同，此其所以事吾也。」鄙人也與孔子一樣，講到才智，實是遠不如諸君，然而諸君非與我拜門稱弟子不可。孔子曰：「求也退，故進之，由也兼人，故退之。」諸君雖天性中具備有厚黑，但不經鄙人指點，難免不進退失據。韓非曰：「不賢而為賢者師，不智而為智者正。」諸君必須奉我為師，才能糾正諸君的錯誤，以管仲之才智，猶師吾焉，鄙人其諸君之老馬乎。

我們當教主的人，不重在顯示自己的本事，重在把學生固有的本事，汲引出來。古來當人主的人，也是如此，不重在顯示自己的本事，重在使臣下的本事表現出來。漢高祖曰：「運籌策帷帳之中，決勝於千里之外，吾不如子房。鎮國家，撫百姓，給餽饟，不絕糧道，吾不如蕭何。連百萬之眾，戰必勝，攻必取，吾不如韓信。此三人皆人傑也，吾能用之，此吾所以取天下也。」諸君見了這番議論，即知政治界的帝王，與學術界的教主，本事是一樣的。故鄙人稱劉邦為厚黑界天縱之聖。

石勒說：若遇漢高祖，當北面事之，與韓彭比肩；若遇光武，當並驅中原，未知鹿死誰手。隱然說，光武還不如他。何以他不敢與高祖對敵，要北面歸順呢？石勒的智勇，雖是橫絕一世，但遇著高祖，高祖就會說：「要鬥智，我喊張良陳平來，要鬥力，我喊黥布彭越來，講籌款，我喊蕭何來，講用兵，我喊韓信來。」你想：石勒一人，如何敵得過，只好北面歸順了。

我國辛亥而後謀如良平，勇如黥彭，籌款如蕭何，用兵如韓信，可以說多得很，獨缺乏一個漢高祖，所以紛紛擾擾鬧個不休，豁達大度，知人善任，漢高祖所以成功也。矜人臣以能，謂天下皆出己下，殷紂王所以亡國也。諸君如想擔當國家大事，務於此等處，留心思之！留心思之！

漢高祖的本事，真是了不得，與他同時起事的人，只有蕭何曹參樊噲幾個，所有韓信、陳平、黥布、彭越等，都是項羽方面的人，張良也是韓王的人，項羽把韓王殺了，才重到劉邦方面，替韓王報仇。可以說，劉邦的開國元勳，都是項羽驅遣過來的。劉邦也不組織什麼死黨。只把敵人方面的人，弄過來，就成為自己的死黨。而今許多人，把患難相依的死黨，變成寃寃不解的仇人，這是什麼道理？請讀者有以語我！有人說，這是由於不知團結內部，我們應該仿效墨索里尼和希特拉的那種團結方法。殊不知越是仿效得像，內部越是分崩離析。譬之箍桶，墨索里尼和希特拉，一箍就緊。中國的桶，一箍就破裂，越箍得緊，破裂越兇。這又是什麼道

理？這全是民族性的關係，要說明這個道理，非三言兩語，說得清楚，等隨後再詳說，劉邦是厚黑界人物，墨索里尼和希特拉，也是厚黑界人物。我國民族性，適用劉邦這種厚黑，不適用墨索里尼、和希特拉、那種厚黑。厚黑經曰：「汝為大厚黑，毋為小厚墨。」劉邦大厚黑也，墨索里尼，希特拉，小厚黑也。墨索里尼和希特拉的箍桶法，與阿柴的綑箭法，是同一手筆，願讀者細細研究之。

崇禎皇帝，如果做州縣官，倒是個好官，不幸做了皇帝，十七年宵旰憂勤，落得自縊而死。做皇帝另是一套本事，州縣官的本事，全用不著。做皇帝要深通厚黑學，老子一部道德經，純是闡明厚黑原理，故後人說老子講的是南面之術。崇禎不懂厚黑學，就南面做起皇帝來，越是苦幹硬幹，天下越是大亂。袁崇煥磔死西市，盧象昇陷死沙場，而洪承疇、尚可喜、孔有德、祖大壽諸人，遂一齊跑到滿洲，去當開國元勳。剩下一個孫承宗，不誅死，不當開國元勳，結果自縊而死。於是中國淪於異族者三百年。平情定讞，崇禎殃民誤國，死不蔽辜，不能因其煤山自縊，而遂予以恕辭也。史乘具在，事實具在，假令袁崇煥，孫承宗諸人能竟其用，滿洲能侵入中國嗎？中國會受這種空前蹂躪嗎？此鄙人著厚黑經曰：「劉邦，吾不得而見之矣，得見曹操斯可矣。曹操，吾不得而見之矣，得見孫權劉備，斯可矣。」請問：有了曹操孫劉這類人，他手下有了袁崇煥、孫承宗這類人，會誅死縊死嗎？有了孔有德、尚可喜這類人，會跑到敵人方面出死力，膺封王爵嗎？我奉勸讀者諸君，少讀洋八股，多讀鄙人的厚黑學。

凡想幹大事的人，不必讀什麼書，只要懂得厚黑學就行了。劉邦是不讀書的人，因為深通厚黑學，把項羽方面的人，弄過來，就成自己的死黨，連項羽的叔父，都跑來當一個小小的功狗，真算得大本事。崇禎臨朝，常常嘆息無人可用，而滿洲皇帝，只在明朝方面，得到幾個降將，就把明朝的天下取了。本事之大，較之劉邦，有過之，無不及。最可怪者，洪承疇這類人，平日飽讀詩書，高談忠孝，綱常名節，一身肩之，負天下重望，忽焉死心塌地，歸順滿清，身統大兵，誅鋤故主，孔聖人的學說，不知何處去了？洪承疇等幹這類事不足奇，滿洲皇帝，能使洪承疇等幹這類事，真乃大奇。難道滿洲皇帝，讀有若干書，研究有什麼學理？無非天亶聰明，深通厚黑學而已。這種天亶聰明，人人都有，不過從前為理學家的學說所誤，近今為洋八股所誤，諸君倘能俯聽鄙言，把這兩種蒙蔽物掃盪了，厚黑的本體，自然出現。以此制敵，何敵不摧，以此圖功，何功不克，區區「小醜」，何足道哉！洪承疇孔有德諸人的能力，在明朝發展不出來，在滿洲能夠盡量發展，此等處請諸君細細思之。

中國有了四萬萬五千萬人，為甚能力發展不出來，會受外國這樣的欺凌，我有個比方，諸君是學過物理學的人，凡是鐵條，都有磁力，通常的鐵條，發不出磁力，是由內部分子凌亂，南極北極相消之故。只要拏磁石一塊，在鐵條上引導一下，南北極分子排順，立即發出磁力來。我國四萬萬五千萬人，對外本有極大的力量，只因內部分子凌亂，彼此衝突，能力相消，才會受外國這樣的欺凌。問：「內部分子，如何才能排順？」答：只有研究厚黑學。鄙人曾經說過：「汝為大厚黑，毋為小厚黑。」四萬萬五千萬支箭，同齊向外國射去，此大厚黑也，在四萬萬五千萬人中，尋人來射，此小厚黑也。只要懂得大厚黑，內部分子，自然排順。

世間的裁縫木匠，都要拜人為師，學習三年，才能替人縫衣服，做器具。而今的人，黃腳黃手，跳上政治舞臺，當首領的不研究首領術，當縣長的不研究縣長術，等於未投師學習即替人縫衣服做器具，國中政治，怎麼不鬧得一塌糊塗。他們在政治上的措施，絕像我輩八股先生進場，在洋八股上東抄寫點，西抄寫點，湊集成一種規章，強迫人民實行，行之不通，則大罵道：「這種辦法，東洋行得通，西洋行得通，獨於中國行不通，人民程度，真是太低了。」這種說法，等於說：「此種衣服，東家的孩子穿得，西家的孩子穿得，獨於你家孩子穿不得，這是你家孩子，身體長得不合式，怪不得我縫衣的人。」我國四萬萬五千萬人，自清末變法以來，即託命於此種人之手，天乎！寃哉！天乎！寃哉！然則救之之道奈何？曰：只有研究厚黑學。

周秦諸子，徹始徹終，是研究厚黑學，諸君有志斯學，單讀鄙人所著之書，只等於讀孔子的論語，還不夠，必須遍讀周秦諸子，等於儒家之徧讀六經。如以為周秦諸子太多了，不能遍讀，只讀老子和韓非子二書，也可窺見全豹。老子言厚黑之體，韓非言厚黑之用。老子在周秦諸子中，猶如崑崙一般，萬山從此發脈，周秦時代學術，可說無一不淵源於老子。韓非則如東海一般，為萬川匯流處。他是周秦諸子，最末一人，春秋戰國，百家爭鳴，韓非於各派學說，俱研究過了，然後特著一書，可說是集周秦時代政治學說之大成，也即是集厚黑學之大成。刑名出於道德，道家法家，原是一貫，故史遷以老莊申韓同列一傳。孔子講學，開口即是書曰，詩云；所以鄙人同諸君講說，不時也要說：老子曰，韓非云。

當首領的人，要有首領術，韓非曰：「執術而御之，身坐於廟堂之上，有處女子之色，無害於治。無術而御之，身雖瘁臞，猶未有益。」崇禎皇帝，不懂首領術，越是苦幹硬幹，天下越是大亂。當皇帝的本事，全在駕馭人才。崇禎皇帝，沒得駕馭法，許多奇材異能之士，展施不出來。雖有良馬，無從展足。滿洲皇帝，有駕馭法，劣馬見了道子，也會跑，所以孔有德一般降將，能當開國元勳。洪承疇諸人，平日高談忠孝，不得不反戈相向，誅鋤故主。

韓非舉得有個例證：「陽虎議曰：『主賢明則悉心以事之，不肖則飾姦而試之。』逐於魯，疑於齊，走而之趙，趙簡主迎而相之，左右曰：『虎善竊人國政，何故相也？』簡主曰：『陽虎務取之，我務守之。』執術而御之，陽虎不敢為非，善事簡主，幾至於霸。」從這場公案看來，當首領的人，也不必摹仿墨索里尼和希特拉組織什麼秘密死黨，只要懂得首領術，任何人都可指揮如意。如其不然，就是自己親手造出的學生，都會反戈相向，成為寃寃不解的仇人。所以當首領的人，如果說：「某人是壞人，用他出來，一定會害我。」這種人的本事，未免太小，懂不得厚黑學，夠不上當首領。以視趙簡主，真是相隔霄壤。

許劭批評曹操：「治世之能臣，亂世之奸雄。」操聽了大喜。東漢之末，明明是亂世，明明說曹操是奸雄。何以操聽了，反會大喜呢？因為曹操是千古姦雄，正是陽虎一流人物，許劭這兩句話，即是陽虎所說的：「主賢明則悉心以事之，不肖則飾詐而試之。」直不啻從曹操心坎中流出，所以操聽了大喜。

曹操懂得「主賢明則悉心以事之，不肖則飾詐而試之。」所以他執了政，崇獎跅弛之士，下令再三，至於求負汙辱之名，見笑之行，不仁不孝，而有治國用兵之術者。真是得了趙簡主的秘訣。建安十五年春下令曰：「今天下得無有被褐懷玉，而釣於渭濱者乎？又得無盜嫂受金，而未遇無知者乎？二三子其佐我明揚仄陋，唯才是舉，吾得而用之。」好人也用，壞人也用，執術而御之，各種人的能力，具表現出來，操之稱雄一世也宜哉！今者寇深矣！國危矣！鄙人曰：「劉邦，吾不得而見之矣，得見曹操，斯可矣。」

一般人都說：中國鬧得這樣糟，是由於壞人太多了，說這話的人，就是不懂厚黑學，中國地方如此之寬，用人如此之多，哪裡去尋許多好人來用？只要懂得厚黑學，執術而用之，壞人都會成為好人，韓非曰：「必恃自直之箭，百世無矢，恃自圓之木，千世無輪矣。自直之箭，自圓之木，百世無有一，然而世皆乘車射禽者，檃括之道用也。雖不待檃括而有自直之箭，自圓之木，良工弗貴也。何則？乘者非一人，射者非一發也。」韓非所說的檃括之道，即是首領術。他說道：「貞信之士，數不盈十，而境內之官，以百數。必任貞信之士，則人不足官。」這真是通達治體之言。韓非所處是戰國時代，國小地狹，故曰：「官以百數」，今之中國，官以千萬數，哪裡去尋許多貞信之士，且首領一人，何能鑒別千萬官之賢否，所以必須研究厚黑學，懂得首領術，只要善於駕馭，壞人會變成好人，如果不善駕馭，好人也會變成壞人，一部廿五史，例證很多，諸君自去搜尋，我只提出原則就是了。至於首領術，韓非書中，有具體的說明，茲不詳引。

〈全書終〉

國家圖書館出版品預行編目資料

厚黑教主李宗吾全傳／方東野主編，修訂一版 --
新北市：新潮社文化事業有限公司，2023.02
面；　公分
ISBN 978-986-316-861-4（平裝）
1. CST：傳記

782.885　　　　111019509

厚黑教主李宗吾全傳

方東野　主編

【策　劃】林郁
【制　作】天蠍座文創
【出　版】新潮社文化事業有限公司
電話：(02) 8666-5711
傳真：(02) 8666-5833
E-mail：service@xcsbook.com.tw

【總經銷】創智文化有限公司
新北市土城區忠承路 89 號 6F（永寧科技園區）
電話：(02) 2268-3489
傳真：(02) 2269-6560

印前作業　菩薩蠻電腦科技有限公司

修訂一版　2023 年 02 月